# TÁCTICAS
## DE COMBATE

I0620006

**Por favor, deje un comentario. ¡Gracias!**

Los comentarios positivos de personas increíbles como usted ayudan a otros soldados a beneficiarse de las valiosas tácticas en este manual. ¿Podría tomarse 60 segundos para compartir sus pensamientos?

¡Le agradecemos de antemano por ayudar a la comunidad!

Derechos de autor © Matthew Luke 2024
Para preguntas y comentarios, comuníquese con:
Matthew.Luke.
Publishing@gmail.com
Traducido por la
New England
Language Academy
Impreso en los
Estados Unidos

# Mapa de una misión de emboscada

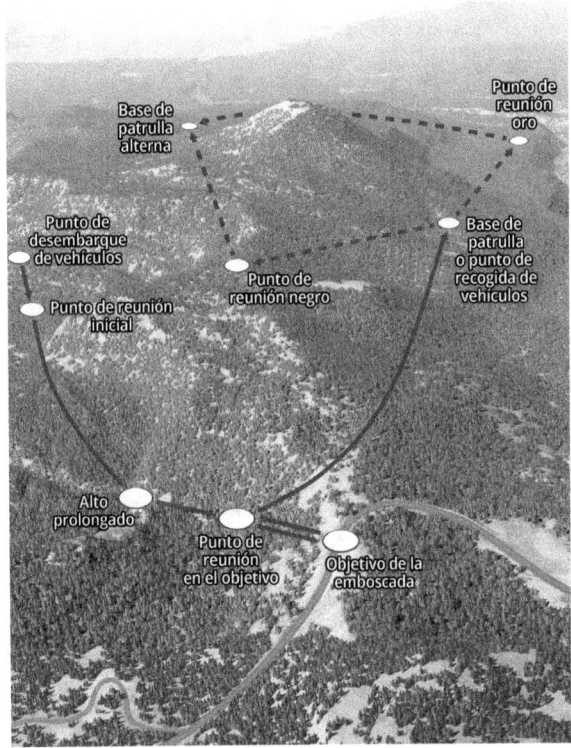

Imagen 1: Mapa general de las diferentes ubicaciones en una misión, que se ampliará y explicará a lo largo del manual. Una misión comienza con el transporte en vehículo hasta el punto de desembarque de los vehículos. Termina cuando una patrulla se retira de la emboscada hacia un punto de recogida de vehículos o una base de patrulla. La patrulla nunca debe utilizar los puntos de reunión negro y oro o una base de patrulla alternativa.

# Eres Joe
# (Introducción: La historia
# de matar enemigos)

# Joe se dirige al enemigo (Fase 1: Transporte al objetivo)

# El Enemigo ve a Joe
## (Fase 2: Reacción ante el contacto con el enemigo y evacuación médica)

# Joe tiende su trampa (Fase 3: Ocupando el objetivo)

# Joe ataca al enemigo (Fase 4: acciones en el objetivo)

# Joe regresa a casa
# (Fase 5: Retirada a una base de patrulla)

# Anexos

# Leyenda

| Los colores representan la unidad del soldado | | Las formas son el armamento del soldado | |
|---|---|---|---|
| Equipo Alfa | ↑ | M4 | ↑ |
| Nivel escuadra | ↑ | M249 | ↑ |
| Equipo Bravo | ↑ | M240B | ↑ |
| Nivel pelotón | ↑ | AT4 | ↑ |
| Nombre de la posición (ver glosario) | | | ↑<sub>LEQ</sub> |

En este manual las flechas representan soldados. Cada flecha tiene un color y una forma para representar las unidades y el armamento primario de los soldados. La dirección de la flecha es la dirección a la que el soldado apunta. Las Claymores son detonadas mediante orden y su icono es ✱

# Contenidos de la Introducción

# Eres Joe (Introducción: La historia de matar enemigos)

*Cuando comprendamos esta diapositiva, habremos ganado la guerra.*
*—General Stanley McChrystal, del Ejército de los EE. UU.,*
*hablando sobre un gráfico imposible.*

Narrando la historia completa de una misión, desde el inicio hasta el final, este manual enseña una emboscada simple pero completa. Los soldados van de A hacia B para emboscar y destruir al enemigo. Después de esto, todos pueden regresar a casa a tiempo para comer algo caliente.

Este manual tiene más de 250 páginas y cubre mucho terreno. Sin embargo, cada capítulo solo contiene lo esencial de las tácticas de unidades pequeñas necesarias para tener éxito. En serio, casi todas las secciones están escritas en sangre y estas existen porque alguien murió al no hacerlo. Dicho esto, el ejército tiene un lenguaje propio. Así que, para empezar, este capítulo enseña su jerga común, sus diferentes conceptos.

# 1. El código secreto (Definiciones)

Cada definición a continuación es una frase común que los infantes de patrulla utilizan a diario. Si bien el *Manual del Ranger* utiliza muchos de estos términos, no siempre proporciona explicaciones completas. Por ejemplo, describe un deber como, "asesorar al líder de la patrulla en la planificación". Eso es tan claro y útil como el barro en las botas. A continuación, se presentan las palabras más importantes, las más necesarias para comprender las tácticas de unidades pequeñas. Se presentan en el orden en que deben aprenderse.

## 1.a Soldados individuales

**Fusilero (FUS)** – Es un soldado que porta un fusil. No tiene subordinados, aunque en el campo de batalla puede cambiar eso. A lo largo de la patrulla, los fusileros pueden recibir responsabilidades simples en posición, como disparar con precisión su fusil contra el enemigo de acuerdo con el plan de maniobra de su líder y acorde a la prioridad de blancos de este. Entre sus responsabilidades adicionales se pueden incluir comprobar la brújula, contar pasos y llevar carga adicional.

El código secreto (Definiciones)

**Hombre punta/Punta de lanza (HP)** – Es el primer hombre en una formación de movimiento. Su trabajo es buscar enemigos y trampas, ya que es más probable que su equipo sea atacado. Se dice, medio en broma, que el hombre punta es cebo. Estos soldados deben tener cuidado en mirar hacia atrás a su líder de equipo para recibir instrucciones, puesto que están ocupados con la seguridad y no pueden realizar la navegación terrestre[1].

**Ametralladora ligera de escuadra (ALE)** – Una ametralladora ligera es de 8,5 kg. Al igual que un fusil M4, está diseñada para dispararse de pie, arrodillado y acostado. Sin embargo, a diferencia del M4, el tirador de la ametralladora ligera no puede ser preciso mientras está arrodillado o de pie, por lo que se encuentra en posición de tendido siempre que la situación lo permita.

**Tirador** – Es el operador de la ametralladora M240 (MAG) de propósito general (27,6 lb. / 13,8 kg). Su enfoque está únicamente en hacer que los proyectiles salgan del cañón.

**Aprovisionador (AP)** – Es la persona más experimentada del equipo de ametralladora y líder de este. Controla al tirador físicamente, apretándolo para disparar y bloqueándole la vista para detener el fuego. Los AP también se aseguran de que la munición de la M240 esté alimentada de forma limpia, por lo tanto, se ubican a la izquierda de la ametralladora. Son necesarios porque la M240 es difícil de apuntar y alimentar mientras se reciben órdenes de forma simultánea. El AP no controla la ametralladora, pero sí controla físicamente al tirador.

**Porta municiones (PM)** – Un tercer miembro opcional del equipo de ametralladora es el PM. Este hace que sea más rápido el proceso al compartir la carga de munición. Es o son responsables de cambiar los cañones durante el disparo (por lo tanto, se ubican a la derecha de la ametralladora). Si el AP comienza a quedarse sin municiones mientras la ametralladora está disparando, el PM reabastece con más municiones los paquetes.

**Lanza granada** – Este es un fusilero especializado en granadas. Esta posición es fluida porque el accesorio bajo el cañón M203 para el M4 y M16 puede transformar a cualquier fusilero en un lanza granada (aunque no esté entrenado). Por esta razón, cualquier FUS en este manual también puede ser un lanza granada[2].

**Radio operador (RO)** – Un soldado que opera y supervisa las comunicaciones por radio, bajo la supervisión del líder de patrulla.

---

1    Aplicando Conceptos: ¿Cuándo podría ser beneficioso tener dos hombres punta en el equipo de punta? ¿Qué pasa con un hombre punta en el lateral?

2    Aplicando Conceptos: Dado que diferentes sistemas de armas tienen diferentes complejidades, pesos, entre otras características, ¿qué factores debería considerar un líder al asignarle un arma a un soldado? ¿Debería el hombre más fuerte recibir el arma más pesada? ¿Qué pasa si el hombre más fuerte también es el mejor tirador?

Su desempeño permite que el líder de patrulla dedique más tiempo a otras tareas. El RO también lleva la cuenta del tiempo en diversas situaciones y asesora al líder de patrulla cuando es necesario. Este y el líder de patrulla siempre están juntos.

**Observador avanzado (OA)** – Es un observador militar que dirige el fuego de artillería y morteros hacia los objetivos. El OA se mantiene cerca del líder del pelotón o el líder del equipo de armas, para coordinar entre la patrulla y los fuegos.

**Médico (MED)** – La persona responsable de administrar primeros auxilios en el campo de batalla. También ayuda a crear puntos estratégicos y excava la trinchera en la base de patrulla. Siempre está con el sargento del pelotón.

# 1.b Grupos de soldados

**Unidad** – Un grupo con una cadena de mando estática y definida. Las unidades en este manual son el pelotón, la escuadra y el equipo de fuego.

**Elemento** – Cualquier grupo asignado con una tarea, que puede incluir seguridad o asalto. Pueden estar compuestos por soldados de una unidad o de varias unidades.

**Equipo/Equipo de fuego** – Una unidad generalmente compuesta por tres soldados y un líder de equipo. Maneja tareas que un individuo sería incapaz de ejecutar solo, como realizar un movimiento de flanqueo audaz o reabastecer agua. El líder de equipo puede controlar hasta cuatro soldados, el equipo puede constar de tres a cinco soldados.

**Equipo de ametralladora (EA)** – Una unidad que controla la M240 (MAG), un arma de equipo que requiere de dos soldados: un tirador y un aprovisionador. A veces, un equipo de ametralladora también tiene un porta municiones. Aunque estos equipos pueden ser asignados a escuadras de fusileros, son originarios de una escuadra de armas bajo un pelotón de fusileros.

**Grupo de líderes (GL)** – Un elemento de una unidad que consta de los líderes más altos de esa unidad y aquellos soldados directamente bajo su mando. Por ejemplo, los radio operadores (RO) siempre forman parte del grupo de líderes. El propósito de este grupo es ser una extensión del líder de patrulla. También puede contener a los soldados multipropósito que el líder de patrulla controla directamente, como un equipo de ametralladora y un médico en una escuadra.

**Escuadra** – Una unidad de dos equipos o más y un líder de escuadra. En situaciones específicas, como una emboscada de área, un equipo de ametralladora puede ser adjunto a una escuadra. Una escuadra maneja maniobras que un equipo solo no puede realizar, como llevar a cabo una emboscada.

**Pelotón** – Una unidad compuesta por varias escuadras y un elemento del grupo de líderes (por ejemplo, un líder de pelotón y un sargento de pelotón). En el Ejército de los Estados Unidos, la principal diferencia entre una escuadra y un pelotón (además del tamaño) es que un pelotón tiene una escuadra de armas. Los pelotones de fusileros del Ejército de los Estados Unidos normalmente constan de tres escuadras de fusileros, un pelotón de armas y un grupo de líderes. Un pelotón de fusileros de la Marina de los Estados Unidos, nominalmente solo tiene escuadras de fusileros y un grupo de líderes. Sin embargo, la organización de la Marina depende en gran medida de refuerzos y segregaciones. Por lo tanto, un pelotón de Marina comparable a un pelotón del Ejército adjuntará un pelotón de armas externo.

**Pequeña unidad** – Puede existir dentro de un pelotón o una escuadra. Es ideal para realizar ciertos conjuntos de misiones como emboscadas y ataques sorpresa. Situaciones en las que las unidades más pequeñas (como equipos) serían incapaces de abordar y unidades más grandes (como una brigada) serían demasiado difíciles de coordinar.

**Escuadra de armas** – Esta escuadra es responsable de desplegar las ametralladoras de propósito general de la unidad (en contraste con una escuadra de fusileros típica). Cuando un pelotón se separa en escuadras para llevar a cabo sus acciones de escuadra, el equipo de ametralladora puede dividirse y reportarse al líder de escuadra en lugar del líder de escuadra de armas.

**Apoyo por el fuego (AF)** – "Apoyo" es un elemento designado que suprime inmediatamente al enemigo, permitiendo que otro elemento maniobre. Los escuadrones y pelotones tienen M240 (MAG) dentro de ellos y los utilizan para apoyar las maniobras de otras partes de la unidad. Por lo tanto, "apoyo por el fuego" a menudo es sinónimo de equipo de ametralladora. Sin embargo, también se pueden utilizar las ALE (ametralladora ligera de escuadra) o las escuadras enteras. Otros tipos de apoyo incluyen el apoyo aéreo y el apoyo naval.

**Patulla** – Un grupo de soldados enviado a realizar una tarea. Por ejemplo, una patrulla puede ser una escuadra enviada a emboscar o un pelotón enviado a realizar reconocimiento.

## 1.c Posiciones de liderazgo

**Líder de equipo (LEQ)** – La persona responsable de coordinar a sus soldados para llevar a cabo una tarea que un solo miembro del equipo no podría realizar por sí mismo. Por ejemplo, como la navegación terrestre requiere más de un hombre para llevarse a cabo, este líder delega ciertas tareas a sus soldados, como el conteo de pasos, la verificación de mapas y la verificación de brújulas, para que la unidad pueda trabajar de forma eficaz en conjunto. Un miembro del equipo y un líder de escuadra rara vez hablan, porque el líder de equipo maneja directamente a su equipo.

**Líder del equipo Alfa (LEQA)** – El líder del equipo Alfa es, principalmente, responsable de la navegación terrestre. También ayudan al líder del equipo Bravo en sus tareas de responsabilidad cada vez que deben realizarse con rapidez.

**Líder del equipo Bravo (LEQB)** – Suele ser el elemento de retaguardia y está a cargo de la responsabilidad logística y el conteo. Siempre conoce el número de hombres de la escuadra y están constantemente verificando el equipo esta. Este líder es responsable de reabastecer de agua a su escuadra y de cualquier asunto médico de emergencia.

**Líder de escuadra (LES)** – Es el soldado a cargo de una escuadra. Trata a sus equipos como un líder de equipo trata a sus fusileros, es decir, asigna tareas solo a equipos enteros. Rara vez, si existiera el caso, asigna tareas a fusileros individuales.

**Líder de la escuadra de armas (LEA)** – Una posición a nivel de pelotón que lidera todos los equipos de ametralladoras. Este líder coordina a los equipos de ametralladoras para maximizar su poder de fuego mediante la "comunicación" (Ver Ejercicios de disparo, pág. 237). El LEA también es responsable de la limpieza y el mantenimiento de las M240. Cuando los equipos de ametralladoras están en una ubicación dividida, el LEA controla las M240 (MAG) más cercanas a ellos, mientras que otras posiciones de liderazgo a nivel de pelotón controlan las otras M240.

**Sargento de pelotón (SGP)** – Es el asesor principal del líder de pelotón. Son para el pelotón lo que el líder del equipo Bravo es para la escuadra. Están a cargo, de manera específica, de la responsabilidad logística, el conteo y la salud de todos los soldados, armas y equipos. Su responsabilidad es cualquier evacuación médica. Antes de todos los movimientos, el SGP forma un punto de estrangulamiento con el médico para el conteo (ambos cuentan y se verifican en silencio).

**Líder de pelotón (LP)** – Es el soldado a cargo de toda la patrulla. Durante la patrulla su responsabilidad principal es asegurarse de que todas las escuadras se coordinen. También decide qué escuadras hacen qué. Cuando hay una reacción al contacto, por ejemplo, el LP decide cuántos soldados y qué escuadras responden. Decide el equilibrio entre velocidad y seguridad si la patrulla está retrasada. Solo asigna tareas a las escuadras. Este líder no habla con los líderes de equipo o los soldados individuales a menos que sea absolutamente necesario.

**Líder de patrulla** – Es la persona a cargo de la patrulla. Pueden ser un líder de pelotón, un líder de escuadra, un líder de equipo o cualquier otro líder.

**Segundo líder de patrulla** – Es el segundo al mando del líder de patrulla. Puede ser un sargento de pelotón, un líder de equipo Bravo o cualquier otro líder.

## 1.d Otros

**Cadena de mando** – Los primeros seis en la cadena de mando de un pelotón son el líder de pelotón, el sargento de pelotón, el líder de equipo de armas, el líder de la primera escuadra, el líder de la segunda escuadra y el líder de la tercera escuadra.

**Procedimiento táctico** – Es una acción colectiva ejecutada rápidamente sin aplicar un proceso de toma de decisiones deliberado.

**Emboscada** – Es un ataque sorpresa, desde una posición oculta, utilizado contra un enemigo en movimiento o temporalmente detenido para destruirlo o capturarlo junto con su equipo.

**Reconocimiento del líder** – Es un reconocimiento realizado por líderes y soldados de un pequeño grupo que avanza a un lugar que toda la patrulla podría usar. El grupo analiza la seguridad y utilidad del lugar para la patrulla.

**Principios del Patrullaje** – Los *Rangers* del Ejército de los EE. UU. dicen que una patrulla tiene cinco partes: planificación, reconocimiento, seguridad, control y sentido común. Los últimos tres principios son muy importantes durante el patrullaje en sí. La seguridad significa que todas las direcciones de aproximación del enemigo están vigiladas en todo momento para que la patrulla no sea sorprendida. El control significa que existe una comunicación clara y ejecución de la información entre cada soldado de la patrulla. El sentido común puede significar cualquier cosa, desde el principio KISS (por sus siglas en inglés "Mantenlo simple, estúpido") hasta "No sigas un plan si es un mal plan".

# 2. Las ideas secretas (Conceptos)

Ciertas ideas no se mencionan en manuales militares oficiales, pero son obligatorias. La mayoría de los soldados aprende por ensayo y error (con muchos errores), pero puedes leer los procedimientos aquí y hacerlos de forma correcta la primera vez.

## 2.a Procedimientos de seguridad

**Desplazamiento a 15 grados** – Disparar municiones a centímetros de soldados amigos es inaceptable. El ejército de los EE. UU. ha decidido que todos los disparos directos deben tener un desplazamiento de 15 grados desde las tropas amigas, ya sea de forma vertical u horizontal.

**Mínimo de dos** – A ningún hombre se le permite ir a ningún lugar solo sin una buena razón. Además, incluso dentro de un elemento, las posiciones de seguridad las ocupan varios soldados; así como el transporte de heridos requiere rotaciones. Si un soldado está alguna vez solo en una función, este debe ser corregido.

**Disciplina del ruido y la luz** – El oído humano puede detectar la presión de 1/50.000.000 de la atmósfera y el ojo puede detectar un solo fotón. La disciplina perfecta es imposible, pero algunas reglas generales se aplican. Mantén los cerrojos hacia adelante para reducir el ruido, no uses luces cerca del objetivo.

**Brindar seguridad** – Esto se refiere a apuntar un arma hacia un área y estar listo y dispuesto a disparar o detener cualquier cosa que se mueva. Los detalles varían. ¿Estás apuntando tu arma mientras estás en la posición de tendido o arrodillado? ¿A qué sector puedes disparar? Si un soldado no está haciendo nada más, está proporcionando seguridad.

**Seguridad** – Es un término con múltiples significados específicos para una patrulla. A veces se usa para referirse al porcentaje de soldados que pueden brindar seguridad y que realmente la están proporcionando. Por ejemplo, si las ametralladoras se están limpiando y los líderes están coordinando, pero todos los soldados disponibles están proporcionando seguridad, eso sería un 100 % de seguridad. Otras veces, la seguridad se refiere a la cantidad de espacio realmente asegurado por la patrulla. En ese caso, es imposible tener un 100 % de seguridad en todo momento. (Tener una cobertura de 360 grados es posible, pero las personas no son robots).

**La velocidad es seguridad** – No hay límite para cuán segura puede ser una patrulla. Sin embargo, el tiempo necesario para mejorar la seguridad puede prolongar el tiempo de una patrulla en un área de peligro. Por ejemplo, aunque una patrulla que cruza un área de peligro puede aumentar la seguridad al enviar a soldados para proporcionar una alerta temprana, esta también puede aumentar la seguridad al no enviar a nadie y cruzar el área más rápido. A veces, ser más rápido es el método más seguro.

## 2.b Comunicaciones

**Comunicación** – Es la capacidad de transmitir información de un individuo a otro a través del habla, la señalización, etc. La comunicación efectiva requiere que los líderes estén en las posiciones correctas para dar órdenes y que los soldados estén en las posiciones correctas para recibir órdenes. Si la formación se rompe, cada par de soldados y líderes debe comunicarse de todas maneras, para que puedan coordinarse juntos o llevar el cadáver del otro. Siempre establece un plan PACE para las comunicaciones (Ver Comunicaciones, pág. 242).

**Diseminación** – Un líder debe proporcionar información relevante. Cada soldado necesita saber lo que está sucediendo. Por ejemplo: "Este es el alto prolongado hacia el punto de reunión de la patrulla. Esta es nuestra ubicación actual. (Señala en un mapa.) Nuestro próximo movimiento es de 300 metros en dirección 290 grados hacia el punto de reunión de la patrulla." La diseminación es continua, por lo que los líderes pueden ser creativos. Un ejemplo de ellos es hacer que los soldados pasen información a lo largo de la línea mientras se mueven.

**Eco** – Cada instrucción que se grita debe ser repetida por todos. El eco no es solo un aumento en el nivel de sonido; confirma que el que grita escuchó correctamente la orden. Si el líder grita "¡Alto al fuego!" no pueden avanzar sin que "¡Alto al fuego!" sea repetido por todos.

**Términos** – Las órdenes deben ser cortas, concisas y acordadas para minimizar la confusión. "¡Alto al fuego!" es mucho mejor que "¡Detengan todos los disparos en la línea!" Por lo tanto, "¡Alto al fuego!" se dice textualmente cada vez.

## 2.c Otros

**Responsabilidad** – Los líderes deben tener un conteo correcto de sus soldados en todo momento. Cada vez que una formación se detiene, comienza a moverse, se divide o se une, se cuentan los soldados. El concepto de responsabilidad es omnipresente en cualquier patrulla.

**Como si fuera de noche** – Muchas formaciones pueden parecer que contienen demasiados detalles pequeños que deben memorizarse. Crear una base de patrulla es casi como un baile coreografiado. Sin embargo, las mejores emboscadas son de noche, por lo que todas las formaciones deben poder realizarse por soldados que estén medio muertos, ciegos en la oscuridad, sin percepción de profundidad.

**Área de peligro** – Es un área que es peligrosa según las características del terreno. Las patrullas necesitan cubierto y abrigo. Un campo es un área peligrosa abierta porque no tiene ninguna de estas características en sus lados. Una carretera es un área de peligro lineal, ya que no tiene ninguna de esas características en una línea.

**Terreno clave** – Al maniobrar, siempre muévete a una posición mejor. Si no hay ninguna disponible, no te muevas. (A veces, cualquier posición es mejor, como durante una reacción al fuego indirecto). El Ejército de los EE. UU. define el terreno clave como cualquier localidad o área cuya captura o retención ofrezca una ventaja marcada para cualquiera de los combatientes. Aplicando esto a las tácticas de unidades pequeñas, el terreno clave puede ser juzgado por tres criterios: 1) un líder puede comandar y controlar efectivamente a sus tropas; 2) la posición proporciona un cubierto y abrigo efectivo; y 3) hay buenos campos de tiro en las posiciones enemigas.

**Moverse vs. disparar** – Como cualquiera que lo haya intentado sabe, disparar mientras te mueves es bastante inexacto. Por lo tanto, cualquier elemento en movimiento requiere otro elemento separado para proporcionar fuego de cobertura desde una posición estática. Un tema común en este manual es tener un elemento disparando (o preparado para disparar) mientras que otro elemento se mueve y luego se alternan.

**Ubicación del líder** – El trabajo de un líder es recopilar información y transmitir instrucciones. Por lo tanto, su posición en una formación debe ser la adecuada para comunicarse. Por ejemplo, durante el movimiento está en el centro de su elemento, de esta forma puede comunicarse con rapidez a otro elemento que necesita dirección. Sin embargo, durante el contacto puede necesitar ir hacia el frente para dar órdenes y coordinarse rápidamente.

**Sector de tiro** – En cualquier posición estática es importante tener a un soldado en espera, listo para disparar a los enemigos desde todas las direcciones. Cuando no se dan sectores de tiro, los soldados se concentran en el primer enemigo que aparece, ignoran todo lo demás y, por lo tanto, son alcanzados por el fuego desde la retaguardia. Debido a esto a los soldados solo se les asigna la responsabilidad de cierta área frente a su posición, llamada "sector de tiro". A menos que un líder lo indique de otra manera, los soldados desestiman los tiroteos fuera de su sector. Por defecto, un soldado tiene instrucciones permanentes para un sector de tiro desde las 10 en punto hasta las 2 en punto. Si un líder tiene tiempo, una de sus primeras prioridades es asignar sectores que eliminen los espacios entre ellos.

**Tácticas de combate** – Es el arte de organizar y emplear escuadras y pelotones de soldados para llevar a cabo la guerra. Estas tácticas priorizan el movimiento con el menor rastro posible. Esto reduce el riesgo de compromiso y permite operaciones de interrupción y reconocimiento detrás de las líneas enemigas.

# Contenidos de la Fase 1

# Joe se dirige al enemigo (Fase 1: Transporte al objetivo)

*Aparece en puntos donde el enemigo debe apresurarse a defender; marcha rápidamente a lugares donde no te esperan.*

— Sun Tzu, El Arte de la Guerra

Si estás emboscando al enemigo, es muy probable que estés en su territorio y que todos a los que encuentres intenten matarte. Por lo tanto, la seguridad es la primera prioridad en todo. El movimiento inicial se lleva a cabo a nivel de pelotón; sin embargo, los equipos pueden separarse para ejecutar su propia emboscada.

## 3. Desplazamiento en vehículo

El transporte en vehículo crea una posición vulnerable. Muchos soldados no pueden brindar apoyo efectivo desde el interior del vehículo. Los siguientes procedimientos minimizan ese tiempo inseguro al permitir que tantos soldados brinden seguridad lo más rápido posible en todas las direcciones.

### 3.a Realizando la carga de un camión[1]

Los soldados en un camión podrían amontonarse, pero eso, quizás, no sea la forma más segura de viajar. Asegurar el camino es mucho mejor. Donde haya una abertura en el transporte (o en la parte superior si hay una ametralladora montada), las armas más grandes y ruidosas vigilan.

Para muchos vehículos, como el vehículo táctico mediano liviano (LMTV, por sus siglas en inglés. VTML en este manual), solo la parte trasera está abierta. Los soldados en la parte posterior tienen las ametralladoras listas con las bocas ocultas. (No hay necesidad de llamar la atención de manera innecesaria). Detrás de ellos está el líder que puede indicar a las ametralladoras cuándo abrir fuego[2].

---

[1] Cita: Pregunta: ¿Cuántos soldados caben en la parte trasera de un transporte de tropas? Respuesta: Al menos uno más. —Desconocido

[2] Aplicando Conceptos: Si el líder de la escuadra viaja en la cabina, ¿qué métodos de comunicación o señales simples podrían usar para comunicarse con la parte trasera? ¿Cuánta planificación previa necesitará la señalización?

Imagen 2: Un ingeniero de combate con la 251.ª Compañía de Ingenieros (Zapadores) monta guardia con una ametralladora ligera en un VTML. Base Gagetown, NB, Canadá, 16 de agosto de 2017. **Está listo para abrir fuego en cualquier momento.**

**Al cargar el vehículo, la preocupación principal es el desembarque rápido.** Ante todo, la patrulla debe poder responder con rapidez a un ataque. Pero, además, un vehículo bien organizado puede sacar a la patrulla del camino con velocidad. Si la patrulla a pie se va a mover hacia el este al abandonar los vehículos, el primer elemento en el orden de movimiento por ejemplo, el equipo Alfa, desembarca en el lado este del camión. Esto requiere una predicción precisa de la orientación y la ubicación del camión durante la planificación, pero evita que toda la patrulla tenga que reorganizarse al desembarcar (Ver Imagen 3, pág. 25).

# 3.b Transporte al lugar de desembarque

**Para mitigar algún peligro, el líder viaja en la cabina con el conductor y participa de manera activa en el transporte.** Verifica al conductor para asegurarse de que se siga la ruta correcta. (No confíes toda la misión en el sentido de dirección del conductor). Una forma en que los líderes pueden verificar la ruta es ubicando puntos de control identificados durante la planificación. Una vez que el líder ve un punto de control (por ejemplo, una intersección o un puente), pasa ese punto de control a los soldados en la retaguardia, para que todos sepan dónde están. Además, cada punto de control tiene un punto de reunión correspondiente para que, si la patrulla es atacada durante el transporte, los soldados puedan dirigirse

# Formación de camiones

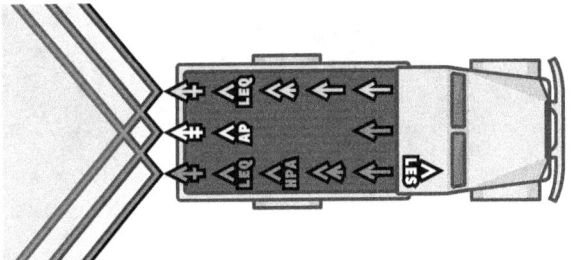

Fase 1

Imagen 3: Debido al espacio limitado, las armas que causan más bajas (en este caso, las ametralladoras) se colocan en la mejor posición para brindar seguridad (en este caso, en la retaguardia). Esta patrulla tiene la intención de comenzar el movimiento a pie hacia la derecha del vehículo, porque el elemento principal, el equipo Alfa (rojo), se bajará del lado derecho del vehículo. **El líder va en la parte delantera para supervisar al conductor, ya que la patrulla es en última instancia su responsabilidad.**

al último punto de reunión (Ver Áreas de encuentro de emergencia (Puntos de reunión en ruta), pág. 31).

El líder también busca razones para tomar una ruta alterna, por ejemplo, la silueta de un Humvee o Jeep, signos de AEI (Artefactos explosivos improvisados), etc. Antes de partir, el líder asegura objetos pesados para que en un vuelco o un ataque enemigo no envíe estos objetos volando por el aire.

## 3.c Acciones desembarcando de un camión[1]

Cuando el camión se detiene, los soldados establecen la seguridad lo más rápido posible. Las armas más grandes salen del camión primero. En el diagrama, estos son los tiradores y aprovisionadores de la M240 (MAG), seguidos por los tiradores de la ALE y sus líderes de equipo (Ver Imagen 6, pág. 27). **La seguridad de 360 grados** en el descenso con solo los desembarques iniciales está planificada de antemano. Una formación común es que la M240 (MAG) del vehículo principal cubre las 12 en punto;

---

El desembarque del vehículo es un momento muy peligroso porque puede ocurrir bajo fuego enemigo, como una emboscada. El Ejército de los EE. UU. incluso ha creado el Procedimiento de Combate Específico 12 (Desembarcar de un vehículo de combate de infantería y un vehículo de combate blindado) y el Procedimiento de Combate Específico 13 (Embarcar un vehículo de combate de infantería y un vehículo de combate blindado). El transporte en vehículo requiere un desembarque practicado y planificado para el modelo específico de vehículo a utilizar.

**Imagen 4:** Soldados practican el desembarque de un VTML. Fort Stewart, GA, 05 de marzo de 2017. Establecer seguridad siempre es la prioridad. **Los primeros soldados en descender son los que portan ametralladoras** quienes aseguran las rutas de aproximación enemigas más probables. Luego, los líderes descienden para coordinar.

**Imagen 5:** Soldados del 2.º Equipo de Combate de la Brigada Blindada, 1.ª División de Caballería, descienden de su Vehículo de Combate Bradley. Fort Hood, TX, 09 de febrero de 2019. Una vez que todos los soldados forman un **semicírculo alrededor del vehículo,** pueden moverse inmediatamente alejándose del camino.

la M240 del vehículo de seguimiento cubre las 6 en punto y la M240 de los vehículos centrales cubre la dirección opuesta al movimiento a pie del elemento, es decir, las 3 o las 9 en punto. Los tiradores de las ALE llenan los huecos.

No todos los sectores tienen la misma cobertura. En el diagrama observa que el camino tiene más seguridad que las áreas laterales porque es más probable que el enemigo las utilice como rutas de aproximación.

Los equipos Bravo y Alfa comienzan a salir del camión desde ambos lados al mismo tiempo, mientras el grupo de líderes ayuda a repartir las mochilas. Si hay equipo que descargar, a menudo es mejor pasarlo directamente desde el camión. No es sabio que un soldado salte con mucho peso encima cuando sus piernas pueden estar adormecidas por estar en el camión durante horas.

Después de que las ametralladoras salen, **los fusileros desmontan para formar un perímetro alrededor del camión en forma de medialuna** (Ver Imagen 5, pág. 26). Cuando los equipos Alfa y Bravo terminan de salir, cada camión está rodeado por un círculo de soldados. El equipo Alfa mira en la dirección del movimiento a pie y el equipo Bravo está en dirección opuesta al movimiento a pie. El grupo de líderes permanece cerca de los camiones, listos para moverse y comunicarse.

Una vez que todos los soldados del equipo Alfa del primer vehículo están en posición y tienen sus mochilas puestas, comienzan a moverse en la dirección del viaje, independientemente de si los demás elementos han terminado. (Aun así, siempre deben mantener la comunicación). Esto

# Desembarcando de un camión

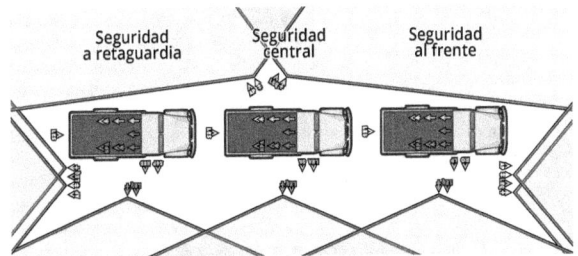

Fase 1

imagen 6: **La primera prioridad es siempre la seguridad de 360 grados.** Primero, las ametralladoras salen y establecen un perímetro. Luego, los líderes salen para coordinar y evaluar la ubicación. Este diagrama es un vistazo de ese momento. Cada ametralladora tiene un líder o ayudante junto a ellos y muestra un sector de tiro traslapado. Esta patrulla se está preparando para moverse hacia el sur, porque el equipo líder (las flechas rojas) ha tomado el perímetro sur.

ahorra tiempo porque Bravo y el grupo de líderes habrán terminado cuando Alfa esté a la distancia correcta.

Los líderes del pelotón van donde sea necesario. Deben rastrear cuándo sale cada escuadra para que puedan seguir en la posición correcta con sus equipos de armas (Ver Formaciones de desplazamiento del pelotón, pág. 44).

**La formación se mueve en la dirección del trayecto hasta que esté fuera de la vista, del sonido y del ataque de armas de fuego de pequeño calibre que puedan provenir del mismo camino**[1]. Una vez que la formación esté lo suficientemente lejos del punto de desembarco del vehículo, el líder del pelotón o el líder del equipo Alfa pueden llamar a un alto corto o prolongado para obtener un rumbo adecuado de desplazamiento, y así poder comenzar la navegación terrestre.

## 3.d Desplazamiento en helicóptero

Los conceptos detrás de viajar en helicóptero y camión son los mismos, siendo la principal diferencia la capacidad de carga y la salida forzada hacia un campo. Para salir del helicóptero, un soldado arrastra su mochila lejos este. Cada mochila y cada soldado deben estar a dos metros del helicóptero para crear suficiente espacio para que otros soldados salgan con rapidez y para que el helicóptero logre su despegue. Luego, los soldados se colocan en

---

[1] Si puedes ver la carretera, la carretera puede verte a ti. Muchos enemigos guerrilleros compran dispositivos de visión nocturna en línea.

posición de tendido frente a sus mochilas con sectores de tiro traslapados alrededor de todo el helicóptero[1].

Para mitigar parte del peligro de aterrizar en un campo, la patrulla coordina con la tripulación de aire durante la planificación. Por ejemplo, la tripulación de aire recibe información sobre el punto de reunión inicial de la patrulla, para que ambos, la tripulación y la patrulla, sepan hacia dónde será el movimiento inicial. La patrulla también debe coordinar el plan de "cargar y mover", es decir, el plan para cargar y mover a los soldados entre vehículos si uno o más vehículos quedan fuera de servicio.

Una vez que el helicóptero despega, los soldados se ponen sus mochilas uno por uno manteniendo **la seguridad de 360 grados** y, si el ingreso requiere varios viajes, se mueven hacia la línea de árboles para esperar a los soldados entrantes. Una vez en el punto de reunión inicial, la patrulla debe despejar el área y encontrar cubierto y abrigo lo suficientemente grande para ubicar a todas las tropas que vendrán. Los primeros elementos deben informar su ubicación precisa para evitar que los soldados entrantes cometan fratricidio. Los soldados que esperan en el bosque forman un alto prolongado (Ver Creando el alto prolongado, pág. 123).

# 4. Desplazamiento a pie (Soldados individuales)

Moverse silenciosamente en la naturaleza, sin llegar a recibir fuego enemigo, requiere de habilidad y técnica. Siempre debes estar consciente del suelo que pisas, el terreno, tu ubicación, la ubicación de tus compañeros de equipo, las posibles ubicaciones enemigas y una docena de otras cosas. Sin embargo, lo primero y más importante es saber qué hacer contigo mismo.

## 4.a Cómo moverse usando el terreno a tu favor

Un buen terreno proporciona cubierto y abrigo en caso de un ataque enemigo. No ignores estas posiciones. En lugar de caminar en línea recta, juega entre buenas posiciones (donde hayan árboles o rocas) mientras avanzas. Varía también tu velocidad. Al moverte entre dos buenas posiciones, acelera; una vez que llegues, tómate un momento para mirar a tu alrededor las posiciones enemigas probables e identifica tu próxima posición a cubierto. También busca trampas en el suelo y señales de los compañeros de equipo.

---

1 Aplicando Conceptos: ¿Qué tan diferente sería salir de un Chinook? (Un Chinook tiene una salida trasera.)

Imagen 7: Soldados del Ejército Polaco de MNBG-del Este, desmontan rápidamente de un helicóptero UH-60 Black Hawk para brindar seguridad en posición de tendido durante un ejercicio de entrenamiento de carga con la aeronave apagada y encendida. Campamento Novo Selo cerca de Pristina, Kosovo, 08 de diciembre de 2017. **Observa la distancia a la que están los soldados del helicóptero**.

**Mientras te mueves es vital permanecer a la vista y al alcance del líder del elemento**. Si el líder necesita dar una orden de "congelarse" porque la patrulla acaba de entrar en un campo minado, cada soldado debe estar disponible para recibirla. Ten esto en cuenta al elegir hacia dónde moverte, no te ocultes tanto que tu propio equipo no pueda comunicarse contigo. Otra regla práctica es voltearse al ritmo de un conteo de pasos (por ejemplo, mirar hacia atrás cada diez pasos). Los soldados y los enemigos proporcionan información vital desde atrás.

## 4.b Ponerse en posición de tendido, rodilla en tierra y quitarse las mochilas

Cuando se realiza un alto, por defecto, un soldado se arrodilla y, después de 30 segundos, se pone en posición de tendido para obtener cubierto y abrigo. Sin embargo, un soldado puede optar por quedarse de rodillas si la situación así lo determina. La posición de tendido puede proporcionar más cubierto y abrigo, pero arrodillarse a menudo proporciona una mejor línea de visión, campo de tiro y visibilidad de amenazas. Por ejemplo, si está en hierba alta un soldado en posición de tendido no puede ver nada, entonces, se arrodilla.

**La línea de visión es extremadamente importante.** Un soldado arrodillado que ve a un enemigo desde lejos a menudo está mejor posicionado que un soldado en posición de tendido que permite que un enemigo se acerque. De cualquier manera, la vista humana es muy buena para seguir el movimiento, por lo que estar quieto es un medio efectivo de ocultamiento por sí mismo (Ver Imagen 8, pág. 31).

Ya sea en posición de tendido o rodilla en tierra, se debe mantener la seguridad cuando un soldado se quita la mochila. Por lo tanto, otro soldado proporciona seguridad arrodillándose junto al soldado que se agacha. Siempre se deben quitar las mochilas deliberadamente sin dejarlas caer para evitar hacer ruido y dañar el equipo. Tan pronto como sea posible, un líder asigna un sector de tiro (Ver Seguridad de 360 grados (Asignación de sectores de tiro), pág. 130).

# 5. Desplazamiento a pie (Elementos)[1]

Cuando muchos soldados viajan juntos hay preocupaciones adicionales que son responsabilidad de todo el elemento. En un solo movimiento puede haber variaciones en el terreno, elevación, ocultamiento, visibilidad, capacidad enemiga, etc. Estos pueden cubrir o exponer, empujar y retraer a un elemento de la formación. Todas estas consideraciones deben tenerse en cuenta al considerar técnicas óptimas de movimiento a pie.

## 5.a Moverse usando el terreno a tu favor

Cuando se viaja para llevar a cabo una emboscada, las preocupaciones más apremiantes son ocultar la patrulla y moverse con velocidad. Las mejores rutas se deciden durante la planificación. Sin embargo, los mapas no muestran cada elevación o pozo en el suelo, por lo que muchas decisiones sobre el movimiento deben tomarse en el terreno.

**Entre las colinas**, por ejemplo, la mejor área para viajar es la "cresta militar". La cresta militar es la parte de una ladera que comienza desde el suelo bajo y continúa hasta tres metros verticales desde la cima de la colina. Es decir, un soldado no debe ser visto desde el otro lado de la colina. Moverse en esta ladera proporciona buen ocultamiento sin sacrificar mucha altura. Durante el día, una patrulla sube lo más alto posible en la cresta militar mientras aún puede ver toda el área debajo de ella, sin dejar espacios muertos. Durante la noche, una patrulla se mueve lo más bajo

---

1   Cita: Avanzamos hacia adelante y si vienen los tanques, que Dios ayude a los tanques. —Comandante de los *Rangers* del Ejército de los EE. UU., Coronel William O. Darby

Imagen 8: Dos soldados de la Compañía A, Reg. 2-23 Inf., 4.º Equipo de Combate de la Brigada, 2.a Div. de Inf., buscan refugio en la hierba alta y realizan labores de seguridad. Muqdadiyah, Iraq, 19 de diciembre de 2007. **Adoptar una posición de tendido en la hierba alta obstaculizaría toda visión y trayectorias de tiro.**

Imagen 9: Un soldado del 29.º Batallón de Ingenieros, 25.ª Div. de Inf., escanea en busca de enemigos durante el entrenamiento de reacción al contacto del Centro de Entrenamiento de Operaciones en la Jungla. Hawái, 17 de marzo de 2016. El no puede ver estando en posición de tendido rodeado de vegetación.

posible, pero aún fuera de la parte más baja del valle, para que los enemigos más arriba en la colina destaquen contra el cielo nocturno.

**Al cruzar caminos**, utiliza un punto bajo entre dos colinas. Las colinas proporcionan ocultamiento frente a la vigilancia de largo alcance y son buenos puntos de referencia para la navegación. Trata de cruzar en curvas el camino, donde el enemigo no puede ver más allá de la curva. Las patrullas que cruzan un camino recto pueden ser vistas durante toda la distancia del trayecto. Al cruzar barrancos busca áreas en los mapas con líneas de contorno comprimidas, que indican un barranco más empinado y corto.

Hay innumerables factores adicionales que un líder de patrulla debe considerar. Las áreas densamente arboladas pueden proporcionar gran ocultamiento. Sin embargo, si la artillería es una preocupación, una buena cobertura de árboles densos puede convertirse en un lugar peligroso. Si hay perros, las poblaciones locales pueden saber que los ladridos indican la presencia de desconocidos. **Sea cual sea el caso, no navegues en líneas rectas sin motivo, utiliza el terreno a tu favor.**

# 5.b Áreas de encuentro de emergencia (Puntos de reunión en ruta)

Los puntos de reunión son ubicaciones donde los soldados se reúnen y esperan a otros soldados. Los puntos de reunión en ruta (PRR) son ubicaciones que una patrulla crea durante un movimiento. Proporcionan una ubicación de emergencia a la que los soldados pueden correr si pierden contacto con el elemento principal; en estos puntos pueden ser recogidos más tarde.

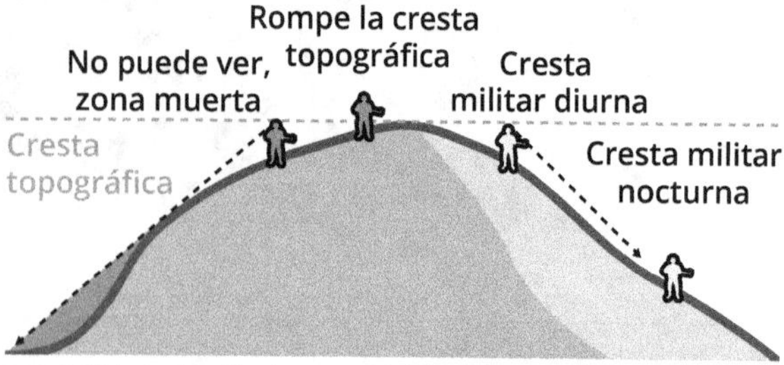

# Cresta militar

**Rompe la cresta topográfica**

**No puede ver, zona muerta**

**Cresta militar diurna**

Cresta topográfica

**Cresta militar nocturna**

Imagen 10: La cresta militar de una característica del terreno. Idealmente, un soldado necesita ver toda la ladera de la colina y no quedar perfilado en la cima de la colina.

Los PRR deben ser fácilmente reconocibles tanto de día como de noche. Recuerda que los soldados estresados necesitan encontrarlos en la oscuridad. **Un punto de reunión que es imposible de encontrar es inútil;** aunque a menudo se utilizan árboles muertos, los bosques contienen muchos árboles muertos. Los accidentes del terreno más grandes, como barrancos, son mucho mejores[1]. Aunque si finalizan el terreno, asegúrate de planificar con antelación algunas ubicaciones buenas para los PRR (Ver Imagen 11, pág. 34).

Designa los PRR mediante señales de brazo y mano. Cada señal es realizada por cada soldado dos veces: primero, para confirmar la recepción; segundo, para transmitir. Las señales solo son transmitidas por el soldado físicamente más cercano al punto de reunión, lo que ayudará a identificar el PRR. Para asegurarse de que cada soldado ha pasado, un punto de reunión se activa solo cuando comienza a designarse el siguiente punto de reunión.

Los PRR también se designan antes de cruzar cualquier área de peligro. Es decir, si un área es peligrosa para moverse, entonces se establece un lugar al que retirarse antes de moverse. Un punto de reunión del lado cercano se establece hasta 300 metros antes del área de peligro. Un punto del lado lejano se establece hasta 300 metros más allá del área de peligro. El punto de reunión del lado lejano también se crea antes de cruzar el área de peligro en caso de un ataque desde la retaguardia durante el cruce.

Si los soldados se separan debido a un contacto enemigo o a una ruptura ante el contacto, los primeros en llegar al punto de reunión establecen un

---

1    Aplicando Conceptos: A menudo, los mejores puntos de reunión son características del terreno difíciles de atravesar, como barrancos o colinas. En la planificación, ¿hay una forma de elegir una ruta rápida que también tenga el beneficio de estos buenos puntos de reunión? Considera rodear una colina y hacer la cima de la colina un punto de reunión.

perímetro defensivo rápido. A medida que llegan más soldados, el soldado de mayor rango presente se dirige al personal, establece la seguridad y mantiene el control. Los límites de tiempo de cuánto tiempo permanecer en un PRR deben establecerse durante la planificación, de lo contrario, la patrulla puede detenerse en un área que contiene una gran fuerza enemiga (si causaron la retirada al PRR), esperando a soldados que nunca van a llegar. Un límite de tiempo común para los PRR es de dos horas después de que llega el primer miembro de la patrulla.

## 5.c Responsabilidad de la navegación terrestre[1]

En teoría, la responsabilidad de la navegación terrestre recae en el líder de la patrulla, sin embargo, dado que todo el grupo de líderes ha sido informado sobre cada movimiento; todos los líderes en el equipo son responsables de que la patrulla esté en la ruta correcta. De hecho, cada persona en la formación debe conocer la ruta planificada, ya que se detalla durante la orden de operaciones (ORDOP). Realísticamente, la ejecución de la navegación terrestre recae en el primer elemento en movimiento[2].

La navegación terrestre es demasiado complicada e importante para que una persona la maneje. Incluye tareas como buscar características del terreno que coincidan con el mapa; llevar un conteo de pasos; mantenerse en acimut; buscar puntos de control y límites; crear PRR (Puntos de reunión en ruta). **Un buen líder de equipo delega con fuerza sus tareas**[3].

Sin importar cómo decida delegar el líder de equipo, hay algunas pautas buenas a seguir. Cada fusilero lleva una brújula o mantiene el conteo de pasos. El hombre punta y el tirador de ametralladora ligera tienen la responsabilidad principal de la seguridad, por lo que nunca están involucrados en la navegación terrestre. Dado que el hombre punta está

---

[1] Cita: La guerra es la manera que tiene Dios de enseñarle geografía a los estadounidenses. —Soldado de la Guerra Civil estadounidense, Ambrose Bierce

[2] Aplicando Conceptos: Para una escuadra, normalmente el elemento líder es el equipo Alfa y para una patrulla es el elemento punta del equipo Alfa. ¿Qué sucede si el orden de movimiento cambia (como durante el cruce deliberado de un área de peligro), y ahora el equipo Bravo es el elemento líder? O bien, la escuadra necesita reorganizarse, o el equipo Bravo se convierte en el elemento líder y es responsable de la navegación terrestre.

[3] Reacción: Aunque muchos expertos conservadores le dan gran importancia al uso de dispositivos analógicos como transportadores y brújulas, y niegan depender del GPS, cada vez es más claro que un dispositivo GPS dedicado es tan importante como un fusil en cualquier patrulla y los mapas de papel van por el mismo camino que la bayoneta. Muchos dispositivos GPS son ligeros, duraderos, no rastreables, mejoran la navegación en general y pueden prevenir desastres adicionales después de una separación de elementos.

Imagen 11: Un **buen punto de reunión** es distintivo y lo suficientemente grande como para ser encontrado por la noche. Los estanques a menudo también se pueden escuchar. Se puede usar un desplazamiento, por ejemplo, 70 metros al suroeste de este estanque.

Imagen 12: Marinos de la Compañía K, 3.ᵉʳ Batallón, 4.° Regimiento de Marinos. Big Bear Lake, California, 7 de septiembre de 2016. Este es un **mal punto de reunión**. Aunque al principio parece distintivo, los bosques contienen una gran cantidad de árboles caídos.

adelante de la navegación, debe mirar de forma constante hacia atrás para asegurarse de que la dirección de marcha no haya cambiado.

En un mundo ideal, la ruta y el terreno son memorizados por todos, pero es mejor detenerse y hacer una verificación en el mapa que perderse. Las verificaciones distraen al liderazgo y requieren de luz por la noche, por lo que necesitan más precaución que un alto normal. Para verificar una ubicación se llama a un alto corto. Si el líder sospecha que la patrulla está perdida, se llama a un alto prolongado (Ver Alto corto o formación de seguridad, pág. 49) (Ver Creando el alto prolongado, pág. 123).

Todo el grupo de líderes se mueve al centro. El líder de la patrulla se coloca en posición de tendido y se quita la mochila para reducir su perfil. Por la noche, el líder de la patrulla está cubierto con algo completamente opaco mientras realiza una verificación en el mapa bajo la luz[1].

Si por alguna razón la ruta no se ha informado antes o los soldados olvidan la ruta, debe informarse lo antes posible. Cada soldado es responsable de conocer: 1) las rutas primaria y alterna; 2) dónde se encuentran actualmente en esas rutas; y, lo más importante, 3) cómo moverse si se separan y están solos.

# 5.d Conteo de personas (Puntos de estrangulamiento)

Un punto de estrangulamiento es el lugar donde un líder cuenta a cada soldado en el elemento. Los puntos de estrangulamiento se utilizan durante cada etapa de una patrulla, es decir, cada vez que un elemento comienza o detiene el movimiento, por ejemplo, al retirarse de una reacción al contacto, retomar el movimiento de un alto corto, etc.

---

[1] Realidad: Doble capa de una capa de lluvia del Ejército no es suficiente para ocultar las modernas linternas de minero brillantes. Para limitar la luz, considera cubrir la lámpara frontal de tu linterna con cinta semipermeable.

El líder a cargo de esta responsabilidad (por ejemplo, el líder del equipo Bravo o el argento de pelotón) corre hacia el frente de la formación. Luego, elige un árbol u otro soldado, y cada hombre en el elemento se mueve entre los dos. **El líder toca físicamente a cada soldado que pasa mientras mantiene un conteo.** Si el punto de estrangulamiento se forma con otro soldado, también mantiene en silencio un conteo para que tanto el líder como el soldado puedan comparar sus conteos después de que pase el último hombre (Ver Imagen 13, pág. 36).

Si un elemento se está desplazando en formación hacia un punto de estrangulamiento, los soldados esperan hasta llegar al punto de estrangulamiento para romper su formación de movimiento. Luego regresan a su posición de formación después del punto de estrangulamiento. Esto evita que toda la formación se deforme en una formación en fila antes y después de cada punto de estrangulamiento. Asegúrate de estar atento a los soldados que no están al tanto y pasan por alto el punto de estrangulamiento.

Una vez que se logra un conteo, todo el grupo de líderes informa tanto el número como el resultado: por ejemplo, "15 soldados en pie" o "14 soldados, falta uno". No descartes un conteo si está por encima del número esperado; un conteo debe ser exactamente preciso, sin errores. ¿Qué hacer si el conteo no es correcto? Esto se discute durante la planificación y depende mucho de la situación (Ver Imagen 14, pág. 37).

## 5.e Seguridad a retaguardia

**Un tema común de este manual es la seguridad de 360 grados en todo momento.** Esto incluye el movimiento a pie. Los soldados en la retaguardia de la formación a menudo se desconectan porque la mayoría de los contactos enemigos son en el frente. Un elemento en la retaguardia que es efectivo escanea constantemente detrás de sí mismo. Una táctica inteligente es incorporarlo al conteo de pasos: por ejemplo, mirar hacia atrás cada diez pasos (Ver Imagen 14, pág. 37).

# 6. Desplazamiento a pie (Formaciones)

Cuando se mueven juntos, los soldados necesitan viajar como una unidad organizada para maximizar el comando y control y asignar la potencia de fuego. Cada forma posible de agrupar a cuatro soldados o elementos tiene un nombre (Ver Imagen 15, pág. 38). Además, cada nivel de organización tiene su propia formación. Entonces, por ejemplo, una "línea de escuadra, un equipo de fuego en formación de caja" es una línea de formaciones de caja del tamaño de un equipo. Todas estas combinaciones y formaciones

Imagen 13: Soldados estadounidenses en la Tropa Bandit, 1.ᵉʳ Escuadrón, 3.ᵉʳ Regimiento de Caballería, pasan por un punto de estrangulamiento durante un entrenamiento de fuego real de la fuerza de respuesta. Irak, 31 de octubre de 2018. Dos soldados **cuentan en silencio y se revisan mutuamente** al final.

pueden volverse complicadas con rapidez, por lo que las unidades confían mucho en las formaciones más comunes.

Para escuadras y pelotones, las dos formaciones de movimiento más comunes se llaman "cuña" y "cuña modificada" (técnicamente, columna de pelotón, columna de escuadra, cuña de equipo de fuego) (Ver Imagen 22, pág. 46). Otra formación común es en "fila", que se usa solo en situaciones específicas a lo largo del manual. Moverse en cuña es la configuración predeterminada y cubre la mayoría de las situaciones de desplazamiento.

**El uso de una cuña o cuña modificada representa el equilibrio entre seguridad y velocidad.** La formación de cuña es más segura contra un ataque frontal que una cuña modificada porque tiene un frente más amplio. La patrulla puede formar con facilidad esa cuña en una línea de disparo rápida y hacia adelante. La forma de cuña también permite que se formen líneas de disparo rápidas contra ataques laterales.

Una cuña modificada, por otro lado, debe deformarse completamente para crear una línea en el frente, mientras que solo funciona igual de bien que una cuña cuando es atacada desde los laterales. Las columnas en una cuña modificada también son vulnerables al fuego de ametralladoras desde el frente, esta arma puede disparar directamente a través de toda la columna. La ventaja de una cuña modificada es que caminar en dos columnas es rápido porque casi todos los soldados simplemente siguen al soldado que tienen delante, en lugar de crear un nuevo camino a través del terreno. Un perfil más pequeño también significa que se pueden utilizar terrenos más fáciles, como caminos o lechos de ríos.

Imagen 14: Estudiantes de la Escuela de Control de Combate con el 352.º Escuadrón de Entrenamiento de Hombres de Batalla, caminan a través de bosques cubiertos de maleza. Camp Mackall, Carolina del Norte, 03 de agosto de 2016. **El soldado en la retaguardia mira hacia atrás para la seguridad a retaguardia.**

Dado que la mayoría de los ataques enemigos provienen del frente, la formación de cuña es preferida para cualquier situación donde el contacto enemigo sea posible. Esta es más vulnerable a un ataque desde 45 grados desde la retaguardia, donde la última cuña tiene algunos soldados en fila. Sin embargo, los beneficios de seguridad hacia el frente y la simplicidad de tener a todos los equipos en la misma forma superan ese riesgo.

**La formación en fila solo se utiliza cuando el riesgo de un ataque frontal es ampliamente superado por otros factores.** Por ejemplo, al viajar a través de un terreno como un pantano una distancia de unos metros puede dividir un elemento. Mover a los soldados a un lugar ya ocupado por tropas amigas, es decir, sin enemigos en el frente, es otro ejemplo.

Para mantener el control durante el movimiento, el líder de escuadra puede moverse libremente en cualquier lugar dentro de la escuadra, mientras que el líder del equipo Bravo puede moverse con libertad en cualquier lugar dentro del equipo Bravo. El líder del equipo Alfa es un poco diferente: siempre deben estar en posición al dirigir a su equipo porque estos son los más propensos a tener contacto enemigo.

## 6.a Formación de cuña

En esta formación, los equipos tienen forma de cuña y están alineados en una columna. Por esta razón, el nombre completo de la "cuña" es "columna de escuadra, cuña de equipo de fuego". Sin embargo, en este manual se llamará cuña. Para crear una **cuña:**

## Desplazamiento a pie (Formaciones)

### Tabla 3-1. Formaciones primarias.

| Nombre/Formación/ Señal (si es aplicable) | Características | Ventajas | Desventajas |
|---|---|---|---|
| Formación en línea | -Todos los elementos dispuestos en una fila<br>-Mayoría de observación y fuegos directos orientados hacia adelante; mínimo hacia los flancos<br>-Cada unidad subordinada en la línea debe despejar su propio camino hacia adelante<br>-Un subordinado designado como la base en la cual los otros subordinados indican su movimiento | Habilidad para:<br>-Generar superioridad de fuego hacia el frente<br>-Despejar grandes áreas<br>-Dispersarse<br>-Cambiar a avance por saltos vigilados, base de fuego o asaltar | -La dificultad de control aumenta durante la visibilidad limitada y en terreno restrictivo o estrecho<br>-Difícil designar un elemento de maniobra<br>-Flancos débiles y vulnerables<br>-Potencialmente lento<br>-Fácilmente detectable |
| Formación en columna/fila | -Un elemento líder<br>-Mayoría de observación y fuegos directos orientados hacia los flancos; mínimo hacia el frente<br>-Un solo camino significa que la unidad solo se ve influenciada por obstáculos en ese único camino | -La formación más fácil de controlar (mientras que el líder pueda comunicarse con el elemento punta)<br>-Habilidad para generar un elemento de maniobra<br>-Seguridad a los flancos<br>-Velocidad | -Reducida habilidad para alcanzar superioridad de fuego hacia el frente<br>-Despeja un área limitada y aglomera a la unidad<br>-Dificultad de transición al avance por saltos vigilados, base de fuegos y asalto<br>-La profundidad de la columna la vuelve un buen objetivo para ataques aéreos cercanos y zonas batidas por ametralladoras |
| Formación en V | -Dos elementos de punta<br>-Los elementos seguidores se mueven entre los dos elementos de punta<br>-Se utiliza cuando se espera contacto al frente<br>-"Cuña invertida"<br>-Unidad requerida para dos carriles/caminos hacia adelante | Habilidad para:<br>-Generar superioridad de fuego al frente<br>-Generar un elemento de maniobra<br>-Seguridad a los flancos<br>-Despejar grandes áreas<br>-Dispersarse<br>-Cambiar a avance por saltos vigilados, base de fuego o asaltar | -La dificultad de control aumenta durante la visibilidad limitada y en terreno restrictivo o estrecho<br>-Potencialmente lento |
| Formación en caja | -Dos elementos punta<br>-Elementos seguidores siguen a los elementos punta<br>-Seguridad en todas las direcciones | Ver ventajas de formación en V | Ver desventajas de formación en V |
| Formación en cuña | -Un elemento punta<br>-Elementos seguidores emparejados uno al lado del otro en los flancos<br>-Se utiliza cuando la situación es incierta | Habilidad para:<br>-Controlar incluso durante visibilidad limitada en terreno restrictivo en terreno estrecho<br>-Cambiar los elementos seguidor a base de fuego o asalto<br>-Asegurar al frente y los flancos<br>-Cambiar a formación en línea y en columna | -Elementos seguidores deben despejar su propio camino hacia adelante<br>-Necesidad frecuente de transición a columna en terreno restrictivo o estrecho |
| Formación en clamante | -Similar a la formación en cuña<br>-El cuarto elemento sigue al elemento punta | Ver ventajas de formación en cuña | Ver desventajas de formación en cuña |
| Formación en escalón desbordante (a la derecha) | -Elementos desplegados en diagonal a la izquierda o derecha<br>-La observación y el fuego al frente y a uno de los flancos<br>-Cada unidad subordinada en la línea despeja su propio camino al frente | Habilidad para asignar sectores que abarquen tanto el frente como el flanco | -Dificultad para mantener una buena relación entre subordinados<br>-Vulnerable en el flanco opuesto |

**Imagen 15:** Estas son todas las formaciones primarias de movimiento según lo definido por el FM 3-21.8 del Ejército de los EE. UU., Capítulo 3, el pelotón de fusileros y la escuadra. En esencia, se ha definido cada posible manera de organizar a cuatro soldados. **Aunque hay usos para todas las anteriores, en realidad algunas formaciones son mucho más útiles que otras.** Este manual no utiliza las formaciones de V o Escalón Desbordante porque solo tienen usos especiales.

# Formaciones básicas de desplazamiento

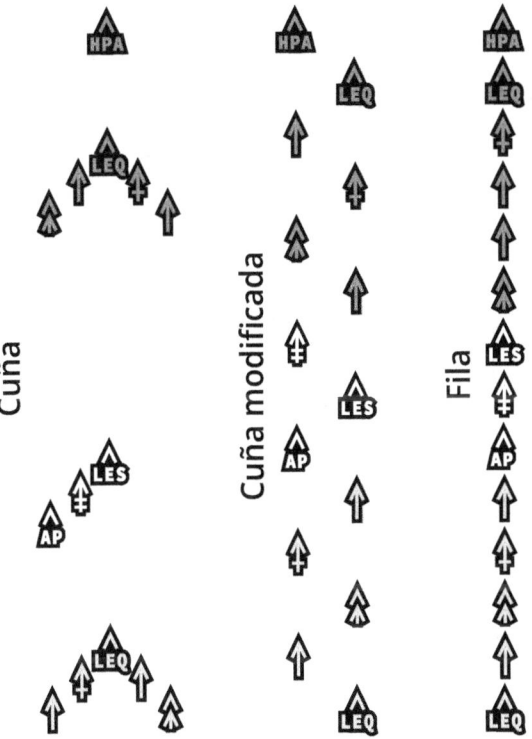

imagen 16: Las tres formaciones de movimiento más comunes. La formación de cuña más amplia y espaciada proporciona una seguridad más distribuida, pero puede ser más difícil de controlar. La **cuña modificada es más rápida, pero más vulnerable** a un ataque desde el frente. La columna es extremadamente vulnerable y solo se usa para distancias cortas y preplanificadas.

1) Coloca a cada líder en una columna vertical de 20 a 40 metros de distancia. Esto será el vértice de cada cuña respectiva.

2) Coloca a los soldados debajo de cada líder de 5 a 20 metros de distancia del líder, de 30 a 45 grados, con un número igual en cada lado. Estos forman cuñas.

3) Coloca a un hombre punta delante de la formación para actuar como alerta temprana para todo el elemento.

4) Si es probable el contacto enemigo, empuja al elemento líder unos 50 a 100 metros hacia adelante, ya que esto ocultará el elemento a retaguardia del enemigo. Ocultar el elemento a retaguardia es útil en ciertas maniobras, como un flanqueo. Esto se llama "avance vigilado". El espaciado regular solo se llama "avance"

5) Coloca al aprovisionador de ametralladora en el lado izquierdo del alimentador de la M240 (MAG).

6) Equilibra las ametralladoras y armas antitanque en lados opuestos entre y dentro de los equipos.

Como doctrina, en varios ejércitos que tienen como referencia la doctrina americana: la tendencia de espaciar cada elemento a 20 metros de distancia, con el primer elemento a 50 metros del segundo elemento. **En realidad, olvida los números específicos; diferentes terrenos y condiciones requieren espaciados diferentes.** Durante el día, cuando el enemigo haya informado a la artillería, los soldados pueden estar a 20 metros de distancia el uno del otro para evitar que un solo proyectil de artillería elimine a varios soldados. Por otro lado, si un soldado es alcanzado, es muy difícil encontrarlo y evacuarlo desde 20 metros de distancia bajo fuego. El espaciado más estrecho permite una comunicación más rápida y una maniobra más veloz. Por ejemplo, durante la noche, en un pantano, los soldados están tan cerca que casi se tocan entre sí.

El hombre punta de una cuña es una posición especial de seguridad ubicada más allá del frente del elemento principal de una formación de patrulla. El hombre punta observa y examina constantemente su entorno y no participa en la navegación terrestre. Esta posición existe porque el elemento líder de una patrulla es el más propenso a recibir y prevenir el contacto con el enemigo. Por lo tanto, poner a un solo hombre muy adelante maximiza las posibilidades de que la patrulla (específicamente las del hombre punta) detecte al enemigo antes de que el enemigo detecte a la patrulla, ya que un solo hombre hace menos ruido que un elemento completo.

# Formación en cuña de escuadra

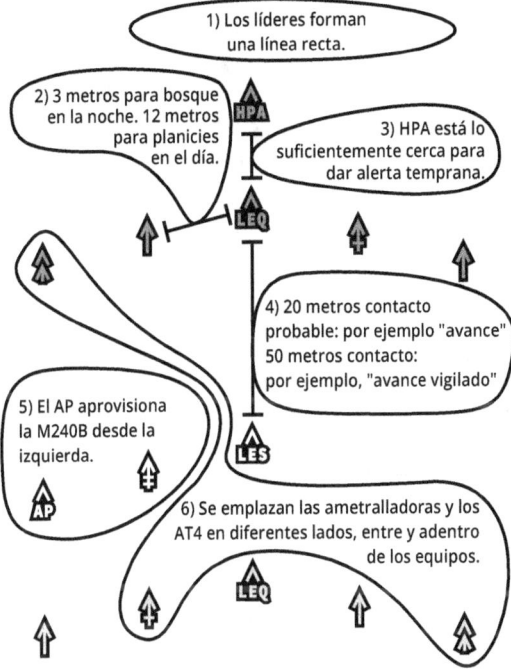

1) Los líderes forman una línea recta.

2) 3 metros para bosque en la noche. 12 metros para planicies en el día.

**HPA**

3) HPA está lo suficientemente cerca para dar alerta temprana.

**LEQ**

4) 20 metros contacto probable: por ejemplo "avance"
50 metros contacto: por ejemplo, "avance vigilado"

5) El AP aprovisiona la M240B desde la izquierda.

**AP**

**LES**

6) Se emplazan las ametralladoras y los AT4 en diferentes lados, entre y adentro de los equipos.

**LEQ**

Imagen 17: Las cuñas requieren mucha coordinación y un constante realineamiento. **Lo más importante para una cuña es una buena comunicación.**

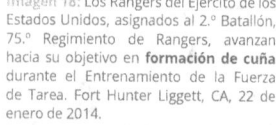

Imagen 18: Los Rangers del Ejército de los Estados Unidos, asignados al 2.º Batallón, 75.º Regimiento de Rangers, avanzan hacia su objetivo en **formación de cuña** durante el Entrenamiento de la Fuerza de Tarea. Fort Hunter Liggett, CA, 22 de enero de 2014.

Imagen 19: Marinos guatemaltecos reaccionan ante el contacto desde una formación de cuña. Guatemala, 09 de marzo de 2016. **¿Por qué este terreno podría dictar una formación de movimiento más ajustada que para los soldados a la izquierda?**

Similar al hombre punta, el primer equipo en una cuña también está más adelante que el resto del elemento[1]. Empujar el primer elemento hacia adelante permite que el enemigo solo identifique a la menor cantidad posible de soldados. Los soldados no vistos en la retaguardia pueden entonces emplear un contraataque por el flanco o romper el contacto de manera más efectiva (Ver Maniobra de flanqueo audaz (Procedimiento de combate 1), pág. 85). 50 metros es una buena estimación, pero el primer elemento puede ser empujado más hacia adelante si aún pueden comunicarse con el grupo de líderes con facilidad.

Las posiciones dentro de una formación están, en términos generales, distribuidas de manera equitativa. Si el equipo principal tiene una ametralladora ligera en el lado derecho, entonces la escuadra que lo sigue tiene una en el lado izquierdo; el equipo principal tiene un lanzacohetes antitanque (AT4) a la izquierda y el equipo que lo sigue tiene un AT4 a la derecha. Sin embargo, si la amenaza potencial es mayor en un lado, se dirige más potencia de fuego hacia ese lado, es decir, una distribución concentrada.

Los sistemas de armas pueden colocarse al final de una cuña para permitir una respuesta más rápida al contacto enemigo desde el flanco o en el centro de la cuña para permitir a los líderes de equipo un mayor comando y control. Por ejemplo, un tirador experimentado de ALE en quien

---

1   Aplicando Conceptos: El hombre punta y el primer elemento suelen colocarse más adelante en el frente porque es donde es más probable el contacto con el enemigo. Si el contacto con el enemigo es más probable que provenga del lado izquierdo (por ejemplo, podría haber una carretera al lado), ¿dónde debería colocar el Líder de la Patrulla a los Hombres Punta y demás elementos?

Imagen 20: Marinos guatemaltecos patrullando en una formación de cuña modificada durante un entrenamiento proporcionado por un Equipo de Cooperación en Seguridad de los Marinos de los EE. UU. Guatemala, 09 de marzo de 2016. Si fueras un enemigo al costado del camino, ¿causaría más caos atacar al hombre punta que está alerta, o **al centro, donde es más probable que los líderes y los soldados estén complacientes?**

se puede confiar elegirá una buena posición de tiro por sí mismo, se ubicará en el borde de una cuña.

## 6.b Formación de cuña modificada
### (Columna modificada)

**La formación de cuña modificada se utiliza para movimientos más rápidos, siempre que la cuña sea demasiado ancha o difícil de controlar.** Se "modifica" porque las dos alas de una cuña colapsan en dos columnas (Ver Imagen 16, pág. 39). Los soldados en cada columna se escalonan para que nunca estén dos soldados, uno al lado del otro. De esta manera, todos los soldados pueden disparar cuando son atacados desde el lateral.

Una cuña modificada estrecha puede ser necesaria cuando:

▸ Se cruza a través de vegetación densa.
▸ El desplazo es nocturno (para aumentar el comando y control).
▸ El desplazo es a lo largo de un barranco o al lado de una colina (usando la "cresta militar") para permanecer oculto (Ver Imagen 10, pág. 32). Si la formación es demasiado ancha, un soldado en

el borde podría ser visible sobre la colina y revelar la posición de la patrulla.

La cuña modificada escalona a los soldados entre columnas para reducir el efecto de los ataques laterales, de modo que solo un soldado sea alcanzado en lugar de dos o más. Una forma fácil de mantener este escalonamiento es nunca pasar y conservar la distancia con el siguiente soldado en diagonal hacia adelante. Una mala manera de mantener esta formación es seguir directamente al soldado de adelante.

Cuando sea posible, se prefiere una cuña modificada a una formación en fila para desplazarse por barrancos porque esta formación puede mover el doble de soldados (dos columnas en lugar de una fila) y, por lo tanto, es el doble de rápida. La formación de fila en terreno rural se considera una formación especializada para uso específico, como puntos de estrangulamiento, barrancos con vegetación y emplazamiento de asaltos.

# 6.c Formaciones de desplazamiento del pelotón

A medida que las formaciones de movimiento involucran a más y más soldados, pueden volverse complicadas (Ver Imagen 21, pág. 45). Las formaciones a nivel de pelotón más simples se crean tomando todas las cuñas de escuadras y colocándolas en una columna. Tres cuñas de escuadras pueden apilarse una detrás de la otra para crear una columna de pelotón, columna de escuadra, cuña de equipo de fuego (en adelante, una **cuña de pelotón**); asimismo, tres cuñas modificadas pueden apilarse para formar una cuña modificada de pelotón realmente larga (Ver Imagen 22, pág. 46).

Considera cuán larga puede llegar a ser una formación de pelotón. Según muchas recomendaciones estandarizadas para distancias de cuña, un pelotón de tres escuadras puede extenderse por más de 300 metros (Ver Formación de cuña, pág. 37). Esto puede ser un problema porque un pelotón debe estar fuera de la vista de las áreas de peligro cuando se detiene, lo que puede ser a más de 200 metros. Entonces, un pelotón de 300 metros necesitaría 700 metros (300 metros más un margen de 200 metros antes y después) para hacer un alto corto de manera segura entre dos caminos, lo que a menudo no suele suceder[1]. La longitud también afecta el tiempo de respuesta del grupo de líderes del pelotón en caso de

---

1    Aplicando Conceptos: ¿Cómo podrían modificarse los Planes Permanentes de Operación (PPO) para que se pueda realizar un alto corto en un área más pequeña? Al establecer pautas para una patrulla específica, se comienza con lo que necesita suceder. Una formación en cuña lo suficientemente condensada como para acelerar el desplazamiento, pero lo suficientemente amplia como para tener en cuenta el fuego indirecto. El primer elemento se adelanta para proporcionar una alerta temprana para toda la unidad.

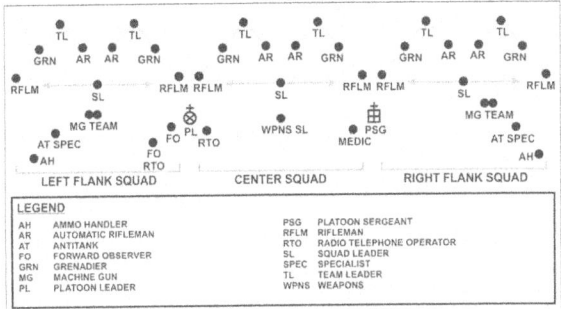

**Figure 2-13. Platoon line, squads on line**

imagen 21: Este gráfico es del manual oficial ATP 3-21.8 del Ejército de los EE. UU. de abril de 2016. La formación es excesivamente confusa y complicada, y se incluye aquí para mostrar que la construcción de formaciones está limitada únicamente por la imaginación.

un ataque enemigo. Por lo tanto, el grupo de líderes del pelotón se divide , con frecuencia, dentro de una formación de pelotón para un comando y control más próximo.

Cuando apilas escuadras para hacer una formación de pelotón, la posición y el trabajo de cada escuadra dependen de la misión y se decide en la planificación. Por ejemplo, si la misión es una emboscada puntual de pelotón, un orden común de desplazamiento es colocar a la escuadra de seguridad en la parte delantera (Ver Posición de los líderes del pelotón, pág. 182). La seguridad tiene menos responsabilidad durante la emboscada en sí, por lo que se le asigna la responsabilidad de navegación terrestre durante el movimiento y, por lo tanto, es el elemento líder.

Para algunas misiones, como emboscadas de áreas, el pelotón necesita separarse en escuadras que viajan cada una a sus áreas específicas. Donde todas las escuadras tienen emboscadas separadas y similares, el orden de desplazamiento tiene en cuenta factores externos a la misión como una rotación o conjunto de habilidades.

Cuando cada escuadra se mueve a su área en una emboscada de área, abandonan la formación de pelotón y las escuadras restantes continúan hasta que también tomen caminos separados. No es necesario detener el movimiento para que una escuadra se desvíe en una dirección diferente.

Cuando la patrulla es un pelotón y no una escuadra, los equipos de ametralladoras M240 se combinan para convertirse en una herramienta a nivel de pelotón conocido como la escuadra de armas. La misión depende de cómo se posicionen las armas y se asignen a los diferentes líderes dentro

# Formación cuña de pelotón

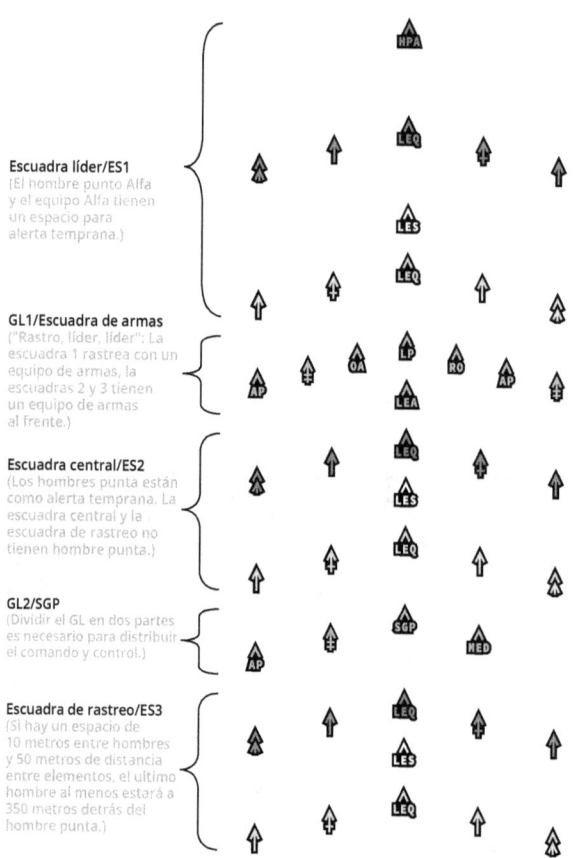

**Escuadra líder/ES1**
(El hombre punto Alfa
y el equipo Alfa tienen
un espacio para
alerta temprana.)

**GL1/Escuadra de armas**
("Rastro, líder, líder"; La
escuadra 1 rastrea con un
equipo de armas, las
escuadras 2 y 3 tienen
un equipo de armas
al frente.)

**Escuadra central/ES2**
(Los hombres punta están
como alerta temprana. La
escuadra central y la
escuadra de rastreo no
tienen hombre punta.)

**GL2/SGP**
(Dividir el GL en dos partes
es necesario para distribuir
el comando y control.)

**Escuadra de rastreo/ES3**
(Si hay un espacio de
10 metros entre hombres
y 50 metros de distancia
entre elementos, el último
hombre al menos estará a
350 metros detrás del
hombre punta.)

Imagen 22: Formación en cuña de pelotón. **La cuña de pelotón está compuesta por tres cuñas de escuadra apiladas una sobre otra.** Los equipos de ametralladora se separan y se convierten en parte de una nueva escuadra llamada escuadra de armas. La escuadra de armas está controlada por los líderes del pelotón.

Fase 1

de la formación. La posición es lo suficientemente importante como para que una cuña de pelotón tenga un segundo nombre según la ubicación de los equipos de armas. La ilustración de la formación de cuña de pelotón es una formación de "**Rastro, líder, líder**" porque el primer equipo de armas está detrás, es decir, siguiendo a la primera escuadra; el segundo equipo de armas está adelante, es decir, liderando a la segunda escuadra y el tercer equipo de armas está delante de la tercera escuadra[1].

# 6.d Detección del enemigo (ALTAC)

Un área es tan peligrosa como el tiempo que una patrulla permanece en ella. Cuando una patrulla se mueve, ninguna área es en particular peligrosa porque la patrulla entra y sale relativamente rápido. **Pero cuando la patrulla se detiene en un área, esa área puede volverse muy peligrosa.** Un enemigo cercano tiene tiempo extra para identificar, informar o atacar a los soldados estáticos. Por lo tanto, cada vez que un elemento se detiene, el líder indica un alto de acostumbramiento (ALTAC). Durante este, el elemento:

**Se detiene** – Congela todo movimiento, en completo silencio.

**Observa** – Con atención ve movimiento enemigo o cualquier cosa fuera de lugar.

**Escucha** – el entorno. La ausencia de sonido también puede ser informativa.

**Huele** – Indaga con el olfato los cinco elementos destacados: comida, combustible, fuego, heces y tierra recién movida.

Al detenerse, el ALTAC dura tanto como el líder considere necesario (por lo general, de tres a cinco minutos). Situaciones más peligrosas, como cuando te acercas al objetivo, requieren de un ALTAC más prolongado. Se necesita silencio extremo y las mochilas que hacen ruido deben permanecer en silencio para escuchar con atención.

Realizar los ALTAC evita que la patrulla choque por accidente con un enemigo. Además, si la patrulla está siendo rastreada, existe la posibilidad de que el rastreador enemigo camine directamente hacia el elemento mientras este se encuentra en un ALTAC. Una vez completado, se necesita confirmar las sospechas con preguntas generales a otros soldados. Por ejemplo: "¿Oliste algo?" en lugar de "¿Oliste humo?", esto evita sugerir ideas.

**Si se detecta algo sospechoso, debe investigarse** y si se descubre una amenaza, la patrulla debe moverse o enfrentarse al enemigo. La patrulla no puede ignorar la amenaza.

Los pasos en el ALTAC pueden ser más silenciosos teniendo a la patrulla en posición de tendido con una mochila en un hombro. Para un

---

1 Aplicando Conceptos: ¿Cuándo podrían ser útiles otras combinaciones, como rastro, rastro, líder, o rastro, rastro, rastro?

Imagen 23: Marinos de la Compañía A, 1.er Batallón de Reconocimiento, 1.ª División de Marinos, llevan a cabo un ALTAC durante el entrenamiento de reconocimiento y vigilancia. Bellows, HI, 19 de noviembre de 2015. Estos Marinos se sientan. En comparación con arrodillarse, esta posición es más difícil de abandonar si hay una amenaza y tiene un menor campo visual. Pero sentarse reduce el ruido y aumenta la comodidad. **¿Cómo se compara sentarse con la posición de tendido? ¿Es el tamaño de la mochila un factor al arrodillarse o sentarse?**

---

pelotón, no lleva mucho más tiempo tumbarse y la reducción de ruido es valiosa. Mecerse mientras se está de rodillas hace que las mochilas crujan y esto reduce en gran medida la efectividad del ALTAC, en especial para tropas jóvenes, tropas extranjeras o mochilas muy pesadas (Ver Imagen 23, pág. 48).

# Formación de alto corto

Para una cuña, el método mas fácil para hacer un circulo es invertir el último elemento.

Para una cuña modificada, el método mas fácil para hacer un circulo es girar el centro hacia afuera.

Imagen 24: Cada formación de movimiento se transforma en un círculo aproximado durante los altos cortos. **Los círculos proporcionan una mejor seguridad y un centro abierto para que los líderes se reúnan.** Pero los soldados no pueden moverse bien en todas partes en un círculo gigante, por lo que formaciones de movimiento como la cuña y la cuña modificada sacrifican algo de seguridad por facilidad de movimiento.

## 6.e Alto corto o formación de seguridad[1]

Un alto corto es una parada temporal de menos de cinco minutos[2]. Se suele usar durante una verificación de mapa. Sin embargo, también se puede

---

1   Cita: La infantería debe avanzar para acercarse al el enemigo. Debe disparar para moverse... Detenerse bajo fuego es una locura. Detenerse bajo fuego y no disparar de vuelta es suicida. —General del Ejército de los EE. UU. George S. Patton

2   A menudo, los líderes subestiman cuánto durarán sus altos. Si una patrulla realiza tres altos de 15 minutos, eso podría ser 45 minutos de altos cortos con soldados cargados con mochilas pesadas. O podrían ser altos prolongados con soldados descansando en posición de tendido, brindando una seguridad de mayor calidad.

Imagen 25: Los paracaidistas del Ejército de los EE. UU. del 2.º Batallón, 503.º Regimiento de Infantería, 173.ª Brigada Aerotransportada, **se detienen durante un ejercicio de fuego real** como parte del Ejercicio Rock Knight. Campo de Pocek, Postonja, Eslovenia, 19 de julio de 2017. Presumiblemente, están en un campo y no en la zona boscosa más segura para facilitar la práctica.

usar para indicar un nuevo peligro, como el descubrimiento de un camino desconocido por delante. **Por lo tanto, cualquiera puede llamar a un alto corto.**

Cuando el líder de escuadra o superior llama a un alto corto, los líderes del equipo Alfa y Bravo van hacia él. Cuando un líder de equipo o soldado inferior llama a un alto corto, pueden tirar de su cuello de camisa para señalar al líder de escuadra que venga hacia ellos o a un líder de equipo que pueda ir hacia el líder de escuadra.

Cuando se llama a un alto corto, la formación se comprime. Es decir, un equipo no deja de moverse hacia adelante hasta que esté cerca del equipo que tiene delante. Cuando el alto corto finaliza, la formación se expande. Esto es, un equipo no comienza a moverse hasta que el equipo que tiene delante esté lo suficientemente lejos. La métrica para "cerca" y "lejos" son sectores de tiro solapados. Por ejemplo, mientras el equipo Alfa puede detenerse donde está, el equipo Bravo no se detiene hasta que puede lograr sectores de tiro solapados con el equipo Alfa.

La forma de un alto corto es un círculo aproximado. Para formar el círculo, una cuña o cuña modificada solo se deforma un poco. Para una cuña, el último elemento en movimiento se invierte para formar una cuña invertida. La cuña modificada tiene a todos los soldados en el centro proporcionando seguridad hacia un lado y los soldados en la retaguardia

Imagen 26: Paracaidistas estadounidenses, de la Compañía del Cuartel General, 2.º Batallón, 503.º Regimiento de Infantería, 173.ª Brigada Aerotransportada, **realizan un alto corto**. Área de entrenamiento de Grafenwoehr, Alemania, 28 de enero de 2017. La M240 apunta hacia la probable avenida de aproximación del enemigo. Solo el equipo de ametralladora se ha quitado las mochilas, ya que **las armas alimentadas con cintas no pueden disparar eficazmente cuando se está de rodillas**.

proporcionan seguridad hacia la retaguardia (Ver Imagen 24, pág. 49) (Ver Imagen 25, pág. 50).

Durante una formación de alto corto, cada soldado se arrodilla, se cubre a resguardo, con la mochila puesta, el arma lista y proporciona seguridad a su equipo. Ningún soldado se arrodilla sin resguardarse bien y a una distancia razonable.

**En todos los altos cortos, el líder de la patrulla decide de inmediato dónde emplazar al o los equipos de ametralladoras M240 (MAG)** según la ruta de aproximación más probable del enemigo, sus acciones probables y el análisis METT-TC (Misión, enemigo, tropas, terreno, tiempo disponible, civiles), es decir, en cualquier cosa que puedas pensar según la situación. La respuesta habitual es la posición de las 12 en punto, porque hacia donde planea ir la patrulla es la mayor incógnita.

Cuando se detiene, el equipo líder o la escuadra líder es responsable de la seguridad en un rango de 180 grados hacia adelante; el elemento de retaguardia cubre la seguridad en 180 grados hacia atrás. En un alto corto para elementos más grandes, los soldados en el lado cubren la seguridad lateral. Como una cuña mantiene su forma aproximada, los soldados en el centro pueden no tener sectores de tiro. **La prioridad de los líderes de equipo es establecer sectores de tiro y asegurarse de que sus soldados estén listos para moverse.**

Si el desplazamiento se desarrolla a la perfección, entonces no son necesarios los altos cortos, puesto que un alto corto se utiliza como una herramienta correctiva. Sin embargo, si hay visibilidad limitada, un líder puede considerar altos cortos frecuentes para realizar ALTACs.

## 6.f Ubicación inicial después de salir de los vehículos (Punto de reunión inicial)

El punto de reunión inicial (PRI), como su nombre indica, es la primera ubicación de emergencia a la que se mueve el pelotón después de dejar los vehículos. Es una ubicación preplanificada y se utiliza para orientar el movimiento inicial, también como la primera ubicación de reunión de emergencia si la patrulla entra en contacto durante la infiltración, es decir, cuando se infiltra en territorio enemigo. El camino desde el desembarque de los vehículos hasta el PRI suele ser perpendicular al camino, para alejar más rápido a la patrulla del camino.

El PRI se elige tentativamente durante la planificación y está fuera de la vista, el sonido y el fuego de armas ligeras desde el punto de desembarque vehicular (tan lejos o cerca como sea posible). Siempre se planifica un PRI alternativo que esté en dirección opuesta al PRI principal, y también una zona de aterrizaje de helicópteros (ZAH) o un punto de intercambio de ambulancias (PIA) para cualquier herido durante la infiltración.

En el PRI la patrulla se consolida y realiza un ALTAC para verificar si ha sido comprometida. El grupo de líderes realiza una verificación de mapa para corroborar que el punto de entrega se abordó según lo planeado. El RO reporta "infiltración completa" (Ver Reportes, pág. 242). Desde el PRI, la patrulla se mueve a una buena posición de alto prolongado para preparar la ubicación de la emboscada (Ver Creando el alto prolongado, pág. 123).

# 7. Cruce de camino o barranco (Área de peligro lineal)[1]

Un área de peligro lineal (APL) es un área vulnerable a la observación enemiga o al fuego desde los flancos. Una APL puede carecer de cobertura o tener una gran cantidad de cobertura. Ejemplos de APL incluyen caminos, senderos, ríos y barrancos. Los ríos y barrancos son APL porque ralentizan la patrulla a un punto en el que la patrulla no puede responder de forma efectiva durante un cruce (Ver Imagen 28, pág. 53).

---

1    Aplicando Conceptos: Esta sección se centra en cómo cruzar un camino recto. Pero las áreas de peligro lineales pueden volverse complicadas. ¿Cómo cruzarías dos áreas de peligro lineales consecutivas? ¿Y una trinchera?

Imagen 27: Marinos de la Compañía K, 3.ᵉʳ Batallón, 4.º Regimiento de Marinos. Big Bear Lake, CA, 8 de septiembre de 2016. Esto no es un "área de peligro" per se. Sin embargo, **la falta de cubierto y abrigo aún requieren precaución adicional.**

Imagen 28: Esta área de peligro NO es un área de peligro lineal. La visibilidad de los elementos amigos es la misma tanto en el camino como fuera de él. El sendero embarrado y frondoso también indica que no se utiliza como una avenida de aproximación de alta velocidad.

Una patrulla casi nunca encuentra un APL perfecta de manera perpendicular. Por lo tanto, es importante que cada líder conozca la orientación del área de peligro que están a punto de cruzar para que pueda orientar correctamente su formación.

## 7.a Selección de un punto de cruce

La ubicación para cruzar un APL en un mapa se planea de antemano. Sin embargo, la patrulla puede encontrarse con diferentes áreas de peligro lineal que no están representadas en el mapa o son imposibles de cruzar. En estos casos, el hombre punta de la escuadra Alfa señala al líder de patrulla que necesitan elegir una nueva ubicación de cruce. La decisión del líder de patrulla es transmitida mediante señal de brazo y mano y se repite en toda la formación.

Al buscar un punto de cruce, indaga una ubicación que proporcione la mayor ventaja para las posiciones de seguridad y la menor probabilidad de ser detectado por el enemigo[1]. La ubicación más cercana no siempre es la mejor ubicación. Algunos ejemplos de **características del terreno** que reducen la detección enemiga son:

▸ entre dos elevaciones en el camino, es decir, en una depresión en el camino,
▸ áreas de baja altitud,
▸ por debajo de la cresta militar de una colina y
▸ áreas con cubierto y abrigo cerca del APL.

**Las malas características del terreno** para cruzar son:

▸ intersecciones de caminos/senderos,
▸ cumbres de colinas,

---

1    Cita: Encontraremos un camino, o lo haremos. —Comandante General en Jefe del Ejército Cartaginense Aníbal Barca, cuando sus generales le dijeron que era imposible cruzar los Alpes con elefantes

▸    o cualquier área que no proporcione resguardo y abrigo.

El líder de patrulla también debe considerar el lado opuesto del APL para asegurarse de que tenga resguardo y abrigo adecuado, así como terreno no restrictivo, para que la patrulla pueda continuar el movimiento después de cruzar.

## 7.b Escogiendo cómo cruzar

Si el cruce del APL estaba planeado, el método de cruce también está preplanificado. El hombre punta Alfa o el líder del equipo Alfa pueden actuar de inmediato y señalar cualquiera que sea el plan que se haya hecho, ya sea un cruce deliberado (explicado a continuación) o un cruce clandestino usando bien sea la explosión del equipo de fuego o el empuje hacia el camino. Sin embargo, el hombre punta Alfa de una patrulla a menudo se encuentra con un APL no planificado y necesita orientación adicional sobre cómo cruzar.

**Para cruces no planificados, el hombre punta Alfa señala a su líder de equipo, quien indica e inicia un alto corto.** Para una patrulla de escuadra, el líder del equipo Alfa señala al líder de la escuadra, quien evalúa la situación y devuelve una señal para la explosión, empuje o formación deliberada; cada una de estas debe tener señales distintas de brazo y mano. Para un pelotón, el líder de la escuadra señala al líder del pelotón y espera su decisión.

Una vez que el líder de la patrulla tiene conocimiento del APL no planificado, se traslada a la posición del hombre punta de la escuadra Alfa y observa cuidadosamente el APL para informar su decisión. Sin embargo, esto puede llevar demasiado tiempo: un alto corto cerca de un APL inesperado puede ser engorroso y peligroso. Debido a esto, a menudo, el grupo de líderes delega el poder de toma de decisiones a un líder subordinado (por ejemplo, el líder de la primera escuadra para un pelotón). Cuando un líder subordinado recibe la autorización para tomar decisiones, eso no significa que no puedan consultar a superiores, solo no necesita hacerlo.

## 7.c Formación de explosión

**Una formación de explosión es un ajuste simple a la formación en cuña,** diseñada para hacer que los cruces de APL sean un poco más seguros. A medida que cada equipo se acerca al APL en formación de cuña, se endereza desde una cuña a una línea. Una vez que la línea cruza el APL, cada equipo vuelve a adoptar la forma de cuña (Ver Imagen 29, pág. 55).

La lógica es hacer que todos los soldados de un equipo crucen al mismo tiempo. Esto no solo disminuye el tiempo que los soldados están presentes en el camino, sino que también prohíbe a los combatientes enemigos, que pueden haber visto el cruce, contar el número de Soldados que cruzaron el camino. Mientras un equipo está en línea y en el APL, los soldados en

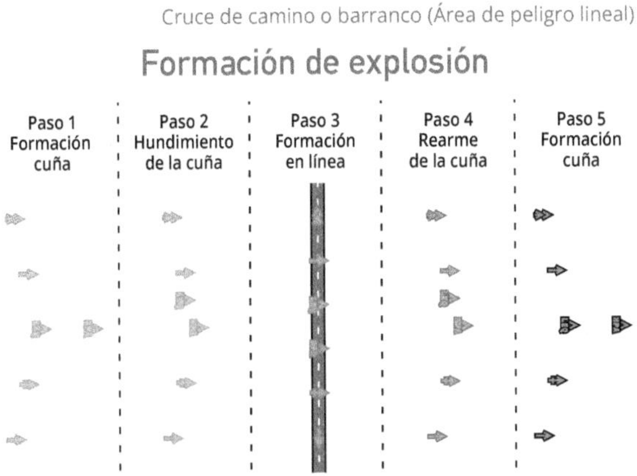

# Formación de explosión

| Paso 1 Formación cuña | Paso 2 Hundimiento de la cuña | Paso 3 Formación en línea | Paso 4 Rearme de la cuña | Paso 5 Formación cuña |

Imagen 29: La "explosión" es cuando un elemento en formación de cuña cruza un área de peligro lineal como una línea sin detener el movimiento. **Observa que los dos soldados en los extremos están proporcionando seguridad hacia el lado del camino que les corresponde.** En una formación con muchas cuñas, cada cuña cruza por separado.

los extremos de la línea apuntan sus armas orientadas hacia el final, el extremo, de cada área de peligro. Los soldados del medio de cada elemento orientan sus armas hacia el lado lejano mientras cruzan.

Si el grupo de líderes decide hacer una explosión, el líder que decide pasa la señal de brazo y mano a todos. El equipo de punta Alfa al frente de la formación se detiene de inmediato y espera a que el primer elemento se acerque a ellos hasta que estén en línea. A medida que cada cuña se acerca al APL, el líder de la cuña enlentece su paso hasta que su elemento esté en línea.

Después de cruzar, el hombre punta de Alfa y los líderes de equipo deben apresurarse hacia el frente para recrear la cuña. De manera similar, los extremos de la línea enlentecen el paso. Además, todos los elementos deben cruzar a una velocidad constante entre ellos. Cruzar demasiado rápido puede hacer que un elemento pierda contacto con el elemento detrás; demasiado lento y puede haber un elemento dividido por delante.

## 7.d Formación de empuje

**Empujar es una forma acelerada de cruzar un APL al moverse en una cuña modificada.** La idea básica detrás de cualquier formación de empuje es que un soldado de cada columna corra hacia el APL para brindar seguridad en ambos lados del camino. La columna debe continuar avanzando y el siguiente soldado en la columna se acerca al soldado que

# Formación de empuje

| Paso 1 | Paso 2 | Paso 3.a | Paso 4.a. | Paso 3.b | Paso 4.b. | Paso 5 |
|--------|--------|----------|-----------|----------|-----------|--------|
| Las columnas llegan a la ruta. | Un soldado brinda seguridad. | El próximo soldado reemplaza al soldado anterior. | El soldado anterior se mueve. | El próximo soldado reemplaza al soldado anterior. | El soldado anterior se mueve. | La columna se mueve. |

(Este diagrama representa el lado derecho. Se espeja desde el lado izquierdo.)

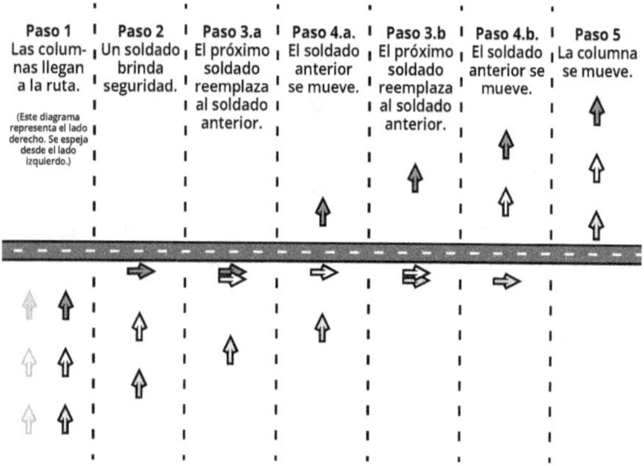

Imagen 30: Aquí, un lado de una formación de cuña modificada ejecuta la técnica de empuje para el cruce de un APL. Observa que **siempre hay un Soldado proporcionando seguridad hacia cada lado del camino** mientras otros soldados cruzan el camino. Aunque los pasos del 2 al 5 representan solo la columna derecha, la columna izquierda refleja los mismos pasos mirando en la dirección opuesta. Los pasos 3 y 4 se repiten hasta que cada soldado ha proporcionado seguridad y cruzado el camino. **Si hay solo una columna**, entonces el primer soldado en cruzar se voltea y apunta su arma hacia un sector del camino en la dirección opuesta mientras cruza para brindar seguridad en ambas direcciones. Luego, se detiene en el lado lejano de del camino para crear una segunda posición de seguridad. Luego, todos los soldados realizan ésta técnica en ambos lados del camino, el cercano y el lejano.

brinda seguridad y lo "empuja" o toca. Este empuje indica un cambio en la seguridad; el próximo soldado ahora brinda seguridad y el hombre que estaba brindando seguridad ahora cruza el APL (Ver Imagen 30, pág. 56).

Cruzar una APL con la técnica de desplazamiento por empuje es más seguro que una formación de explosión porque siempre hay seguridad estática. Sin embargo, es menos seguro que un cruce deliberado porque el propósito principal de la seguridad en esta formación es proporcionar potencia de fuego (Ver Formación deliberada, pág. 57). A diferencia de la formación deliberada, no pueden proporcionar una alerta temprana porque están demasiado cerca del elemento principal.

El empuje también se puede usar en una formación de cuña. Los soldados más a la izquierda y más a la derecha en cada cuña corren antes de que su cuña respectiva se acerque al camino. Al mismo tiempo, la patrulla reduce la velocidad y cada cuña forma una nueva línea al cruzar el APL entre los dos soldados que brindan seguridad (como en una explosión). En ambos lados, el soldado que brinda seguridad ocupa esa posición hasta que sea completamente reemplazado (como si fuera "empujado"), momento en el cual pasa a la siguiente posición o movimiento.

Otra forma de usar el empuje cuando se está en formación de cuña es cambiar a una formación de cuña modificada solo para el APL. Cada ala de la cuña colapsa hacia adentro, es decir, se modifica para formar dos columnas (una cuña modificada). Este cruce de APL es más fácil de coordinar, porque cada soldado sólo coordina con el soldado que reemplaza y el que lo reemplaza a él, y no con una línea de soldados que pasan entre ellos.

## 7.e Formación deliberada

El método más seguro y lento para cruzar un APL es el cruce "deliberado"[1]. A diferencia de la explosión, que tiene seguridad móvil y del empuje, que tiene seguridad local estática, el deliberado extiende la seguridad estática remota.

**El propósito de extender la seguridad es brindar una alerta temprana del enemigo**, para que la patrulla tenga suficiente tiempo para esconderse y ponerse a cubierto. Si extender la seguridad a una colina cercana nos brinda diez segundos de alerta, pero ponerse a cubierto requiere más de diez segundos, entonces no se debe extender la seguridad allí.

De manera similar, los equipos de seguridad no pueden proporcionar una alerta temprana si no tienen comunicación con el elemento principal; por lo tanto, no extiendas la seguridad sin un plan PACE de comunicaciones. Un PACE (Primario, Alterno, Contingencia, Emergencia) es un plan de contingencia en caso de que un método falle, esto evita que una misión dependa, por ejemplo, de una sola radio (Ver Comunicaciones, pág. 242).

Antes y después de ser extendida la seguridad, se realiza una verificación de comunicaciones para asegurarse de que se pueda enviar una alerta temprana. En caso de que no se puedan comunicar, deben moverse o regresar.

Para mejorar las comunicaciones, considera usar equipos de retransmisión a mitad de camino entre el elemento principal y la seguridad para transmitir señales visuales. Un equipo de retransmisión tiene dos soldados, cada uno mirando en direcciones opuestas hacia diferentes elementos. Cuando se envía un mensaje desde un elemento, el hombre que

---

Un cruce deliberado puede aumentar el peligro al mantener a una patrulla al lado de un área de peligro. Las escuadras son lo suficientemente pequeñas como para cruzar rápidamente y en silencio. Por lo tanto, Las escuadras realmente solo usan un cruce deliberado para caminos principales y más grandes, mientras que elementos más grandes podrían usar un cruce deliberado con más frecuencia. ¿Qué tan pequeña debe ser una patrulla antes de que dividir el elemento para reconocer el lado lejano sea impráctico?

# Cruce deliberado, Preparación

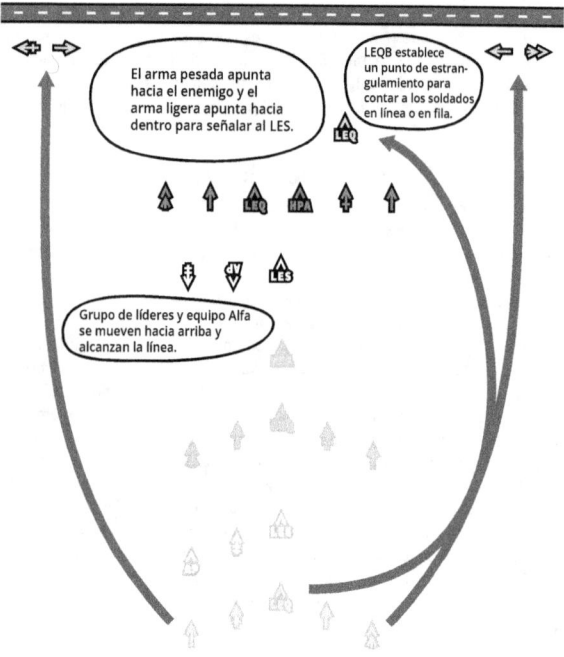

Imagen 31: Mientras la patrulla se prepara para cruzar un APL, todos los elementos se mueven simultáneamente. La prioridad principal es la seguridad; el equipo Bravo brinda seguridad en el camino. El equipo Alfa se prepara para reconocer el lado opuesto, y el grupo de líderes espera a que el equipo Alfa informe sobre el reconocimiento. **Por la noche, los soldados deben pasar por el punto de estrangulamiento en fila.** Pueden cruzar el camino en fila o formar una línea justo antes de cruzar. Durante el día, si el líder del punto de estrangulamiento puede identificar claramente a cada soldado individual, entonces el procedimiento operativo estándar puede ser permanecer en una línea y contar a cada soldado a simple vista.

# Cruce deliberado. Reconocimiento

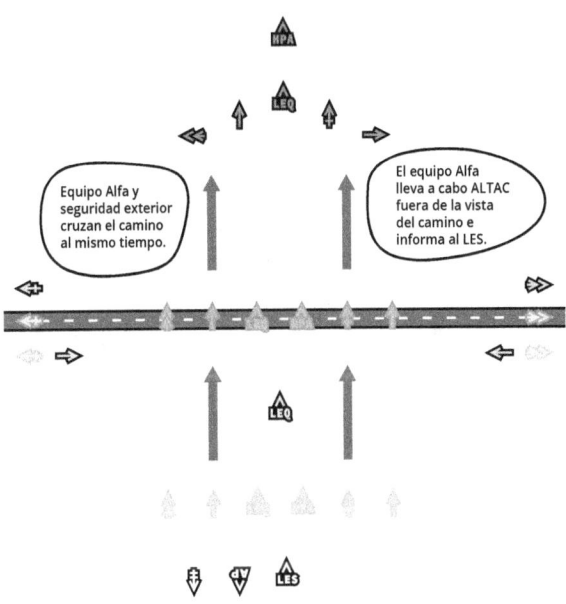

Equipo Alfa y seguridad exterior cruzan el camino al mismo tiempo.

El equipo Alfa lleva a cabo ALTAC fuera de la vista del camino e informa al LES.

Imagen 32: Antes de que todo el elemento cruce al otro lado, **un elemento más pequeño cruza para realizar un reconocimiento**. El lado opuesto de un APL es desconocido, por lo que el elemento principal se queda en su lugar para permitir una retirada rápida del elemento de reconocimiento. Cuando el reconocimiento cruza, también cruza la seguridad orientada hacia afuera para minimizar el número de cruces.

# Cruce deliberado, Cruce

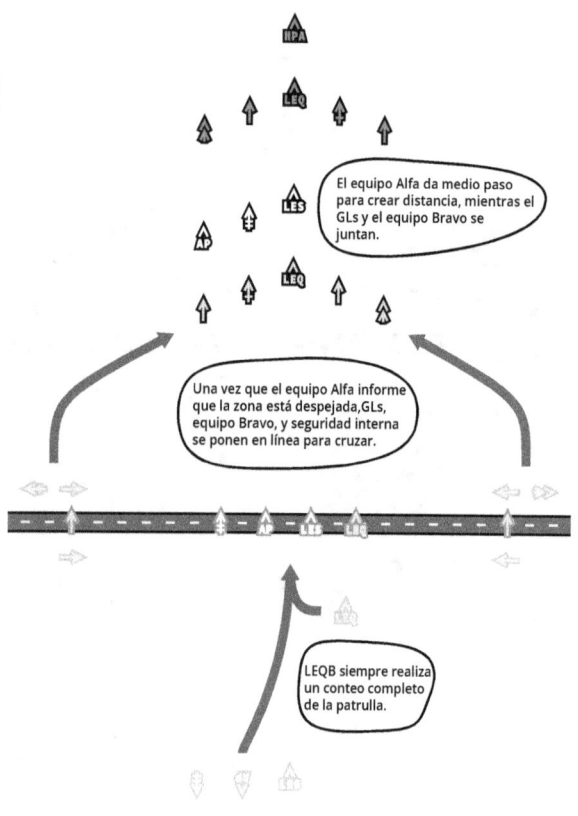

El equipo Alfa da medio paso para crear distancia, mientras el GLs y el equipo Bravo se juntan.

Una vez que el equipo Alfa informe que la zona está despejada, GLs, equipo Bravo, y seguridad interna se ponen en línea para cruzar.

LEQB siempre realiza un conteo completo de la patrulla.

Imagen 33: **Cuando el elemento de reconocimiento declara que el otro lado es seguro, el elemento principal puede cruzar.** Para minimizar el número de cruces, todos los soldados restantes cruzan en una sola línea. Para un pelotón, cada elemento cruzará uno por uno.

Imagen 34: Marinos del 2.º Pelotón de la Compañía FAST Europa (FASTEUR) realizan un cruce de un área de peligro lineal durante un ejercicio de patrullaje. Estación Naval de Rota, España, 10 de noviembre de 2016. **Los soldados están proporcionando seguridad a ambos lados del camino.** ¿Por qué los soldados al lado del camino podrían estar brindando seguridad allí en lugar de en el monte?

---

lo ve informa a su compañero, quien luego transmite ese mensaje al otro elemento. Un mensaje binario de "peligro" y "sin peligro" es fácil de enviar.

La seguridad proviene del segundo equipo en una escuadra en orden de marcha o de la segunda escuadra de un pelotón. El segundo equipo o escuadra proporciona seguridad en lugar del último elemento por dos razones: 1) necesitan viajar menos para llegar a una posición de seguridad; 2) la seguridad se convierte en el último elemento al reagruparse, permitiéndoles descansar un poco después del desplazamiento. Si el líder de la patrulla lo considera necesario puede asignar equipos de armas a cada equipo de seguridad.

Si el líder de la patrulla decide cruzar el APL deliberadamente, **primero la patrulla realiza un ALTAC para determinar cuánto tráfico hay en el camino.** Luego, el primer líder de equipo o líder de escuadra designa un punto de reunión en el lado cercano y lejano. Todos son informados de la orientación del APL, ya que cruzar un camino en una curva o diagonal es muy desorientador.

Los equipos de seguridad convergen en su líder y este envía al menos dos soldados a cada posición de seguridad a la derecha e izquierda. Una vez en su lugar, cada lado de la seguridad tiene al menos un soldado mirando hacia cada extremo del APL, listo para disparar; el otro soldado está mirando hacia adentro para comunicarse con los líderes. Los soldados restantes brindan seguridad en la retaguardia de la formación. La seguridad de 360 grados es muy importante (Ver Imagen 31, pág. 58).

Cuando la seguridad envía la señal de "sin peligro", el líder del equipo Bravo o el sargento de pelotón cuenta al primer elemento para cruzar (Equipo Alfa o primera escuadra). En los equipos de seguridad, los soldados que miran hacia adentro también cruzan al mismo tiempo. Una vez en el lado lejano, los soldados miran hacia afuera, mientras que los soldados en el lado cercano giran hacia adentro para poder cruzar con la segunda ola (Ver Imagen 32, pág. 59).

Una vez en el lado lejano, el primer elemento retoma la formación de cuña y despeja el sitio. "Despejar" significa asegurarse de que un área sea segura. Se desplazan lo suficiente como para que toda la patrulla pueda caber detrás de ellos. Cuando están lejos, el elemento realiza un ALTAC. Si un soldado detecta algo, el líder envía una señal de "peligro" al elemento principal. Si no se detecta nada, el líder puede señalar "sin peligro" utilizando su plan PACE. Durante la noche, el plan PACE es diferente[1].

Después de recibir "sin peligro", los soldados restantes en el lado cercano cruzan. En una escuadra, todos los soldados restantes (grupo de líderes, líder del equipo Bravo, seguridad a retaguardia, etc.) cruzan en línea. En un pelotón se minimiza el número de oleadas. El elemento de despeje comienza a enlentecer su marcha en la dirección del viaje hasta que todos los soldados en la patrulla se reorganizan en una cuña. De nuevo, el líder del equipo Bravo o el sargento de pelotón cuenta a todos los soldados usando un punto de estrangulamiento. Una vez que se cuenta a cada soldado, el APL se ha cruzado con éxito[2] (Ver Imagen 33, pág. 60).

# 7.f Formación de cruce de barranco

Los cruces de barrancos son muy lentos. Los soldados que entran en estos a una velocidad normal terminan en largas filas de "pecho con espalda". **Agruparse es muy malo** porque crea un blanco perfecto para que un enemigo venga desde atrás y le dispare a cada soldado como patos en fila. Por lo tanto, es importante que un elemento solo cruce un barranco cuando el elemento anterior haya dejado suficiente espacio para comenzar el cruce (Ver Imagen 35, pág. 63).

Mientras esperan para cruzar, los elementos detrás forman un alto corto y miran hacia atrás para brindar seguridad. En el otro lado, los primeros elementos que terminan de cruzar realizan un alto corto, o dan pasos cortos, mientras esperan a que los elementos restantes crucen.

---

1   Aplicando Conceptos: "Despejar visualmente" el lado lejano significa mirar al otro lado del Área de Peligro Lineal (APL) y determinar que es seguro, en lugar de enviar un solo elemento para llevar a cabo el ALTAC. ¿Por qué elegirías y cuándo podría ser posible despejar visualmente el lado lejano?

2   Aplicando Conceptos: ¿Qué tipo de formación de avance escalonado se podría usar cuando dos Áreas de Peligro Lineal (LDA) están una detrás de la otra, de modo que no hay suficiente espacio para reformarse en una cuña entre las dos LDA?

Imagen 35: Soldados de las Fuerzas Especiales del Ejército de Guatemala, conocidos como "Kaibiles", lideran un ejercicio de patrulla en la selva para los Marinos de los EE. UU. Poptún, Guatemala, 11 de septiembre de 2010. En esta **situación, puede utilizarse una formación en fila,** ya que puede ser imposible comandar y controlar eficazmente una formación en cuña o incluso varias columnas. Observa lo cerca que están los soldados, a pesar de tener espacio para dispersarse.

## 7.g Acciones ante la detección de peligro

Si la seguridad detecta una amenaza potencial, alerta al elemento principal. Ambos soldados en las posiciones de seguridad tienen sus cuerpos en contacto para poder usar el código de toques para comunicarse sin hacer ruido. Por ejemplo, un soldado da un toque a su compañero si todo está bien. El otro soldado responde con un toque si todo está bien con él. Un soldado da dos toques si ve u oye algo. Tres toques significan que un soldado ve u oye al enemigo y que el elemento necesita tomar medidas. En este caso, la seguridad debe ponerse en posición de tendido de inmediato.

Cada soldado al cruzar un APL presta atención a la seguridad o a un líder que tenga la vista en la seguridad. Todo el grupo de líderes está listo para señalar que se acerca algo desconocido. Si se detecta peligro y el grupo de líderes ve que la seguridad se ha tendido en el suelo, deben hacer que cada soldado busque refugio de inmediato y considere posibles sectores de tiro. Los sectores de tiro durante el cruce de un APL son especialmente peligrosos porque el camino del enemigo atraviesa al elemento.

Si un enemigo se desplaza por el camino del APL y se detiene en medio de la patrulla, la patrulla no puede abrir fuego debido a la preocupación de fuego amigo. Por lo tanto, los sectores de tiro deben elegirse y distribuirse con sumo cuidado.

## 7.h Ataque enemigo durante el cruce de un APL

Si un enemigo ataca durante el cruce de un barranco, la patrulla recurre a una reacción ante el contacto regular, como en cualquier otro ataque (Ver El enemigo dispara a Joe (Procedimiento de combate 2), pág. 71). Esto es cierto ya sea que el enemigo ataque al elemento de reconocimiento avanzado en el camino o a la seguridad a retaguardia.

Sin embargo, las APL presentan un caso especial que es diferente a la mayoría de los ataques enemigos. Cuando solo parte de la patrulla ha cruzado el camino, el enemigo puede conducir un vehículo hasta el medio de la patrulla, dividiéndola por la mitad. Si hay un enemigo en el medio de la patrulla, los soldados no pueden disparar efectivamente al enemigo porque existe el riesgo de fuego amigo contra las tropas al otro lado. Para sacar al enemigo del centro de la patrulla y abrir líneas de fuego, **el líder de la patrulla debe ordenar que un elemento se desplace a la izquierda o a la derecha**. Cuando ese elemento se mueve hacia un lado, el otro elemento está libre para disparar al enemigo sin atacar a tropas amigas. A partir de ahí, la patrulla reacciona al contacto de la misma manera que en un ataque normal (Ver Imagen 36, pág. 65).

# 8. Cruzando un campo (Área de peligro abierta)

Un área de peligro abierta (APA) no se refiere estrictamente a campos abiertos, sino que es un área que no tiene cobertura. **Si un área carece de cobertura, esta depende de la capacidad del enemigo.** Si el enemigo no tiene elementos aéreos, entonces la cobertura aérea es irrelevante. Por el contrario, si el enemigo solo tiene elementos aéreos, la cobertura terrestre es irrelevante.

Un APA es diferente de un área de peligro lineal, ya que hay vulnerabilidad adicional frente a la formación. Aunque no hay distancias definidas que determinen "áreas abiertas", si el avance por saltos vigilados proporciona seguridad adicional significativa, el área de peligro se puede considerar "abierta" (Ver Imagen 37, pág. 66).

## Ataque durante un cruce de APL

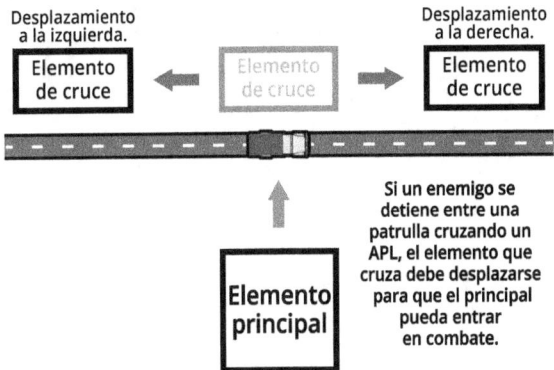

imagen 36: Cruce de APL con un enemigo entre elementos. Un enemigo que se interna en el medio de una patrulla puede paralizarla. **Si una unidad amiga abre fuego, existe el riesgo de alcanzar a los soldados amigos en el lado opuesto del enemigo.**

### 8.a Cruzando directamente el área (Avance vigilado)

Recuerda: el propósito de este manual es enseñarte cómo llevar a cabo una emboscada, no cómo demostrar un espectáculo de fuerza. El desplazamiento debe ser oculto y bien defendido. Las patrullas evitan cruzar un APA porque, **por su propia naturaleza, obstaculizan la capacidad de una patrulla para ocultarse y defenderse**. Un APA solo se cruza si cumple con ambos criterios:

1) No apareció en los mapas durante la planificación (por ejemplo: no fue planificado).
2) No puede ser eludida sin que afecte el tiempo para llevar a cabo la misión.

Si se va a cruzar un APA, se utiliza el avance por saltos vigilados. El avance por saltos vigilados es una forma de movimiento en la que un elemento se mueve mientras que el otro permanece estático. La patrulla se divide primero en dos elementos, ya sea equipos o escuadras. Las armas más grandes y los líderes convergen en el centro para dirigir la formación. Luego, el líder de la patrulla decide si quieren hacer avance por saltos vigilados sucesivo o avance por saltos vigilados alternados (Ver Imagen 40, pág. 67).

Imagen 37: Paracaidistas de la 173.ᵃ Brigada Aerotransportada avanzan hacia la línea de árboles después de un asalto aéreo, es decir, una infiltración en helicóptero. Hohenfels, Alemania, 26 de septiembre de 2019. Esta es un área de peligro abierta clásica. Observa lo expuestos que están los soldados.

Imagen 38: Un Operador de Equipo de Segunda Clase de la NMCB 3 opera una niveladora de caminos. Fort Hunter Liggett, California, 09 de noviembre de 2019. **Un área de peligro lineal a través de un área de peligro abierta sigue siendo un APA.** No te detengas en un campo para cruzar un APL.

En el **avance por saltos vigilados sucesivos**, el elemento líder se arrodilla y brinda seguridad, mientras que el elemento que quedó atrás avanza para detenerse en línea con el elemento líder, sin pasarlo. Luego, el elemento líder avanza. Una vez que ambos elementos se han movido, el elemento de retaguardia vuelve a moverse en línea, continuando el ciclo.

En el **avance por saltos vigilados alternados**, de nuevo el elemento de atrás se mueve primero. Avanza más allá del elemento líder, intercambiando posiciones. El elemento de atrás se convierte en el nuevo elemento líder, se detiene y brinda seguridad. El nuevo elemento que quedó atrás comienza a moverse y el proceso se alterna, ya que siempre hay un elemento en movimiento y uno brindando seguridad.

Cuando se avance por saltos vigilados, las M240 (las armas que causan más bajas en una patrulla) proporcionan seguridad para el elemento más adelante. Por esta razón, en el avance por saltos vigilados alternados, cuando el elemento de atrás pasa al elemento líder, el equipo de ametralladora y el grupo de líderes se desprenden para unirse a él, es decir, al nuevo elemento trasero. **Por lo tanto, el avance por saltos vigilados alternados no es el mejor cuando hay un equipo de ametralladora,** porque es difícil para el equipo de ametralladora cambiar y reaprovisionar con municiones dos veces más a menudo que con el avance por saltos vigilados sucesivos. El avance por saltos vigilados alternados es deseable cuando no hay un equipo de ametralladora y se debe cubrir con rapidez el terreno, como en un asalto (Ver Asaltando el objetivo, pág. 200).

El avance por saltos vigilados requiere órdenes simples por parte de ambos elementos. Cuando el elemento en avance por saltos vigilados comienza a moverse, grita "¡Avanzar!", cuando deja de moverse, solo después de que está establecido y listo para disparar, grita "¡En posición!".

Imagen 39: Soldados que avanzan por saltos vigilados durante Flintlock 2017. Camp Zagre, Burkina Faso, 01 de marzo de 2017. El equipo en segundo plano está posicionado y brinda apoyo mientras que el equipo en primer plano está avanzando por saltos vigilados. **Observa que el líder que avanza por saltos vigilados está detrás de la línea de asalto porque la línea es grande.**

# Avance por saltos vigilados

## Saltos sucesivos

El elemento de rastreo y el GLs se ponen en línea.
A continuación, el elemento que esta adelantado avanza.

2.° Salto    3.er Salto

1.er Salto

## Saltos alternados

Los equipos se adelantan unos a otros.
El GLs siempre limita con el elemento punta.

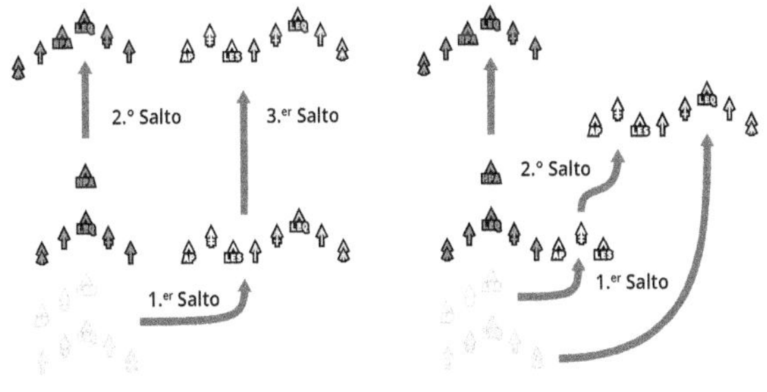

2.° Salto

1.er Salto

Imagen 40: Avance por saltos vigilados en equipos de fuego. Observa que en este diagrama los soldados avanzan por saltos vigilados en formación de cuña, con el líder de equipo en línea. También es aceptable que los soldados avancen por saltos vigilados en línea con el líder de equipo detrás de la línea (Ver Imagen 39, pág. 67).

Esto reinicia el ciclo, permitiendo que el otro equipo salte y grite "¡Avanzar!".

# 8.b Rodeando el área

Hay dos métodos comunes para rodear un APA: el método de bordeo y el método de caja (Ver Imagen 41, pág. 69). En el método de bordeo, el líder de la patrulla selecciona un punto identificable en el lado lejano. La patrulla se mueve alrededor del borde del APA hacia ese punto identificable, mientras permanece en terreno oculto. Una vez en el punto identificable, la patrulla se desplaza a velocidad normal en el azimut.

El método de la caja utiliza cuatro giros de 90 grados para hacer una caja alrededor del APA. Si el líder de la patrulla elige usar el método de la caja, le dice al líder del equipo que hace la navegación terrestre que gire 90 grados a la izquierda o a la derecha y comience un segundo recuento de pasos separados para el movimiento lateral. La patrulla se mueve en lateral hasta que ha pasado el área de peligro. Allí, la patrulla vuelve al azimut original hasta que pasa nuevamente el área de peligro. Una vez pasada el área de peligro en el lado lejano, la patrulla gira 90 grados en la dirección opuesta al primer giro, izquierda o derecha, y cuenta el recuento de paso lateral en forma decreciente. Cuando el recuento de pasos en dirección lateral llega a cero, la patrulla gira 90 grados para volver al azimut original.

# Cruce de APA

Imagen 41: **Dos métodos para evitar una APA.** El método de la caja utiliza una brújula y un mapa para navegar, mientras que el método del bordeo utiliza la vista y puntos de referencia. Ambos son efectivos.

# Contenidos de la Fase 2

# El Enemigo ve a Joe (Fase 2: Reacción ante el contacto con el enemigo y evacuación médica)

*Si no estás disparando, deberías estar cargando. Si no estás cargando, deberías estar moviéndote. Si no estás moviéndote, alguien te cortará la cabeza y la pondrá en una estaca.*
—*Veterano del Cuerpo de Marinos de los EE. UU., Clint Smith*

Moverse desde la base hasta el objetivo de la emboscada está lleno de peligros. La patrulla está en su momento más agotador y vulnerable, fatigada por horas de marcha y el enemigo lo sabe. Esta sección instruye qué hacer cuando el enemigo ataca primero.

## 9. El enemigo dispara a Joe (Procedimiento de combate 2[1])[2]

Un "procedimiento de reacción ante el contacto" exige muchas acciones diferentes de cada elemento, que varían considerablemente según la situación. De hecho, ¡incluso puedes disparar primero! Con todos los elementos moviéndose al mismo tiempo para realizar diferentes tareas, cada elemento debe conocer todas las tareas para una coordinación rápida y efectiva.

Si eso no fuera lo suficientemente complicado, el contacto con el enemigo puede venir desde cualquier dirección. Por lo tanto, las acciones que, por ejemplo, toma Una escuadra no se asignan a los equipos Alfa y Bravo, sino al elemento que recibe el contacto (el elemento de contacto) y

---

[1] La numeración de las tácticas de combate proviene de la doctrina oficial del Ejército de los EE. UU. En este manual, se cubren en un orden diferente para facilitar la explicación.

[2] Cita: Ningún plan sobrevive al primer contacto con el enemigo. —Mariscal de campo alemán y Jefe del Gran Estado Mayor, Helmuth von Moltke

al elemento lejano al contacto (el elemento lejano)[1]. Aunque esta sección utiliza imágenes a nivel de escuadra en las ilustraciones, toda la información se aplica igualmente a equivalentes de nivel pelotón.

# 9.a Soldados individuales reaccionan al contacto[2]

La idea detrás de la acción inmediata es disparar tantas balas al enemigo tan pronto y de manera segura como sea posible. **Cada soldado encuentra inmediata y simultáneamente cobertura, grita las 3D (dirección, distancia, descripción) y devuelve el fuego.** Los líderes de equipo se mantienen en comunicación constante con cada soldado en su equipo.

La parte más importante de una emboscada es escapar del sitio de la emboscada lo antes posible hacia posiciones más ventajosas. No dejes que el enemigo elija el campo de batalla. Un terreno bueno tiene cubierto, abrigo y líneas de fuego; permite una comunicación fácil; y puede ser tan simple como un terraplén o zanja. Sin embargo, encontrar un buen terreno puede ser más difícil de lo que parece al principio. Un proyectil de 7.62 puede penetrar fácilmente un árbol grueso y una AK-47 puede penetrar una pared de ladrillos. Un enemigo inteligente coloca minas en las mejores posiciones de cobertura y luego dispara para hacer que los soldados vayan hacia esas minas. En una zona de vegetación densa puede haber mucho ocultamiento; sin embargo, si el enemigo no puede verte en absoluto, es posible que no los veas, lo que significa que no hay líneas de fuego. A no ser por el bloque de un motor, los vehículos regulares no proporcionan abrigo en absoluto. **Antes de patrullar, es fundamental saber qué constituye un buen cubierto y abrigo para el área patrullada.**

La dirección, la distancia y la descripción están en orden de importancia. En el fragor de la batalla, puede ser difícil localizar a un enemigo, por lo que la dirección y la distancia son lo primero. Un enemigo no localizado es peor que un enemigo no descrito. De hecho, a lo largo de cada parte de esta sección, los líderes deben asegurarse de que sus soldados hayan localizado a los que están disparando, o darles algo a lo que disparar marcando objetivos. Cada miembro de la escuadra repite las 3D para asegurarse de

---

1    Aplicando Conceptos: Mientras lees esta sección, imagina qué órdenes podría dar un líder de escuadra a un equipo Charlie, si lo hubiera. No todas las escuadras están limitadas a un equipo Alfa y Bravo. ¿Cómo podría el líder de la patrulla posicionar a un equipo Charlie para estar en reserva en caso de un segundo ataque enemigo? ¿Qué piensas sobre detener la retirada del enemigo si se sabe que usa tácticas de tirar y correr?

2    Realidad: Las dos inmunizaciones al estrés más vitales que deben practicarse son cuando el enemigo abre fuego y nadie quiere moverse, y cuando se encuentra cubierto y abrigo y nadie quiere moverse.

72

Imagen 42: 2.ª División del Ejército Iraquí. **Soldados del Ejército Iraquí se cubren detrás de un terraplén** durante una clase de entrenamiento para emboscadas impartida por el Equipo de Transición Militar de la 2.ª División del Ejército de los EE. UU. Mosul, Irak, 27 de noviembre de 2017.

que el líder de escuadra tenga la mejor información para su evaluación de la situación[1].

Cuando un líder da instrucciones para disparar a un soldado, sigue un formato estandarizado de órdenes de tiro para mayor claridad. Por ejemplo[2]:

**Alerta** – Alerta para llamar la atención y asignar el disparo.

**3D** – Dirección, distancia y descripción del objetivo.

**Cadencia de Fuego** – "Cíclico", "rápido" o "sostenido"

**Órden** – Órden de tiro. Para disparar de inmediato, grita, "¡Fuego!"

# 9.b Técnicas individuales de movimiento (TIM)

Cuando estás bajo fuego enemigo, es mala idea correr a toda velocidad hacia el enemigo; te conviertes en un blanco fácil. En cambio, utiliza una carrera de tres a cinco segundos, arrastramiento alto o arrastramiento bajo.

Levantarse, correr y caerse se llama **"salto."** Siempre haz un salto bajo fuego de apoyo de otro elemento y siempre hazlo de una cobertura a otra. ¡Asegúrate de saber a dónde planeas hacer el salto!

Tres a cinco segundos es aproximadamente el tiempo que tarda un enemigo en poner la mira en un soldado, razón por la cual es una buena idea tirarse al suelo antes de eso. A menudo, tres a cinco segundos se

---

1    Ejemplo de 3Ds:
Contacto – "12 en punto, 50 metros, 3 armas pequeñas enemigas."

2    Ejemplo de Comando de Fuego:
LES – "Tirador ALE, 12 en punto, 50 metros, 3 enemigos, Rápido, A mi orden."

aproxima mentalmente repitiendo: "¡Me levanto! ¡Me ven! ¡Me tiro!". Ya sea moviéndote como individuo o alternando saltos con otro elemento, mantén los movimientos dentro de ese marco de tiempo. La equivalencia de distancia más larga de un salto es la misma que en la realización de avance por saltos vigilados (Ver Cruzando directamente el área (Avance vigilado), pág. 65).

En un **arrastramiento alto**, la cabeza está hacia adelante y la pelvis casi toca el suelo. Mueve tus caderas de un lado a otro para avanzar. Un Soldado sostiene su fusil en la unión de ambos codos (Ver Imagen 44, pág. 75). Muchas personas confunden un arrastramiento alto con un arrastramiento bajo, porque las caderas están tan bajas. Pero la diferencia definitoria es que un arrastramiento alto todavía permite a un Soldado mirar hacia adelante de manera apenas perceptible.

Un verdadero arrastramiento bajo es mucho más incómodo y tiene el lado de la cara y la pelvis tocando el suelo mientras se usa un brazo y una pierna para jalar físicamente el cuerpo hacia adelante. Bajo fuego enemigo, gatear solo es realmente útil para llegar a una cobertura mejor, porque es realmente lento. Sin embargo, un perfil bajo es muy útil para otras operaciones que requieren una presencia pequeña, como establecer una línea de emboscada (Ver Imagen 46, pág. 75).

## 9.c El elemento de contacto reacciona al contacto[1]

Además de sus acciones individuales, la primera prioridad del líder de contacto es coordinar a su equipo y formar una línea. **Los soldados que no están en la primera línea a menudo no pueden disparar al enemigo debido al riesgo de fuego amigo.** En la línea, cada soldado se enfoca en su propia línea de visión e ignora a los enemigos ya comprometidos a sus lados. De lo contrario, si todos los soldados se centran en disparar al primer enemigo que aparece, los enemigos que aparecen más tarde desde otras direcciones pasarán desapercibidos.

La segunda prioridad del líder de contacto es dar a los soldados sectores de tiro aproximadamente traslapados. Una buena idea es ubicar a los líderes de equipo ligeramente detrás de su equipo para poder dirigir eficazmente a su equipo mientras se comunican con el líder de escuadra (Ver Imagen 48, pág. 78).

Los soldados pueden soltar las mochilas si estas están inhibiendo su capacidad de lucha; sin embargo, cuando romper el contacto es una opción, el elemento debe esperar la dirección de un líder sobre si soltar o no las mochilas. Durante un rompimiento de contacto, el elemento de contacto

---

1    Cita: Haz que tu atacante avance a través de una lluvia de municiones. Puedo ser asesinado con mi propia arma, pero va a tener que golpearme hasta la muerte con ella, porque estará vacía. —Veterano del Cuerpo de Marinos de los EE. UU., Clint Smith

Imagen 43: Soldados de la Guardia Nacional del Ejército en Nueva Jersey, realizan avances de tres a cinco segundos. Base McGuire-Dix-Lakehurst, Nueva Jersey, 09 de

Imagen 44: Un recluta **se desplaza mediante arrastramiento alto**. Campo del Cuerpo de Marinos en Camp Pendleton, 30 de agosto de 2019.

Imagen 45: Un soldado donde su **perfil está demasiado alto para ser un desplazamiento de arrastramiento adecuado**. Etiopía, 26 de junio de 2019.

abril de 2018.

Imagen 46: Reclutas de la Compañía H, 2.° Batallón de Entrenamiento de Reclutas, **esplazándose mediante arrastramiento bajo** durante la Crucible. Curso de Reclutas del Cuerpo de

retrocede con sus mochilas, ya que quitarlas y volverlas a colocar es un desperdicio de tiempo.

# 9.d El grupo de líderes reacciona al contacto[1]

En general, durante la reacción al contacto, el grupo de líderes está ocupado evaluando la amenaza y coordinando las tropas. Primero, el líder de la patrulla debe asegurarse de que su líder de contacto tenga una buena base de fuego. Luego, se comunica con el líder de contacto sobre lo que está por suceder o toma una decisión de manera independiente a través de una comunicación (Ver Imagen 48, pág. 78).

**Tan pronto como sea apropiado, el líder de la patrulla debe tomar dos decisiones e informar a toda la patrulla:**

- Qué procedimiento de combate utilizar (por ejemplo, giro de 90 grados hacia el flanco, desenganche en fila, romper el contacto, asaltar, etc.).
- En qué dirección (izquierda o derecha) para llevar a cabo el procedimiento de combate.

Cada soldado en la escuadra repite esta orden (y todas las demás órdenes) para hacer que la orden sea más fuerte y confirmar su propia comprensión.

Todos los procedimientos de combate y direcciones se codifican durante la planificación. Por ejemplo, una palabra clave típica para romper el contacto es "rojo", y una palabra clave para flanquear es "verde". Una palabra clave para ir a la izquierda es "California" y una palabra clave para ir a la derecha es "Nueva York". Entonces, para señalar un flanqueo a la derecha, el líder de escuadra gritaría "¡Verde Nueva York!". Esto evita que un enemigo que conozca el español comprenda el plan cuando se grita en medio de la batalla.

A continuación, el líder de la patrulla posiciona al equipo de ametralladora en el lado del elemento de contacto que ha elegido maniobrar. Esto consiste en dar un sector de tiro, es decir, designar un límite izquierdo, un límite derecho y una dirección primaria de tiro, una cadencia de tiro[2], y criterios de enganche.

El líder de la patrulla pronto dejará el equipo de ametralladora, por lo que deben transferir deliberadamente el control del equipo a otro líder (por ejemplo, líder de contacto, líder de la escuadra de armas, etc.). El

---

1   Cita: Tengo más miedo de un ejército de 100 ovejas liderado por un león que de un ejército de 100 leones liderado por una oveja. —Ministro de Asuntos Exteriores francés, Charles Maurice de Talleyrand

2   Pregunta: La cadencia de tiro es información crítica. Si un equipo de ametralladora lleva 2.400 municiones (72.5 Kg) para la misión y una M240 dispara 900 municiones por minuto en una cadencia cíclica, ¿cuán rápido se quedará sin municiones el equipo de ametralladora?

Imagen 47: Teniente Primero del Cuerpo de Marinos de los EE. UU., Comandante de Pelotón asignado a la Compañía C, 1.ᵉʳ Batallón, 3.ᵉʳ Regimiento de Marinos, se comunica con su pelotón mientras simula estar bajo fuego durante el Programa de Intercambio de Marinos de Corea 17-14. Islas del Noroeste, República de Corea, 11 de agosto de 2017. ¡Habla muy, muy fuerte!

líder de la patrulla puede dar órdenes al equipo de ametralladora primero y luego correr hacia el líder de contacto. O puede ser un plan permanente de operaciones (PPO) que un líder de equipo corra a la posición del equipo de ametralladora. Siempre, al dar instrucciones a alguien, recibe una devolución para confirmar la comprensión. Finalmente, el líder de la patrulla se dirige hacia el elemento lejano.

En cuanto sea posible, el grupo de líderes debe enviar un informe TALUTE a un nivel superior[1]. Los informes TALUTE son informes sobre el enemigo. Se distribuyen a otras patrullas, advirtiéndolas sobre posibles enemigos y peligros. Un informe **TALUTE** incluye:

**Tamaño**      – Un recuento de personas y vehículos.

**Actividad**   – Lo que está haciendo el enemigo.

---

1    Ejemplo de informe TALUTE:
Tamaño –      "Cuatro personas, a pie."
Actividad –      "Colocando artefactos explosivos improvisados en la calle principal."
Lugar –      "14WPH 8324 9183."
Unidad/Uniforme – "Milicia local con parches de Al-Qaeda."
Tiempo –      "Observado a las 23:11 del 04 de enero de 2018."
Equipo –      "Cuatro AK-47 con posibles armas ocultas."

# Reacción al contacto

## Cuando la patrulla es atacada

## Todos los elementos reaccionan al contacto simultaneamente

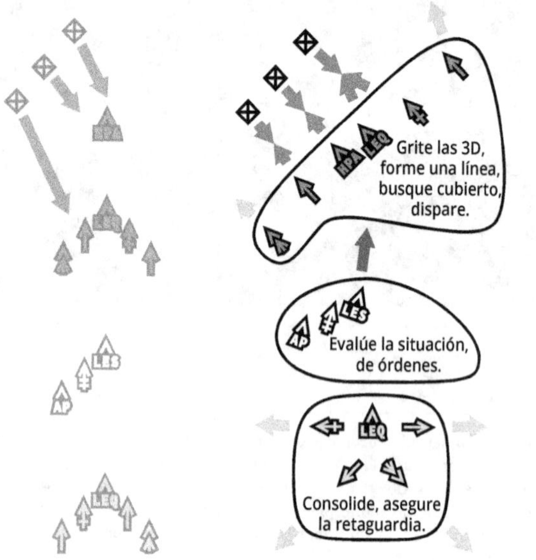

Grite las 3D, forme una línea, busque cubierto, dispare.

Evalúe la situación, de órdenes.

Consolide, asegure la retaguardia.

Imagen 48: **Cuando una patrulla es atacada, cada elemento en la patrulla tiene acciones que debe realizar de inmediato**. En resumen, el elemento en contacto se ocupa del enemigo, los líderes evalúan y controlan la situación, y el elemento que no está en contacto se prepara para recibir instrucciones.

**Lugar** – La ubicación en la cuadrícula o de lo contrario desplazada desde un terreno clave.

**Unidad/Uniforme** – Características que identifican al enemigo.

**Tiempo** – La hora en que se vio la actividad.

**Equipo** – Todo el equipo que es anormal, de naturaleza militar o que simplemente parece importante.

Desde el inicio del contacto con el enemigo, el grupo de líderes siempre considera la posibilidad de que el enemigo que ven sea la vanguardia de una fuerza mucho más grande. Un búnker enemigo puede ser parte de una defensa más grande, y un enemigo crestado en una colina puede tener una fuerza mucho más grande detrás de ellos. No te comprometas demasiado.

Para prepararse para los refuerzos entrantes, desde el principio el radio operador (RO) registra inmediatamente la hora. El tiempo esperado de refuerzo del enemigo se informa antes de realizar la patrulla. Una buena regla general es retirarse en la mitad de ese tiempo (Ver Fuerza de reacción Inmediata del enemigo y emboscada de hostigamiento, pág. 211).

## 9.e El elemento lejano reacciona al contacto

Mientras el elemento en contacto está respondiendo al fuego y el líder de la patrulla está emplazando al equipo de ametralladora, el elemento lejano se reúne alrededor de su líder para recibir rápidamente instrucciones. De esta manera, si el líder de la patrulla decide hacer un flanqueo, entonces el elemento lejano deja sus mochilas alrededor de su líder en lugar de tirarlas al azar en el bosque. O si se ordena romper el contacto, el elemento lejano mantiene las mochilas puestas.

# 10. Joe devuelve el fuego (Procedimientos de combate)[1]

La primera decisión que un líder de patrulla necesita tomar es elegir cómo devolver el fuego. ¿Con un flanqueo? ¿Un asalto? ¿Una rotura de contacto? **Los dos factores principales para decidir son la fuerza y la distancia del enemigo.** Un elemento que es demasiado grande o poderoso exige una retirada táctica. Para enemigos débiles, el segundo factor es la distancia. Si el enemigo débil está cerca, no hay tiempo para un flanqueo. Sin embargo,

Fase 2

---

1    Cita: Disparar sin movimiento es un desperdicio de municiones. Moverse sin disparar es estúpido. —Anónimo.

un enemigo que es débil y lejano se aborda mejor con un ataque de flanqueo[1] (Ver Imagen 49, pág. 81).

Sea cual sea la elección, maniobrar constantemente a los soldados a posiciones superiores es clave. Nunca debería haber una situación en la que haya dos elementos estáticos y ningún elemento en movimiento. Ciertamente, el enemigo se moverá. Usa el terreno a tu alrededor para maniobrar mejor que ellos.

Nunca debería haber dos elementos en movimiento y ningún elemento estático. Disparar mientras te mueves es muy inexacto. Para suprimir a un enemigo, los disparos deben ser precisos y frecuentes para matar o al menos intimidar. Unos pocos disparos inexactos no suprimirán a un enemigo comprometido.

# 10.a Asalto a una ubicación (Procedimiento de combate 4)

Un asalto es cuando los soldados se colocan en línea y caminan hacia el enemigo disparando a cualquier cosa que se mueva. Un asalto también puede utilizar saltos (Ver Cruzando directamente el área (Avance vigilado), pág. 65). Asaltar es un aspecto importante de muchos procedimientos, como un flanqueo donde el elemento lejano asalta, o durante una emboscada donde la línea de asalto asalta.

**En una emboscada cercana** (dentro de los 35 metros; es decir, el rango de una granada de mano[2]), el elemento de contacto asalta de inmediato porque están lo suficientemente cerca como para que esperar a que otro elemento flanquee sea más peligroso que atacar directamente. Si los soldados ni siquiera tienen tiempo suficiente para emplazar las ametralladoras, inmediatamente se giran y disparan las ametralladoras desde la cadera (voz de mando "gire y tire") (Ver Imagen 50, pág. 82).

Los asaltos son siempre una línea de soldados para maximizar la cobertura hacia adelante y evitar disparos amigos desde atrás. Estar "en línea" es una formación. Cada fusilero en línea debe saber dónde están los

---

1    Recordar: "Si tu ataque va demasiado bien, estás caminando hacia una emboscada." —Anónimo. Si una patrulla ve a solo dos enemigos disparando, ¿qué tan probable es que solo dos enemigos solitarios decidieran disparar contra una compañía entera de soldados armados hasta los dientes? Usar a algunos atacantes como cebo para llevar al enemigo a una emboscada se ha hecho durante milenios.

2    Aplicando Conceptos: A menudo se repite que 35 metros es la distancia que distingue una emboscada cercana de una emboscada lejana. Esto se debe a que una granada de mano estándar tiene un alcance limitado de aproximadamente 35 metros. Pero ¿qué pasa si el enemigo tiene lanzagranadas M203 con un alcance máximo de 400 metros? Cualquier distancia es algo arbitraria, pero una patrulla necesita saber cuándo asaltar o flanquear. ¿Qué otras consideraciones pueden distinguir una emboscada cercana de una lejana?

# Reacciones ante el contacto

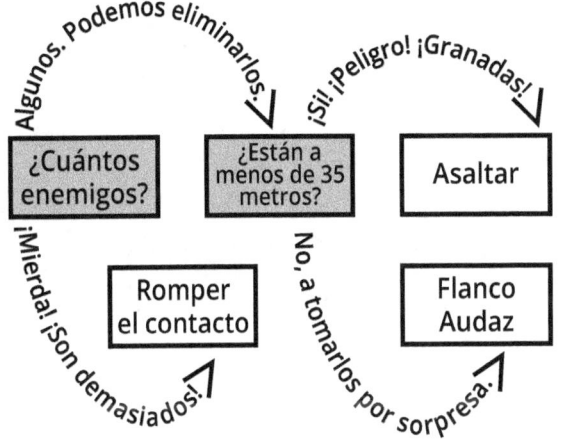

Imagen 49: Este gráfico está simplificado, pero no demasiado. **Cuando te están disparando, el razonamiento simple es rápido.** Dicho esto, por ejemplo, ¿qué pasa si el enemigo ataca en un campo abierto? La distancia no importa, no hay flanco. Mantente atento a la situación.

---

demás fusileros tanto para coordinar el movimiento como para conocer los límites de su sector de tiro. Cada soldado tiene su propio sector de tiro. ¡No te distraigas con disparos del soldado que está a tu lado, no sea que aparezca un nuevo enemigo en frente mientras estás distraído!

**El ritmo es constante y deliberado.** No esperes para disparar; incluso si un objetivo está al final del campo de batalla, el fusilero más cercano debe disparar al objetivo tan pronto como sea posible. Si se encuentra un enemigo, muerto o vivo, el soldado más cercano le dispara hasta que su rostro se convierte en pulpa, en el sentido más literal de la palabra.

El líder de asalto está en el medio de su línea para posicionar y corregir a sus soldados individuales durante el asalto. El líder de asalto puede estar en la línea misma o quedarse ligeramente detrás para dirigir a los fusileros desde atrás. Esto depende de si pueden mantener el control de sus soldados y disparar por su carril de asalto al mismo tiempo. Una escuadra con ocho soldados probablemente no necesita a un líder de escuadra en la línea. Las direcciones del líder de asalto pueden ser para la línea en su conjunto (por

Imagen 50: Un soldado de la Compañía B, 1.ᵉʳ Batallón, 27.º Regimiento de Infantería, 2.ᵃ Brigada, Brigada de Combate de Infantería, 25.ᵃ División de Infantería, proporciona fuego de cobertura durante un simulacro de emboscada cercana. Labasa, Fiji, 1 de agosto de 2019. Una emboscada cercana es una de las pocas ocasiones en las que es apropiado disparar una ametralladora desde el hombro o la cadera.

ejemplo, "¡Girar a la izquierda!")o para soldados individuales (por ejemplo, "¡Joe, ponte en línea!")[1]. **Las personas escuchan mejor las órdenes específicas y sus propios nombres**; evita usar comandos generales siempre que sea posible (Ver Imagen 51, pág. 83).

Los soldados avanzan directamente hacia adelante rumbo al enemigo. Si el líder del asalto cree que hay un peligro excesivo (como en una emboscada cercana), pueden usar saltos para proporcionar fuego de apoyo durante un avance. "**Saltar**" es cuando las mitades de un elemento alternan entre estar estáticas y proporcionar fuego de cobertura, mientras que la otra mitad se mueve. A medida que las mitades alternan, el elemento avanza (Ver Cruzando directamente el área (Avance vigilado), pág. 65).

Si el arma de un fusilero tiene un mal funcionamiento, el soldado grita: "¡Atascamiento!" y se tiende detrás de la línea. Los soldados a su derecha e izquierda toman su sector, o el líder de asalto puede dirigirlos, si no lo hacen

---

1    Ejemplo de Órdenes de Flanqueo:
LEQ –      "Lado izquierdo, salte conmigo."
            "Lado derecho, salte conmigo."
            "Asalto al LDA."
            "Rotación a la izquierda."
            "Colóquense en línea; manténganse en su carril."

# Comandos básicos para asaltar

**Resultado final**  **"¡Joe, ponte en la línea!"**  **"¡Joe, quedate en tu carril!"**

**"Equipo Alfa,**  **"Equipo Alfa,**
**molinete a la izquierda"**  **empujen a la derecha!"**

Imagen 51: **Los asaltos tienen a todos los soldados igualmente espaciados en una línea, como en la esquina superior izquierda, resultado final.** Cuando los soldados no están en una línea, grita "[Nombres], ¡pónganse en línea!" Cuando los soldados tienen visión de túnel y comienzan a converger, grita "[Nombres], ¡manténganse en su carril!" Para girar o cambiar toda la línea, grita las palabras "[equipo], molinete [dirección]" y "[equipo], empujen a la [dirección]"

automáticamente. Cuando el arma se arregla, el soldado grita: "¡De vuelta!" y recupera su sector. De manera similar, si un soldado cae, el primero en notarlo grita: "¡Hombre abatido!" y los soldados cubren su sector.

Cuando un fusilero se acerca a un cuerpo, patea el fusil lejos del cuerpo en cualquier dirección, para que un enemigo casi muerto no pueda seguir usándolo. No patee los fusiles como si fuera un balón de fútbol, ya que pueden dispararse.

La línea deja de avanzar a una corta distancia más allá del último cadáver[1]. Si hay una segunda línea de asalto (como en un flanqueo), la línea avanza una corta distancia más allá del último cadáver o del último hombre amigo en el otro elemento. Cuando el líder de asalto cree que su equipo ha avanzado lo suficiente, grita: "¡LDA! ¡LDA! ¡LDA!" (Es decir, "límite de avance"). Cada soldado en el asalto repite la orden, se arrodilla y mantiene la seguridad.

Cuando el elemento de asalto llega a su LDA, cinco tareas en **AQUILES** suceden simultáneamente (Ver Imagen 52, pág. 84):

**Adrenalina y sangre** – La adrenalina puede hacer que un soldado no sea consciente de que está herido y sangrando, por lo que un líder verifica a sus soldados en busca de sangrado.

**Quita las luces** – Apagar todas las luces utilizadas en el asalto. En el LDA, las luces se convierten en objetivos para el enemigo.

---

1   Aplicando Conceptos: Una regla común es 35 metros (alcance de granada de mano). Pero ¿qué pasa si hay un muro bajo a 40 metros? Seguramente sería mejor buscar cobertura en el muro o ver detrás de él. ¿Y un muro a 25 metros o 100 metros? ¿Qué hace un buen punto de detención?

**Informes BEM** – Obtén el estado de las bajas, equipo y munición de cada hombre. (Algunos líderes prefieren incluir "líquido").

**Líneas de ALE emplazadas** – Cuando se tienen prisioneros de guerra y los fusileros son retirados de la línea, las ALE deben tener seguridad traslapada de 180 grados.

**Es hora de recargar** – Todos los alimentadores de munición parcialmente llenos (incluidos cargadores y tambores) se reamunicionan.

Para los informes logísticos, cada posición de los líderes consolida la información de sus subordinados, dando una estimación del promedio de cargadores llenos, tambores llenos y municiones de M240 (omitir cargadores o tambores parciales), una breve descripción de las bajas y una lista de equipos importantes perdidos. Todos los informes logísticos se entregan al líder de la patrulla para que pueda redistribuir recursos, solicitar suministros de emergencia y ordenar cualquier evacuación de bajas[1].

---

1    Ejemplo de Informe BEM (Bajas, Equipo, Munición):
LES          –   "¡Informe BEM!"
LEQA         –   "Dos granadas, tres cargadores, listo, listo."
AP           –   "800 municiones, tirador fue rozado en el muslo, la 240 está
                        disparando en modo de un
        solo disparo."

84

Si hay bajas, todas las armas alimentadas con cinta se vuelven a cargar, y todas las posiciones de líderes se ocupan lo antes posible. A menudo, después de un asalto, se llaman a equipos especializados (Ver Despeje después de asaltar (Equipos especializados), pág. 99).

# 10.b Maniobra de flanqueo audaz (Procedimiento de combate 1)[1]

Una maniobra de flanqueo se utiliza a menudo en lugar de un asalto directo porque es más segura y más perjudicial psicológicamente para el enemigo. El flanqueo ocurre cuando el elemento lejano (en adelante, elemento de flanqueo) desaparece de la vista y se acerca nuevamente al enemigo desde el lateral. Como el enemigo está distraído por el elemento de contacto, se sorprende al enemigo. Un enemigo sin protección es fácil de asustar y eliminar.

Los flancos, sin embargo, no siempre son la mejor opción, razón por la cual existen algunas variaciones (Ver Variaciones del flanqueo audaz, pág. 92). Las dos principales desventajas del flanqueo son que son más difíciles de coordinar y llevan más tiempo[2] (Ver Imagen 58, pág. 90).

Una vez que el líder de la patrulla decide ejecutar un flanqueo audaz , probablemente cuando se consulta con el líder del elemento de contacto, ubicará al elemento de flanqueo fuera de la vista. Por lo tanto, el líder de la patrulla da al líder del elemento de contacto puntos de referencia para tres ubicaciones y límites de fuego correspondientes:

▶ La ubicación donde operará el elemento de flanqueo y un límite de tiro que el elemento de contacto no puede superar.

▶ La ubicación del último cubierto y abrigo del elemento de flanqueo y un nuevo límite de tiro para el elemento de contacto en el lado opuesto de la zona de aniquilamiento desde el enfoque del elemento de flanqueo. El nuevo límite de tiro se llama **"límite de traslado de fuego"**. El elemento de contacto cambia sus fuegos al nuevo límite de traslado del fuego cuando el Elemento de Contacto ve aparecer al Elemento de Flanqueo o se señaliza un traslado de fuego para evitar

---

1    Cita: Las batallas se ganan mediante la masacre y la maniobra. Cuanto mayor es el general, más contribuye en maniobras, menos exige en masacres. —Primer Ministro británico durante la Segunda Guerra Mundial, Winston Churchill

2    [...] Las ilustraciones en esta sección representan escuadras por simplicidad. Debido a que el procedimiento de combate 1 es para pelotones, técnicamente las ilustraciones son del procedimiento de combate 1A, que es la versión de escuadra del procedimiento de combate 1. El procedimiento de combate 1 a nivel de pelotón es muy efectivo y ampliamente utilizado. El procedimiento de combate 1A a nivel de escuadra es mucho peor debido a la escasez de suministros. Con solo una escuadra, ¿cuán lejos pueden flanquear los soldados antes de que una sola M240 se quede sin municiones? ¿Cuántos soldados puede asignar una escuadra para la seguridad a retaguardia?

el fuego amigo[1]. El traslado de fuego mantiene la violencia de la acción porque el elemento de contacto distrae al enemigo. Una vez que el elemento de flanqueo abandona su último cubierto y abrigo, dispara en la misma área de la zona de aniquilamiento donde el elemento de contacto se ha cambiado.

► La ubicación de la zona de aniquilamiento, para que cuando el elemento de flanqueo se acerque a dicha zona, el elemento de contacto pueda suspender el fuego. **La suspensión de fuego** se produce cuando el elemento de contacto cesa todo el fuego (Ver Imagen 58, pág. 90). Ambos, la suspensión del fuego y el traslado del fuego, se comunican con un plan PACE pre-planeado (Ver Opciones de comunicación PACE, pág. 242).

Los puntos de referencia también son para beneficio del líder de la patrulla, para que no se pierdan mientras flanquean. Además, el líder de la patrulla aún debe realizar las responsabilidades regulares de la reacción al contacto (Ver El grupo de líderes reacciona al contacto, pág. 76). El líder de contacto necesita informar al líder de la patrulla sobre todo lo que se le dijo y diseminar la información.

Después de dar los tres puntos de referencia, el líder de la patrulla posiciona personalmente al elemento de flanqueo porque es su responsabilidad coordinar los elementos[2],[3] (Ver Imagen 55, pág. 89). El líder de la patrulla lidera el elemento en una formación en fila hacia el lado elegido durante la reacción al contacto. El elemento de flanqueo debe salir de la vista del enemigo para sorprender al enemigo cuando se produzca el mismo. Si el elemento de flanqueo se mueve a la vista del enemigo, puede tener que retroceder y salir de la vista nuevamente antes de flanquear para evitar que el enemigo detecte la aproximación[4] (Ver Imagen 54, pág. 88).

---

1    Realidad: El elemento de flanqueo puede tener dificultades para determinar si el elemento de contacto ha trasladado con éxito su fuego. Confiar en una nueva unidad con la órden del traslado del fuego puede ser peligroso. Una unidad estadounidense tardó un mes en enseñarle a una unidad extranjera cómo trasladar el fuego. Considere ir directamente al cese del fuego.

2    Realidad: La unidad perfecta no necesita un líder para coordinarlos, porque pueden actuar sincronizados sin órdenes. Aunque el líder de la patrulla es responsable en última instancia durante el combate, lo que realmente hagan durante la reacción al contacto depende en gran medida del nivel de entrenamiento y los planes permanentes de operaciones (PPO) de la unidad.

3    Aplicando Conceptos: Si el líder de flanqueo es un sargento tosco y curtido en batallas, y el líder de contacto es novato, ¿sería mejor que el líder de la patrulla se quede con el elemento de contacto?

4    Aplicando Conceptos: ¿Cómo debería responder el líder de la patrulla si el elemento de flanqueo recibe fuego de un nuevo enemigo en una nueva posición mientras se mueve en fila hacia su posición? ¿Y si el elemento de contacto recibe fuego indirecto (como lo haría si el enemigo flanqueara)? ¿Ayudaría un tercer elemento?

Imagen 53: Paracaidistas de la 173.ª Brigada Aerotransportada cambian el fuego mientras se utiliza humo. 21 de marzo de 2018. **Se utilizan muchos métodos (y puntos de referencia), como el humo, la voz, el silbato y la radio al mismo tiempo para redundancia en la comunicación de cambio de fuego y elevación.**

El elemento de flanqueo se detiene cuando está alineado perpendicularmente con el elemento de contacto bajo fuego y oculto por características del terreno hacia la zona de aniquilamiento. Esto se facilita con los puntos de referencia que el líder de la patrulla eligió anteriormente. El elemento de flanqueo puede orientarse ligeramente lejos del elemento de contacto; sin embargo, es imperativo que el **elemento de flanqueo esté angulado en no menos de 90 grados desde la línea de soldados del elemento de contacto,** de lo contrario, el elemento de flanqueo corre el riesgo de asaltar directamente al elemento de contacto (Ver Imagen 58, pág. 90).

Cada soldado rota hacia la zona de aniquilamiento, convirtiendo la formación en fila en una formación en línea. La línea es lo suficientemente larga para que cada soldado en la línea tenga un carril de asalto separado y superpuesto (regla general: cinco a diez metros en el bosque durante el día). Después de que el líder de la patrulla ubica el elemento de flanqueo, el líder de la patrulla se mueve detrás del líder de flanqueo para supervisar y coordinar los diferentes elementos.

Imagen 54: Tropas paracaidistas del Ejército de los EE. UU. del 54.º Batallón de Ingenieros de la 173.ª Brigada Aerotransportada avanzan hacia el objetivo durante el Ejercicio Castle Warfare. Área de entrenamiento Foce Reno, Ravenna, Italia, 07 de diciembre de 2016. Al elegir qué lado flanquear, elige el lado con el mejor camuflaje, para que el Elemento de Flanqueo pueda sorprender al enemigo. **Un flanco descubierto es peor que no flanquear, porque se desperdician municiones, tiempo y esfuerzo.**

En el último cubierto y abrigo por donde el flanco asalta, se grita "¡Trasladar el fuego!" (Ver Imagen 53, pág. 87). Debido al ataque sorpresa, hay un peligro mínimo. Pero si el enemigo ataca primero al elemento de flanqueo, los soldados avanzan hacia el enemigo usando carreras de tres a cinco segundos. Alternativamente, el líder de flanqueo puede asaltar si el enemigo está cerca.

Cuando el elemento de flanqueo se acerca a la línea de fuego de la base del elemento, alguien grita "¡Alto el fuego!" (Pero específicamente, el líder de la patrulla lo grita, ya que colocó a la tropa más cercana, la M240, y es directamente responsable de coordinar los equipos.) **Si "trasladar" o "levantar" no se repite: ¡DETÉNGANSE, ALTO, NO CONTINÚEN!** Para

# Configuración del flanqueo

5. Coordina dos equipos.

1. El líder de escuadra consulta con el líder de equipo.

2. Ubica el equipo de armas.

3. Se reúne con el líder de equipo de la retaguardia.

4. Lidera el flanqueo FUERA DE LA VISTA DEL ENEMIGO.

Fase 2

imagen 55: Cuando el elemento de contacto ha devuelto el fuego y alcanzado una posición de tiro, **el elemento de flanqueo desaparece de la vista y se acerca nuevamente al enemigo desde el lateral.** Esta imagen muestra un proceso de 5 pasos para configurar un flanqueo. Primero, en los pasos 1 y 2, el líder de escuadra estabiliza e informa al elemento de contacto. Luego, en los pasos 3, 4 y 5, el líder de escuadra posiciona al elemento de flanqueo.

una avenida de aproximación grande o una zona de aniquilamiento grande, se puede llamar a "¡Trasladar el fuego!" varias veces.

Cuando el elemento de flanqueo sale de la zona de aniquilamiento y pasa junto al elemento de contacto, el elemento de flanqueo grita, "último hombre", y el elemento de contacto repite. Esto señala el final de la zona de aniquilamiento al líder de flanqueo y, por lo tanto, donde está el límite de avance (LDA) (Ver Imagen 59, pág. 91).

Cuando el elemento de flanqueo alcanza los 35 metros (alcance de lanzamiento granadas de mano) más allá de la zona de aniquilamiento o el último cadáver, el líder de flanqueo grita, "¡LDA! ¡LDA! ¡LDA!" y el elemento de contacto asalta el objetivo de la misma manera que lo hizo el elemento de flanqueo. El equipo de ametralladora se recoge y sigue directamente detrás de la línea de asalto, moviéndose de lado para llegar al punto de reunión (también conocido como vértice) de los dos equipos (Ver Imagen 59, pág. 91).

Imagen 56: Soldados estadounidenses y georgianos flanquean. Georgia, 19 de mayo de 2015. Debido a que el equipo de ametralladora está a un lado y posicionado en un ángulo, no puede ver el flanco tan bien y **tiene inherentemente menos capacidad de recibir las señales de levantamiento y traslado de fuego.**

Imagen 57: Grupo 7 de Fuerzas Especiales (Paracaidistas) flanquea. Dixonville, PA, 22 de marzo de 2012. El flanco está llegando a un ángulo un poco menor a 90 grados. Eso está bien, siempre y cuando nunca sea más de 90 grados, para evitar asaltar al Elemento de Contacto.

## Asalto del flanco

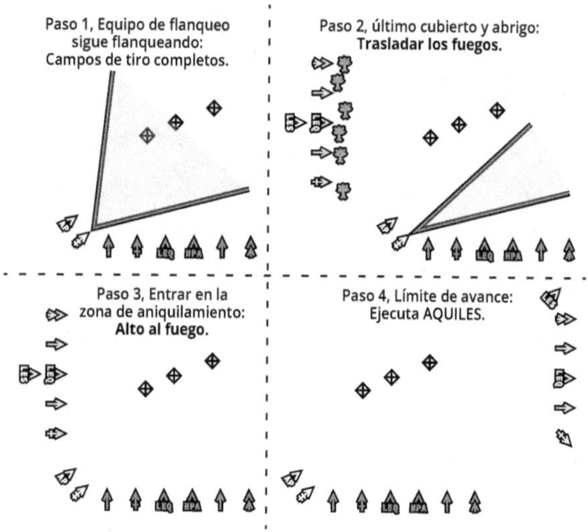

**Paso 1, Equipo de flanqueo sigue flanqueando:**
Campos de tiro completos.

**Paso 2, último cubierto y abrigo:**
**Trasladar los fuegos.**

**Paso 3, Entrar en la zona de aniquilamiento:**
**Alto al fuego.**

**Paso 4, Límite de avance:**
Ejecuta AQUILES.

imagen 58: **En esta parte del procedimiento de combate 1A, se lleva a cabo el asalto al contacto. Un aspecto crítico del asalto del elemento de contacto es prevenir el fuego amigo**. Esto se logra mediante órdenes de "trasladar el fuego" y "levantar el fuego" que reducen los campos de tiro del elemento de contacto. Hay cuatro pasos para reducir los campos de tiro. Aunque esta imagen solo muestra el campo de fuego del equipo de ametralladora, todos los fuegos se trasladan y levantan.

## Asalto al contacto

El equipo de ametralladora sigue detrás y se mueve hacia el vértice.

Imagen 59: Un asalto por parte del elemento de contacto es directo. El elemento de contacto se mueve a través de la zona de aniquilamiento y dispara a los enemigos y cuerpos de enemigos frente a la línea. **El equipo de ametralladora sigue de cerca al elemento de contacto para llegar al vértice.**

# 10.c Variaciones del flanqueo audaz

El flanqueo audaz es uno de los procedimientos de combate más comúnmente enseñados en muchos ejércitos de todo el mundo. En la doctrina del Ejército de los EE. UU., es el "Procedimiento de combate N.º 1". Sin embargo, en la realidad, **diversos problemas limitan en gran medida la utilidad del flanqueo audaz:**

▸ Si el enemigo se mueve, el flanco puede atacar desde un ángulo extraño, lo que puede arruinar la coordinación entre los elementos.

▸ El elemento de flanqueo requiere ocultación; sin ocultación, el enemigo no se sorprenderá y el flanco solo retrasará el retorno del fuego.

▸ Los líderes pueden perderse fácilmente en un tiroteo; un flanco debe tener buenos puntos de referencia para coordinar el movimiento y los disparos.

▸ Flanquear la distancia correcta lleva tiempo; las M240 queman munición muy rápido, y el enemigo puede llamar a la artillería.

▸ El elemento de flanqueo podría ser atacado mientras flanquea, y la patrulla estaría comprometida con un elemento dividido.

En resumen, los flanqueos audaces son útiles para unidades experimentadas con buena ocultación, pero el flanqueo audaz es solo uno de los muchos ataques que utiliza una patrulla.

Una táctica menos efectiva pero más infalible es la **"L táctica."** La idea es crear un ángulo de aproximadamente 90 grados entre los elementos , es decir, una forma de L moviéndose directamente a la posición en lugar de flanquear hacia ella. Una forma de L es excelente para atacar porque el enemigo recibe fuego desde múltiples direcciones. El líder de la patrulla puede ordenar a cada elemento que se coloque en línea y luego alternar maniobras para rotar cada elemento hasta que estén en ángulo recto entre sí. El líder de patrulla también puede ordenar a un elemento que vaya directamente a un ángulo de 90 grados, si el terreno proporciona suficiente cobertura. Una vez que los elementos están en un ángulo de 90 grados, asaltan a través de la zona de combate como en un flanqueo audaz (Ver Imagen 60, pág. 93).

Otra variación de un flanqueo audaz es el **"flanqueo inverso"**. Para esto, el elemento de flanqueo hace un flanqueo audaz. Pero se detiene antes de entrar en la zona de aniquilamiento. El elemento de flanqueo se convierte en el nuevo elemento de apoyo arrojando fuego de apoyo a 90 grados del elemento de contacto. Una vez que el elemento de flanqueo está en una buena posición de apoyo, el elemento de contacto es el que asalta primero. Una vez que el elemento de contacto alcanza su LDA, el elemento de flanqueo sigue y asalta en segundo lugar.

# Formación táctica en L

Imagen 60: A diferencia de un flanqueo audaz, el elemento de maniobra no intenta ocultarse al flanquear y **se desplaza hacia una posición de flanqueo tan rápido como sea posible.**

Un flanco inverso se utiliza cuando el elemento de flanqueo tiene fácil acceso a una buena posición de apoyo, como una colina o un acantilado, que sería ideal para asaltar. Por ejemplo, el líder de la patrulla puede enviar un elemento de flanqueo para lanzar fuego de apoyo desde la cara de un acantilado, eliminando a muchos enemigos, pero dejando al elemento de flanqueo incapaz de maniobrar más. El ataque mantiene la violencia de acción con un asalto del elemento de contacto en su lugar.

## 10.d Romper el contacto
## (Procedimiento de combate 3)[1]

Para elegir romper el contacto, el líder de la patrulla debe creer que el contacto no vale la pena para comprometerse por cualquier motivo después de evaluar la situación (Ver El grupo de líderes reacciona al contacto, pág. 76). Tal vez el enemigo sea demasiado grande para lidiar con él, o la patrulla no tenga tiempo para enfrentarlo. El líder de la patrulla grita la palabra clave para romper el contacto, emplaza el equipo de ametralladora y retrocede al elemento que no está en contacto (de aquí en más el elemento de supresión) (Ver Imagen 61, pág. 94).

---

1    Cita: ¡Retirada, demonios! ¡No estamos retirándonos, simplemente avanzamos en una dirección diferente! —General de Marinos de los EE. UU. Oliver P. Smith

# Rompimiento de contacto, Supresión

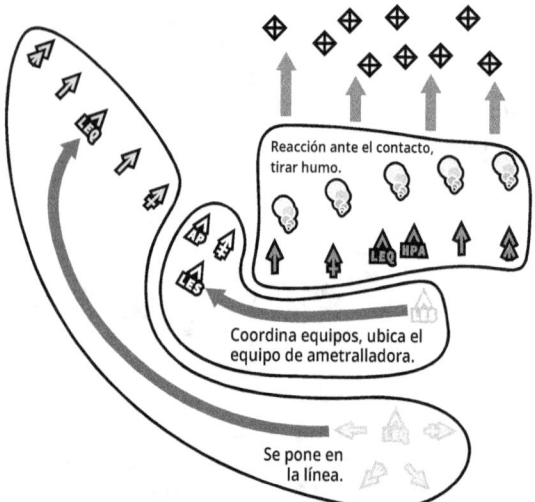

Reacción ante el contacto, tirar humo.

Coordina equipos, ubica el equipo de ametralladora.

Se pone en la línea.

Imagen 61: Durante un rompimiento de contacto, todos los elementos actúan simultáneamente. El equipo de contacto (rojo) y el grupo de líderes participan en una reacción estándar al contacto (Ver Joe devuelve el fuego (Procedimientos de combate), pág. 79). La única diferencia es que el equipo de contacto arroja mucho humo para ocultarse. **El Equipo que No está en contacto (azul) recibe la señal de rompimiento de contacto y debe colocarse en línea lo más rápido posible para proporcionar fuego de supresión.**

El elemento de contacto, inmediatamente después de que se llama a romper el contacto **lanza humo** para reducir la precisión y la visión del enemigo. Al usar humo, ten cuidado de tener en cuenta el viento fuerte. El viento puede soplar el humo fuera del camino o incluso frente al elemento de supresión, bloqueando la visión.

Cuando el líder de la patrulla llega al elemento de supresión, su objetivo es posicionar al elemento en una línea de soldados que puedan proporcionar fuego de apoyo para la retirada del elemento de contacto. El líder de la patrulla puede liderar el elemento él mismo o dar al líder de supresión una dirección, distancia y punto de referencia para moverse a una posición de observación a cubierto y abrigo. La posición de observación

Imagen 62: Un soldado canadiense avanza mediante saltos detrás de un encubrimiento de humo durante la parte de fuego real de un ejercicio de ruptura de contacto y despeje de trincheras. Base Militar de Adazi, Letonia, 19 de abril de 2016. **Nota: el humo se lanzó hacia el lado izquierdo para tener en cuenta el viento.**

también debe tener buenos campos de tiro que no estén bloqueados por elementos amigos.

**Después de que todos los elementos estén listos y disparando contra el enemigo, alternan entre retroceder y disparar al enemigo para retirarse** (Ver Imagen 63, pág. 96). En un rompimiento de contacto, es probable que el equipo de ametralladora esté mejor ubicado cerca y se mueva con el elemento de supresión. Esto se debe a que el elemento de contacto fue sorprendido y, por lo tanto, es probable que esté en una mala posición para disparar al enemigo. En cambio, el elemento de supresión es ubicado, a propósito, por el líder de la patrulla en una buena posición de observación.

Para retroceder, el líder de la patrulla encuentra un buen punto de referencia con cubierto y abrigo para retirarse y señala al elemento de contacto que se mueva hacia él. Cuando el elemento de contacto se ha establecido en su nueva posición, se convierte en el nuevo elemento de supresión. Romper el contacto se logra finalmente haciendo que los dos elementos alternen entre ser un elemento de apoyo de fuego y un elemento de maniobra, con el líder de la patrulla.

Después de romper el contacto, la patrulla se mueve 300 metros o hacia una característica importante del terreno. Tenga en cuenta que el

# Rompimiento de contacto, Retroceso

Fase 2

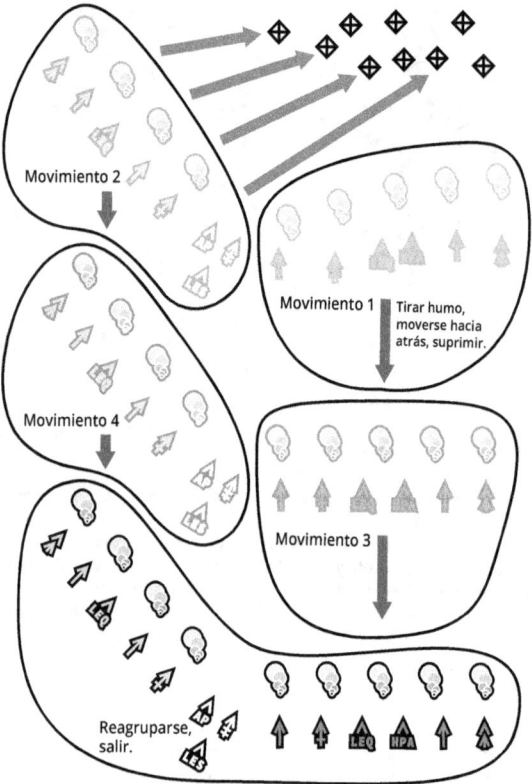

imagen 63: **Cuando el elemento supresor (azul) comienza a disparar, el elemento de contacto (rojo) puede retroceder** hacia una buen cubierto y abrigo (Movimiento 1). Una vez que se establecen y disparan, el elemento supresor puede retroceder (Movimiento 2) (Ver Cruzando directamente el área (Avance vigilado), pág. 65). El salto continúa alternando el fuego de apoyo y retroceso hasta que el enemigo ya no los persigue. Luego, la patrulla se reagrupa y continua la marcha.

líder de la patrulla puede romper el contacto en cualquier dirección; no solo hacia atrás. El líder de la patrulla debe considerar cambiar la dirección del movimiento después de romper el contacto. Cambiar la dirección de la dirección de marcha inicial reduce la capacidad del enemigo para disparar fuego indirecto a la patrulla. Una vez que el líder de la patrulla ha avanzado la distancia apropiada, realiza un alto prolongado para consolidar y reorganizarse.

## 10.e Variaciones para romper el contacto

La variación más común para romper el contacto se llama "peels (por su expresión en inglés)". La analogía de un *peel* es un pequeño animal que es atacado y responde **haciéndose ver lo más grande posible**. Un pequeño elemento, como una escuadra o el equipo de reconocimiento del líder, dispara rápidamente todo (incluido el humo) para dar a entender una fuerza mucho más grande.

Mientras todos disparan, uno o dos soldados en la parte delantera se mueven hacia la retaguardia del elemento y continúan disparando, mientras el siguiente soldado retrocede. De esta manera, el elemento puede retirarse, disparando tantas municiones hacia el enemigo como sea posible. Esto es una variación de un rompimiento de contacto regular, porque los soldados se retiran individualmente o en parejas bajo fuego de apoyo, en lugar de como un elemento más grande (Ver Imagen 65, pág. 98).

La idea básica de *peel* se divide aún más en un "*peel* central" y un "*peel* lateral", que se refieren a la dirección de la retirada en relación con la dirección del enemigo. Un **peel central** se usa cuando el enemigo está justo enfrente, y te retiras hacia atrás. Los Soldados forman dos columnas. Los dos soldados en la parte delantera, más cercanos al enemigo, retroceden por el centro de la formación hacia la retaguardia de las columnas. El segundo en la fila abre fuego de supresión. Tan pronto como sea posible, el segundo soldado reinicia el ciclo y retrocede por el centro de la columna, mientras el soldado detrás de ellos abre fuego de supresión (Ver Imagen 64, pág. 98).

Un **peel lateral** se usa para retirarse hacia los lados. Un Soldado a la vez se mueve detrás de la línea de fuego de izquierda a derecha, o de derecha a izquierda. Un *peel* lateral está limitado a retirarse hacia los lados, pero permite que toda la línea dispare, en lugar de solo los dos soldados de la parte delantera (Ver Imagen 66, pág. 99).

Hay infinitas mejoras tácticas para los *peels* y el rompimiento de contacto. Considera inclinar la retirada; puede dar la impresión de que más soldados se unen a la lucha. O un soldado en la retaguardia puede colocar una mina Claymore y hacerla estallar cuando se convierta en el frente.

Fase 2

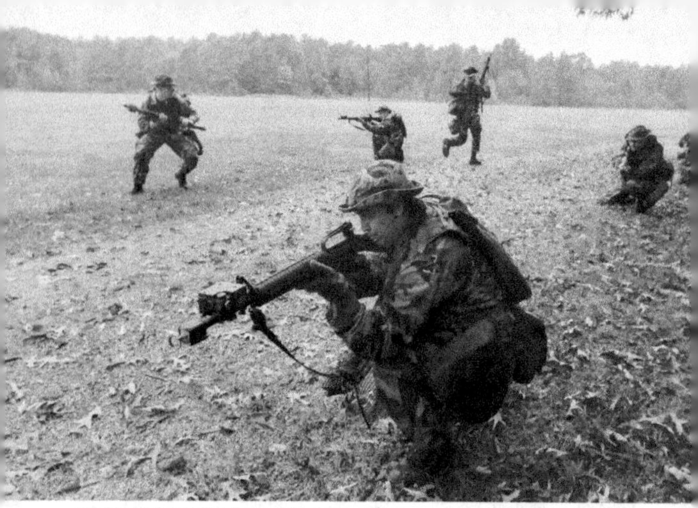

# Rompimiento de contacto *"peel"*

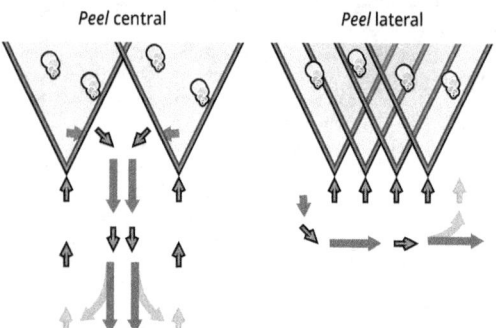

**Peel** central          **Peel** lateral

Imagen 65: Romper el contacto en 2 columnas o lateralmente. Ésta es una maniobra de emergencia donde una pequeña fuerza detiene a una fuerza más grande. Los soldados que disparan utilizan todas las municiones y humo que pueden reunir mientras la línea del frente retrocede. **La línea del frente puede reformarse para disparar nuevamente o comenzar la retirada.**

# 11. Despeje después de asaltar (Equipos especializados)

Una vez que todos los soldados alcanzan su LDA después de asaltar, el área de aniquilación necesita un despeje. Los cuerpos enemigos, las bajas amigas y los elementos importantes necesitan atención. Para despejar, una patrulla tiene "equipos especializados" preasignados, compuestos por fusileros y líderes.

Cuando los equipos especializados son retirados de la LDA, los soldados restantes deben readaptarse para eliminar cualquier brecha en la seguridad. Las ALE en ambos extremos de la línea se traslapan para formar un sector de tiro de 180 grados; y cualquier fusilero o ALE restante cubre el espacio muerto restante.

## 11.a Equipo de prisioneros de guerra (PGE)

Inmediatamente después de que el líder de la patrulla recibe el informe logístico (bajas, equipo, municiones) de cada soldado, gritan "PGE" (prisionero de guerra enemigo). Los soldados de PGE tienen roles

# Búsqueda y despeje de PGE

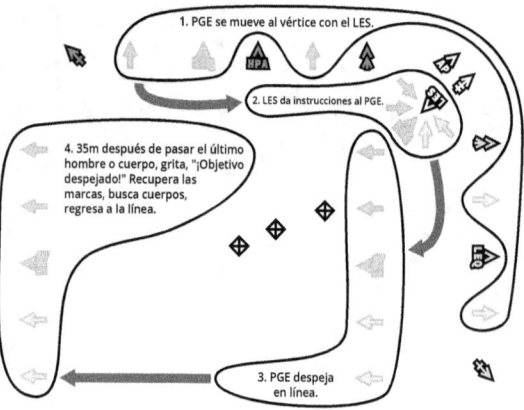

1. PGE se mueve al vértice con el LES.

2. LES da instrucciones al PGE.

4. 35m después de pasar el último hombre o cuerpo, grita, "¡Objetivo despejado!" Recupera las marcas, busca cuerpos, regresa a la línea.

3. PGE despeja en línea.

Imagen 67: Equipo de prisioneros de guerra enemigos despejando el objetivo. Debido a que **el equipo de PGE se designa durante la planificación**, no hay confusión sobre quién debe informar al líder del escuadra cuando llaman al equipo de PGE.

predesignados y se asignan a al menos cuatro fusileros por escuadra durante la orden de operaciones. El líder de PGE y los soldados corren hacia el líder de la patrulla alrededor del área de aniquilamiento. Nadie puede entrar en el área de aniquilamiento hasta que sea declarada despejada por el equipo de PGE[1]. Una tarea común es que cada fusilero y el líder del equipo Alfa formen parte del equipo de PGE (Ver Imagen 67, pág. 100).

El líder de la patrulla indica al **equipo de PGE que despeje y busque**:

**Color** – A cada sub-equipo de PGE se le asigna un color para su identificación. Durante la búsqueda, cuando se mencionan y registran elementos, dos Soldados que mencionan el mismo elemento utilizan sus colores diferentes para mayor claridad; por ejemplo, "negro 1 mapa" y "oro 1 mapa".

**Instrucciones de despeje** – Cómo se debe despejar y registrar el área de aniquilamiento. Normalmente, el procedimiento de PGE se ajusta al

---

[1] Aplicando Conceptos: La idea detrás de esta regla es que aún puede haber enemigos que no estén muertos en la zona de aniquilamiento y que aún puedan atacar sorpresivamente a un soldado que pasa. ¿En qué casos podría estar bien ingresar a la zona de aniquilamiento antes de que el equipo PGE la despeje completamente o incluso parcialmente?

PPO, por lo que esto solo se informa si el área de aniquilamiento o la situación son inusuales.

**Instrucciones de recolección** – Qué elementos recoger durante la búsqueda y dónde colocarlos.

**Reloj** – Cuánto tiempo tiene el equipo de PGE para despejar y buscar el objetivo[1].

Después de recibir sus instrucciones, el equipo de PGE se alinea a lo largo de toda el área de aniquilamiento, con el líder de PGE en el centro. Los soldados encienden las luces de sus fusiles y caminan de un extremo al otro del área de aniquilamiento para llevar a cabo el **despeje de PGE**.

Si un soldado ve un cuerpo en el camino, grita "¡Cuerpo!" La línea se detiene o da pasos cortos mientras dos soldados lo despejan. El soldado que lo encontró primero apunta su arma al cuerpo, en una dirección alejada de las LDA y elementos amigos. Una vez en posición, este soldado de seguridad no se mueve nuevamente.

El segundo soldado de despeje trabaja alrededor del primero. Deben revisar debajo del cuerpo en busca de armas, sin que el soldado de seguridad los apunte. Para realizar esta verificación, el soldado de despeje gira el cuerpo para que el soldado de seguridad pueda ver por debajo. Si el soldado de seguridad ve una trampa caza bobos, grita "¡Granada!" y todos se apartan.

Para evitar ser comprometido mientras se gira y para prepararse para las trampas, el soldado de despeje gira el cuerpo según su orientación al soldado de seguridad. Si el cuerpo está vertical hacia el soldado de seguridad, el soldado de despeje se arrodilla al lado del cuerpo y lo gira hacia un lado. Si el cuerpo está orientado horizontalmente, el soldado de despeje se monta sobre el cuerpo y lo levanta. De esta manera, hay una buena línea de visión para que el soldado de seguridad vea las trampas cazabobos, y si hay una trampa, el cuerpo se puede soltar rápidamente sobre la trampa. Para indicar que un cuerpo ha sido despejado, se cruzan los pies y los brazos. Luego, los soldados despejan el arma del enemigo.

---

1 Ejemplo de instrucciones para el equipo de prisioneros de guerra (PGE):

LES – "PGE, conmigo."

"Ustedes son el equipo negro y el equipo oro. Comiencen en el centro y limpien hasta cinco metros más allá de la MAG. Traigan todos los elementos de inteligencia conmigo. Coloquen las armas y el equipo en el capó del vehículo. Las armas apiladas cerrojo con cerrojo y luego el equipo encima de ellas. Tienen tres minutos.

LEQ – "Negro a mi izquierda; oro a mi derecha. Comiencen."

FUS – "Tengo un cuerpo."

LEQ – "Alto."

FUS – "Despejado."

LEQ – "Continúen."

"¡Objetivo despejado!"

"Usted, registre ese cuerpo cerca del árbol. Tiene un minuto."

Para indicar que un arma está despejada, se coloca a los pies del cuerpo. Cuando los soldados terminan de despejar un cuerpo y un arma, regresan a la línea de despeje.

Una vez que todos los cuerpos en el área de aniquilamiento están despejados, el líder del equipo PGE grita "¡Objetivo despejado!" al líder de la patrulla (Ver Despeje de Vehículos, Pág. 204.). Esto significa que los soldados pueden ingresar libremente al área de aniquilamiento y comienza el registro **de PGE**.

Para registrar los cuerpos, el equipo PGE utiliza sus linternas y apaga las luces de sus fusiles para no delatar su posición mientras buscan. Cada cuerpo necesita que un soldado de PGE lo registre; cualquier soldado adicional regresa a su línea para brindar seguridad. Siempre son dos soldados de PGE los que despejan y uno el que realiza la búsqueda.

Al registrar, un soldado comienza desde la parte superior y toca sistemáticamente, sintiendo con sus manos en busca de objetos de información y armas mientras se mueve hacia abajo del cuerpo. Aunque hay formas sistemáticas y completas de buscar, a menudo el tiempo no lo permite. En caso de prisa, prioriza las áreas del cuerpo que probablemente contengan elementos importantes. Los elementos importantes se especificaron cuando el líder de la patrulla dio sus instrucciones de PGE.

Cuando se encuentra un elemento importante, el soldado grita al soldado asignado a tomar nota: el color de su Equipo de PGE, el elemento y su cantidad, por ejemplo, "negro, un chaleco táctico". Cuando termina, el soldado marca el cuerpo como registrado, por ejemplo, levantando la camisa del enemigo sobre su cabeza. Una vez que todos los cuerpos han sido registrados, los soldados llevan los elementos al área designada por el líder de la patrulla en su informe de PGE. Luego regresan al LDA para brindar seguridad.

Durante el despeje y búsqueda de PGE, todos los enemigos deben estar muertos. **Si se encuentra a un enemigo vivo** y ha sobrevivido a un asalto completo, se puede asumir que está herido y/o se ha rendido. Esta suposición es la razón por la que esto es un "despeje de prisioneros enemigos" y no un "despeje de enemigos restantes". En este punto, sería un crimen de guerra matar al prisionero de guerra, a menos que ese enemigo represente una amenaza inmediata. Los prisioneros de guerra no pueden ser heridos directa o indirectamente (como dejarlos en el camino de una demolición) y el médico eventualmente debe tratarlos.

Si hay un prisionero de guerra vivo, toda la misión puede estar en peligro de fracasar. Asegurar y transportar a un ser humano no cooperativo o herido incapacita a varios soldados. Además, dejar libre a un prisionero de guerra puede alertar a enemigos adicionales. Muchos ataques tienen múltiples pasadas iniciales, cada una por diferentes elementos, específicamente para asegurarse de que todos los enemigos sean eliminados durante el asalto.

Imagen 68: Un paracaidista del 1.ᵉʳ Batallón, 325.º Regimiento, 2.ª Brigada, 82.ª División Aerotransportada, despeja a un prisionero de guerra. 18 de noviembre de 2010. El prisionero de guerra está orientado horizontalmente hacia el soldado de seguridad y está siendo levantado. **El soldado que despeja se ha movido para proporcionar líneas directas de visión y fuego al otro soldado.**

Imagen 69: Un soldado camerunés registra al sargento primero del Cuerpo de Marinos de los EE. UU. Limbé, Camerún, 20 de septiembre de 2016. El prisionero de guerra está orientado verticalmente y se está rodando hacia el soldado. Observa que el que registra está revisando y palpando los bolsillos del prisionero de guerra, y se han retirado y registrado las botas.

Con respecto a la misión, es necesario contactar a superiores para obtener instrucciones específicas caso por caso. Para el prisionero, el procedimiento estándar es aplicar **BVESSPRO**.

**Búsqueda** – Registra inmediata y completamente a los prisioneros en busca de armas y documentos.

**Velocidad** – (Mueve) a los prisioneros a su ubicación final rápidamente, para maximizar la retirada de información oportuna.

**Etiqueta** – Al prisionero con la hora, lugar y circunstancias de la captura. Etiqueta también cualquier equipo y armas.

**Separación** – Divide a los prisioneros en grupos: oficiales, suboficiales, soldados rasos, desertores, civiles y mujeres. Esto evita la organización enemiga y la emisión de órdenes.

**Silencio** – Calla a los prisioneros para evitar cualquier tipo de coordinación.

**Protección** – Asegura a los prisioneros mientras se mueven. No les des cigarrillos, comida o agua hasta que sea autorizado por los interrogadores asignados.

## 11.b Equipo de auxilio y camillas

Si hay bajas amigas, el líder de la patrulla es informado tan pronto como sea posible. Llaman al equipo de auxilio y camillas al vértice (Punto de reunión) inmediatamente después de la búsqueda de PGE para recibir instrucciones. Sin embargo, el líder de la patrulla no puede liberarlos hasta que el equipo de PGE despeje la zona de aniquilación; de lo contrario, un enemigo vivo podría, por ejemplo, soltar una granada. En el momento en que PGE grita, "¡Objetivo despejado!", el líder de la patrulla puede enviar al equipo de auxilio y camillas. Este equipo recoge todas las bajas y las lleva al líder de la patrulla. A partir de ahí, las bajas son evacuadas médicamente (Ver Evacuación médica, pág. 106).

### 11.c Equipo de demolición[1]

Cuando el equipo de auxilio y camillas ha terminado, y PGE ha puesto todos los elementos que han encontrado frente al líder de la patrulla, este hace explotar todos los elementos valiosos para el enemigo. El propósito del equipo de demolición es negar al enemigo cualquier arma, vehículo, radio u otro equipo que pueda ser utilizado.

Debido a que los explosivos son muy peligrosos, la secuencia de demolición también es la secuencia de retirada. Esto asegura que no haya soldados presentes cuando la demolición explote (Ver Retirada del área después de asaltar, pág. 104). El equipo de demolición está compuesto por los últimos soldados que permanecen en la zona de aniquilamiento. El equipo de demolición principal para una escuadra suele ser el líder del escuadra y el aprovisionador, o un fusilero preasignado. Los equipos de demolición para un pelotón podrían ser los líderes de equipos Alfa y Bravo. Siempre es importante tener un equipo de demolición de respaldo.

Hay un orden en el que se deben volar los equipos. Primero, toda la munición se coloca en el suelo o sobre un bloque del motor. Si la munición estuviera encima de la carga explosiva, se esparciría o encendería en todas direcciones. Encima de la munición, todas las armas se apilan con los grupos de receptores tocándose. Las armas son duraderas, por lo que sus áreas vitales deben ser el objetivo. Luego se coloca la carga explosiva. Todo el equipo adicional, como radios y chalecos porta equipos, se colocan encima de la carga explosiva. Los vehículos que no pueden recibir una carga explosiva son destruidos de otras maneras.

Si la patrulla ha pasado demasiado tiempo en el área, el líder de la patrulla no necesita llamar al equipo de demolición. Sin embargo, aún se grita la secuencia de demolición para iniciar la retirada.

# 12. Retirada del área después de asaltar

Una vez que se han movido las bajas, el líder de la patrulla señala la retirada. El líder de la patrulla prepara la demolición por sí mismo o lidera a los equipos de demolición, por lo que la secuencia de retirada se señala con frases para la demolición, llamada la secuencia "¡Fuego a la carga!". ¡Siempre repetir todo!

---

1   Cita: Las mechas de cinco segundos solo duran tres segundos. —Desconocido

Imagen 70: Un técnico de eliminación de explosivos del Ejército de los EE. UU. con el Grupo de Batalla Multinacional del Este coloca C4 en proyectiles. Campo de demolición de Orahovac, 04 de abril de 2016. La demolición está en una mecha de tiempo, por lo que el soldado no estará presente en la detonación.

Imagen 71: Bloques de cargas de demolición M112 se colocan en armas. 02 de febrero de 2019. **Después de combatir al enemigo, el equipo de demolición es responsable de destruir armas y vehículos enemigos restantes para evitar su reutilización por parte del enemigo más tarde.**

El líder de la patrulla grita, "**¡Fuego a la carga 1!**" y el líder del equipo Bravo o el líder de escuadra (o quien esté a cargo del conteo) crea un punto de estrangulamiento detrás de la zona de aniquilamiento y grita, "¡Punto de estrangulamiento conmigo!" una y otra vez. El primer elemento de asalto se retira primero a través del punto de estrangulamiento. Los otros equipos siguen en fila. El líder del conteo grita, "¡Asalto [número contado] terminado!" o "¡Asalto [número contado] faltan [número faltante]!"[1] Simultáneamente, el equipo de demolición retira los pasadores de seguridad en los iniciadores (siempre con guantes puestos).

El líder de la patrulla grita, "**¡Fuego a la carga 2!**" y el equipo de ametralladora se retira. Los equipos de ametralladora son lentos y sordos, así que anuncian, "¡Ametralladora en movimiento!" para indicar que escucharon y corren hacia el punto de estrangulamiento. Nuevamente, el líder a cargo del conteo hace un recuento, y esta vez se incluye a sí mismo. Si es correcto, grita, "¡Líder y equipo de ametralladora [número contado] terminado!" El líder del conteo se retira con el segundo grupo.

---

1    Ejemplo de conteo de personal: "Asalto 3 completo" o "Asalto 2, falta 1"

Simultáneamente, el equipo de demolición empuja los pasadores hacia adentro y los gira 90 grados en sentido horario.

El líder de la patrulla grita, "**¡Fuego a la carga 3!**" tanto en persona como por radio, y se enciende la demolición. Todos los que quedan se retiran. Si el recuento fue incorrecto en el punto de estrangulamiento, no llames, "¡Fuego a la carga 3!" En este punto, solo el líder de la patrulla y el equipo de demolición están cerca de la zona de aniquilamiento. Incluso si el líder de la patrulla puede hacer la demolición por sí mismo, no pueden quedarse solos, así que el soldado con ellos es simplemente un compañero.

Antes de retirarse, el equipo de demolición se asegura de que la mecha esté encendida (es decir, busca humo). Después de confirmar la ignición, el líder de la patrulla grita, "**¡Arde! ¡Arde! ¡Arde!**" y se retira.

Una vez que la patrulla termina la retirada, los soldados regresan a sus mochilas lo más rápido posible para evitar refuerzos enemigos. La patrulla puede continuar en su rumbo de movimiento si no creen que encontrarán más enemigos; de lo contrario, la patrulla necesita cambiar su ruta.

# 13. Evacuación médica[1]

En caso de bajas, el líder de la patrulla primero tiene que decidir si la misión aún es viable; es decir, ¿las bajas requieren atención antes de que termine la misión? Si el líder de la patrulla decide que las lesiones son lo suficientemente graves, la baja puede ser evacuada utilizando muchos medios de transporte. Si la patrulla está bien planificada, la evacuación puede encontrarse con una ambulancia médica o un helicóptero en una ubicación preplanificada. Sin embargo, si la baja ocurre durante un movimiento a pie, entonces se requiere caminar un poco.

**¡Es de vital importancia tener un plan PACE para la evacuación médica!** (Ver Opciones de comunicación PACE, pág. 242). Un plan PACE completo es un plan con cuatro opciones en todo momento, es decir, primario, alterno, de contingencia y de emergencia. Un PACE garantiza múltiples medios de evacuación simultáneamente, para que, si muchos métodos fallan, otro medio aún sea utilizable. De lo contrario, sin un PACE, la vida de un soldado puede depender de un único punto de falla.

Cuando hay una baja durante una patrulla, los líderes deben enviar un reporte médico de 9 líneas tan pronto como sea posible. Si olvidas las opciones de opción múltiple, está bien hablar como un humano y, de todos modos, cada soldado lleva una plantilla de 9 líneas en su equipo.

---

[1]   Cita: Una "herida en el pecho con succión" es la forma en que la naturaleza te dice que te tomes las cosas con calma... —Desconocido

# Plantilla de medevac de 9 líneas

Esta es la forma estándar de transmitir información sobre heridos y punto de colección a un caso de evacuación médica. La columna izquierda enumera códigos breves (por ejemplo, para la línea 3, decir "5 A" significa "5 Urgente"). Un mnemotécnico común es, "Unidades Fuertes, Neutralizan Enemigos Tácticamente, Siempre Manteniendo el Nivel de Coordinación."

| | |
|---|---|
| 1.  Ubicación del lugar de evacuación | |
| 2.  Frecuencia e indicativo de llamada | |
| 3.  Número y estado de los pacientes | A. Urgente (2 horas)<br>B. Prioridad (4 horas)<br>C. Rutina (24 horas)<br>D. Conveniencia |
| 4  Equipo requerido | A. Ninguno<br>B. Elevación<br>C. Equipo de extracción<br>D. Ventilador |
| 5.  Tipo de pacientes | L.  Camilla<br>A.  Ambulatorio |
| 6.  Seguridad en el lugar de evacuación | N. Sin tropas enemigas<br>P. Posible enemigo<br>E. Tropas enemigas<br>X. Enemigo (necesita escolta armada) |
| 7.  Marcación del lugar de evacuación | A. Paneles<br>B. Pirotecnia<br>C. Humo<br>D. Ninguno<br>E. Otro |
| 8.  Nacionalidad y militar | A. Militar de (País)<br>B. Civil de (País)<br>C. Militar no (nacionalidad)<br>D. Civil no (nacionalidad)<br>E. PGE (Prisionero de Guerra enemigo) |
| 9  Contaminación NBQ | N. Nuclear<br>B. Biológico<br>Q. Químico |

Fase 2

Imagen 72: Infantes de Marina de los EE. UU. con el 3.ᵉʳ Batallón, 6.º Regimiento de Marinos, 2.ª División de Marinos, trasladan a simuladores de "heridos" durante un intenso asalto en helicóptero Huey. Yuma, AZ, 09 de abril de 2014. Si una escuadra de ocho hombres sufre tres bajas, ¿puede la escuadra utilizar con seguridad cargas de dos hombres? **El peso promedio de un soldado y su equipo supera los 100 kg.**

## 13.a Evacuación a pie

La primera prioridad en la evacuación de bajas (evacuación médica MEDEVAC) es encontrar un lugar de colección. Una baja puede ser evacuada moviéndola a una zona de aterrizaje de helicópteros (ZAH), un punto de intercambio de ambulancias (PIA) o un punto de recogida de vehículos (PRV). Inmediatamente después de que el equipo de PGE despeje la zona de aniquilamiento, el líder de pelotón coordina con el superior sobre dónde dejar a las bajas.

Evacuar a un herido con una camilla es común en muchos entrenamientos, pero se requiere mucha gente para llevarlo a cabo[1]. Si el enemigo acaba de disparar a la patrulla y es probable que vuelva a atacar, entonces cada hombre posible debe estar pendiente de la seguridad. Como mínimo, mover a un herido requiere a un soldado para cargar al herido y otro para llevar su mochila.

Debido a que al menos dos soldados adicionales están incapacitados por cada herido, y los heridos permanecen en el centro de la formación, una

---

1    Aplicando Conceptos: ¿Cuántos soldados quedan incapacitados si se usa una camilla Foxtrot? ¿Y una camilla Talon? ¿Qué pasa si la víctima llevaba una mochila pesada y otros equipos?

# Formación para transporte de bajas

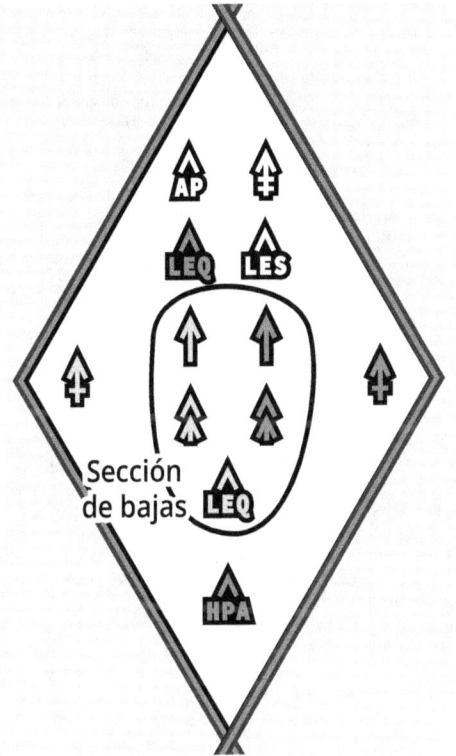

Imagen 73: Esta formación también se conoce como "**Panal**" o "Caparazón de tortuga", porque tiene un exterior duro y un interior suave. **La idea básica detrás de cualquier formación para transportar bajas es tener seguridad de 360 grados alrededor de los heridos** y de los que los transportan, ya que están incapacitados. Siempre mantén armas alimentadas con cintas en el exterior y rota las propias armas entre los soldados si es necesario. Siempre mantén la seguridad en la retaguardia.

formación en cuña se vuelve naturalmente desorganizada. Para mantener el orden, la mejor formación es una "colmena". Una **formación en colmena** es muy fluida y básicamente se define por tener un interior débil (heridos, portadores de heridos y relevos) con una carcasa dura en el exterior (las ALE y las M240 MAG). La M240 MAG protege la avenida de aproximación más probable del enemigo, que suele ser a las 12.

Los heridos en el centro deben ser gestionados de cerca por los líderes. Los soldados que cargan se fatigan a diferentes ritmos y están algo cegados por la carga, así que siempre se cansarán. Por lo tanto, el líder del centro debe reunir a los portadores de heridos para el conteo, la rotación y la supervisión médica de los heridos por parte del médico. Una estrategia común es crear filas y columnas. Primero, coloca a los portadores de heridos en línea para que puedan igualar el ritmo entre ellos. Luego, asigna a sus relevos para que se coloquen directamente detrás de los portadores en columnas, de modo que estén consolidados y siempre listos para tomar el relevo.

## 13.b Evacuación por intercambio de ambulancias

Los intercambios de ambulancias pueden ser peligrosos porque **cualquiera puede secuestrar una ambulancia**, por lo que se debe verificar al conductor. Un equipo de reconocimiento del líder verifica que la ambulancia es fuerza amiga antes de que los heridos sean llevados a la misma (Ver Reconocimiento del líder del pelotón en el PRO, pág. 135). Un equipo de reconocimiento del líder consta de un equipo líder y un equipo de vigilancia y observación (V&O). El equipo de líder incluye al líder de la patrulla y otro soldado (generalmente el líder del equipo Alfa o el RO), mientras que el equipo de V&O tiene una ALE y un fusilero.

El líder de la patrulla posiciona al equipo de V&O de manera que nunca pierda de vista el vehículo, pero el vehículo no pueda ver al equipo de V&O. También se asigna un sector de tiro específico al equipo de V&O por parte del líder de la patrulla por seguridad. Por ejemplo, si el sector de tiro comienza desde los faros del vehículo y continúa hacia atrás, entonces los soldados siempre permanecen frente a los faros, para que el sector de tiro de la ALE nunca los alcance.

Si llega una ambulancia genérica, el líder de la patrulla debe presumir que es hostil. Para comprobar que la ambulancia es segura, el líder de la patrulla y el conductor pueden intercambiar preguntas de confirmación preestablecidas.

Si la ambulancia no puede responder correctamente, la patrulla se retira. Si la ambulancia es amiga, el equipo líder regresa al elemento principal y vuelve a la ambulancia con los heridos y sus mochilas.

Imagen 74: Para-rescatistas de la Fuerza Aérea de los EE. UU. asignados al Escuadrón de Rescate 82.º Expedicionario, desplegados en apoyo de la Fuerza de Tarea Conjunta Combinada, Cuerno de África, cargan un helicóptero HH-60G Pave Hawk como parte de un ensayo de misión de evacuación de bajas. África Oriental, 30 de noviembre de 2018. **Los helicópteros requieren áreas abiertas y pueden exponer a las tropas**. ¿Cómo mitigarías esto?

### 13.c Evacuación por helicóptero

Un desembarco en una zona de aterrizaje de helicópteros (ZAH) es sencillo porque es probable que el enemigo no haya secuestrado helicópteros militares. El líder de la patrulla puede suponer que el helicóptero es fuerza amiga y entregar inmediatamente a los heridos con sus mochilas. Antes de que aterrice el helicóptero, la ZAH debe tener seguridad de 360 grados. Una ZAH segura no necesariamente requiere toda una patrulla; la seguridad se proporciona de acuerdo con los puntos del METT-TC.

# 14. Apoyo de fuego

Integrados en muchas patrullas de infantería hay soldados cuya labor es solicitar apoyo de fuego a niveles superiores. Los observadores avanzados (OA) piden fuego indirecto, como morteros y artillería. La terminal de controladores de ataque conjunto (TCAC) dirige la acción de las aeronaves comprometidas en operaciones ofensivas, como el apoyo aéreo cercano. Los observadores de tiro naval dirigen el fuego desde barcos. Cómo realizan estos soldados sus trabajos está más allá del alcance de este manual, pero su papel en combate se detalla en esta sección.

## 14.a Fuego de artillería y morteros (Pedido de fuego)

Un soldado que se especializa en dirigir fuegos como artillería y morteros hacia un objetivo se llama observador avanzado (OA). Los fuegos pueden ser desde morteros para destruir al enemigo, hasta proyectiles luminosos de fósforo para revelar el terreno, o humo para enmascarar una retirada. El alcance y la potencia de estos sistemas de armas multiplican la efectividad de una patrulla de infantería (Ver Imagen 76, pág. 113). Los recursos disponibles para un OA deben discutirse durante la planificación. Un OA también puede ser simultáneamente un TCAC para apoyo aéreo cercano o un observador de tiro naval para apoyo naval.

Los OA son necesarios porque las tropas en la base de apoyo de fuego no pueden ver el campo de batalla y no conocen el espacio de batalla[1]. Las piezas de artillería rara vez están a la vista de su objetivo, a menudo ubicadas a millas de distancia. El OA sirve como los ojos de las piezas, enviando información del objetivo y correcciones de disparo cuando observan al enemigo. Por lo general, el OA y el RO actúan como un equipo, para que el OA tenga un acceso rápido a una radio para comunicarse con el mando superior. Para enviar objetivos de manera rápida y adecuada, el OA debe mantener las coordenadas de cuadrícula de la patrulla en todo momento.

Cualquier misión probablemente incluya objetivos preplanificados, por ejemplo, los fuegos pueden destruir caminos a ambos lados de una emboscada, aislando el objetivo del escape enemigo. Una patrulla también puede improvisar fuegos contra objetivos de oportunidad (O/O). Para disparar contra un O/O, el OA llama utilizando un formato. Uno de esos formatos es **PROCUD**[2]:

---

1    Cita: Creo que el bombardeo masivo es una idea tremendamente tremenda si el enemigo te complace tendiéndose como una alfombra en medio del desierto sin civiles ni infraestructura a su alrededor. Lamentablemente, el Estado Islámico ha aprendido que esa es una propuesta perdedora y no nos complace de esa manera. —Comandante del Comando Central de Estados Unidos, David Petraeus

2    Ejemplo de PROCUD:
Propósito –    "Disrumpir refuerzos enemigos desmontados hacia el OBJ."
Recursos –    "4 municiones, HE/VT."
Observador –    "Primario: observador avanzado; secundario: líder de la patrulla."
Comunicaciones –    "Primario: FM 35000; secundario: FM 34000."
Ubicación –    "17SPU 7234 4916."
Desencadenante –    "Reserva enemiga identificada moviéndose a lo largo de OA Martillo."

Imagen 75: La Batería Alfa, Escuadrón de Artillería de Campo, 2.º Regimiento de Caballería, dispara un obús remolcado M777A2 de 155 mm. 21 de agosto de 2019. Este artefacto de artillería tiene un alcance máximo de disparo de 14.600 metros.

Imagen 76: En Yibuti, un Observador Avanzado, Equipo de Aterrizaje de Batallón 3/1, Unidad Expedicionaria de Marinos 13, observa un ataque. 12 de septiembre de 2018. **Un soldado de apoyo de fuego puede eliminar a muchos más que un hombre con un M4.**

**Propósito** – El objetivo del fuego indirecto. El OA puede no estar al tanto de los recursos del nivel superior; por lo tanto, PLOT-CR es una recomendación que el mando superior puede alterar para lograr el propósito utilizando un método o recurso mejor.

**Recursos** – Recursos planificados o solicitados para cada objetivo.

**Observador** – El o los soldados que observan el impacto de los proyectiles e informan al mando superior de los ajustes.

**Comunicación** – El método de comunicación entre la unidad adelantada y la unidad que envía el fuego indirecto.

**Ubicación** – La cuadrícula de 8 dígitos del objetivo, o su dirección y distancia desde una ubicación preplanificada, conocida como "desplazamiento desde un punto conocido". Si las tropas amigas están cerca, asegúrate de anunciar "peligro cercano", de acuerdo con el sistema de armas solicitado.

**Desencadenante** – El evento que el mando superior espera para iniciar los fuegos.

## 14.b Apoyo aéreo cercano

El Apoyo Aéreo Cercano (AAC) es la acción contra objetivos enemigos por parte de aeronaves que están en proximidad cercana a las fuerzas amigas y coordinadas con los fuegos y maniobras de las fuerzas amigas. Las aeronaves del AAC tienen muchas municiones disponibles para brindar

Imagen 77: Un Suboficial Mayor y un Sargento Técnico de la Fuerza Aérea de los Estados Unidos, ambos parte de la Terminal de Controladores de Ataque Conjunto del Escuadrón de Tácticas Especiales 21, observan cómo un **A-10 Thunderbolt II** libera sus municiones durante una misión de entrenamiento de apoyo aéreo cercano. Campo de Pruebas y Entrenamiento de Nevada, 23 de septiembre de 2011.

apoyo, incluyendo bombas aéreas, bombas planeadoras, misiles, cohetes, cañones de aeronaves, ametralladoras, etc.

**Hay dos tipos de solicitudes de AAC: preplanificadas e inmediatas.** Las solicitudes de apoyo aéreo preplanificadas se realizan con misiones aéreas programadas o en espera. Las solicitudes de apoyo aéreo inmediato se respaldan con misiones en espera o redirigiendo misiones aéreas que ya están programadas. El AAC se puede solicitar en cualquier lugar y momento en que las fuerzas amigas estén cerca de las fuerzas enemigas.

Los TCAC o CAA (Controladores aéreos avanzados) son soldados en una posición avanzada que dirigen las acciones de las aeronaves de combate comprometidas en AAC y otras operaciones aéreas. El TCAC proporciona al comandante terrestre (o superior) recomendaciones sobre el uso del AAC y coordina las aeronaves de este con la maniobra terrestre.

Para iniciar un ataque, el TCAC pasa a la aeronave del AAC la información de destino a utilizar. Para cada objetivo, el TCAC y la aeronave se comunican durante la duración del ataque (los métodos más específicos están más allá de este manual).

Después de cada ataque, el TCAC comunica por radio a la aeronave para solicitar un "ataque secundario inmediato" si es necesario, o para pasar al siguiente objetivo. Los ataques continúan hasta que los combatientes se

Imagen 78: Un **helicóptero MH-60 Black Hawk** del 160.º Regimiento de Aviación de Operaciones Especiales proporciona apoyo aéreo cercano a los Rangers del Ejército de la Compañía A, 2.º Batallón, 75.º Regimiento de *Rangers*, durante operaciones de acción directa en un entrenamiento de fuego real de la compañía. Camp Roberts, California, 31 de enero de 2014.

queden sin municiones, objetivos o tiempo de vuelo. Una vez que termina el período de apoyo, el TCAC proporciona a los combatientes una "devolución rápida" de cómo fueron las cosas, incluyendo el número de objetivos destruidos y cualquier información para llevar de vuelta a la base.

# 15. Contingencias[1]

El contacto con el enemigo puede ocurrir de infinitas maneras, pero hay algunos escenarios comunes para planificar.

---

1 Cita. Hay cosas conocidas; hay cosas que sabemos que conocemos. También sabemos que hay cosas conocidas desconocidas; es decir, sabemos que hay algunas cosas que no sabemos. Pero también hay desconocidas que no conocemos, las que no sabemos que no conocemos. —Secretario de Defensa Donald Rumsfeld

# 15.a Reacción ante un francotirador[1]

Cuando el primer soldado cae, o cuando alguien escucha el sonido de una munición cerca, grita, "¡Francotirador!" La patrulla ejecuta una **reacción al contacto** (Ver El enemigo dispara a Joe (Procedimiento de combate 2), pág. 71). Es decir, todos los miembros de la patrulla buscan de inmediato refugio, gritan las 3D (dirección, distancia, descripción), lanzan humo y comienzan el fuego de supresión. Lanzar humo para enmascarar la ubicación y movimientos de la patrulla es particularmente importante.

La diferencia entre una reacción ante un francotirador y una reacción regular al contacto radica en la dificultad para saber de dónde proviene el fuego enemigo y en que los francotiradores a menudo atraen y acorralan a los soldados. Por lo tanto, a menos que se conozca la ubicación del francotirador, la patrulla rompe el contacto con humo adicional. Luego, solicita fuego indirecto en la posición general del francotirador.

# 15.b Reacción ante artillería y morteros (Fuego indirecto)[2]

Grita, "¡FUEGO INDIRECTO!" cuando se escucha el primer disparo. Todos los miembros de la patrulla se tiran de inmediato al suelo (Ver Imagen 79, pág. 117). Para disparos repetidos, los soldados se tiran al suelo para cada munición que cae. Sin embargo, si queda claro que los disparos no se detienen, levántate y corre como loco.

El líder de la patrulla grita una distancia y dirección a la que moverse. Por lo general, la distancia es hasta una característica del terreno, fuera de la vista del enemigo, y la dirección es de 90 grados con respecto al movimiento anterior. Esto interrumpe los ajustes enemigos que asumen que la patrulla permanecerá en el azimut. **Si el fuego indirecto continúa durante la retirada, es posible que el enemigo esté ajustando su fuego para que coincida con la retirada.** En ese caso, los líderes deben cambiar la distancia y dirección, y realizar un conteo de soldados.

Las órdenes son repetidas por todos. Al moverse, todos los soldados deben mantener comunicación con su líder y estar disponibles para llevar

---

1    Cita: Un general acababa de llegar al área del frente cuando un francotirador le quitó un botón de su camisa con un disparo. Se tiró al suelo aterrorizado, pero los hombres a su alrededor permanecieron imperturbables. El general gritó a un sargento que pasaba: "Oye, ¿nadie va a matar a ese maldito francotirador?" El sargento miró hacia abajo y respondió: "Supongo que no, general. Nos da miedo matarlo, porque el enemigo lo reemplazará por alguien que sepa disparar". —Desconocido

2    Cita: Mis queridos estadounidenses, me complace decirles hoy que he firmado una legislación que bloqueará a Rusia para siempre. Comenzamos el bombardeo en cinco minutos. —Presidente Ronald Reagan

Imagen 79: El instructor del Curso de Salvavidas en Combate simula fuego de mortero mientras los soldados protegen a las víctimas simuladas durante el evento de entrenamiento en el curso de obstáculos. Base Conjunta McGuire-Dix-Lakehurst, Nueva Jersey, 11 de marzo de 2013. ¿Puedes identificar quién está cayendo correctamente y **quién lo está haciendo a medias?**

el cuerpo de su líder. No deben correr sin tener en cuenta las instrucciones adicionales. También deben verificar de inmediato que su compañero a la izquierda y derecha también se esté levantando y moviendo, ya que esto ayuda a garantizar que todos salgan lo más rápido posible. Si un soldado está herido, ayúdalo a llevar su equipo importante.

Cuando la patrulla llega a la dirección y distancia designadas, los líderes establecen de inmediato un perímetro de seguridad y realizan un conteo de hombres, armas y equipo; se consolidan y reorganizan; y evacuan a los heridos.

## 15.c Reacción ante minas (Artefactos explosivos improvisados)[1]

Quien encuentre el artefacto explosivo improvisado (AEI) alerta a la patrulla sobre la posible mina y su ubicación utilizando las 3Ds. El líder de la patrulla establece cuidadosamente la seguridad, y cada soldado busca posibles AEI secundarios utilizando **revisiones de 0/5/25/200 metros:**

---

1    Cita: Cualquier barco puede ser un barreminas... una vez. —Desconocido

**0-Metro** – Antes de cada paso, mira el suelo debajo en busca de posibles placas de presión o cables[1].

**5-Metros** – Busca cualquier cosa fuera de lugar, como tierra alterada u objetos extraños. Busca de manera sistemática y metódica.

**25-Metros** – Busca perturbaciones más grandes, como manchas grandes de humedad o estructuras alteradas.

**200-Metros** – La patrulla debe prestar atención a la distancia para detectar actividad sospechosa (como tiradores, camarógrafos o francotiradores).

No corras inmediatamente hacia un soldado que acaba de ser alcanzado, ni te apresures a salir de allí. ¡A menudo los AEI se colocan en grupos, así que podrías ser alcanzado por un AEI secundario! Tan pronto como sea posible, llama a especialistas en bombas y al mando superior, con un reporte de 9 líneas para eliminación de artefactos explosivos (EAE) (Ver Plantilla de informe de AEI de 9 líneas, pág. 119).

Hay muchos tipos de AEI, desde bombas de nitrato detonadas a distancia hasta granadas con alambre como trampa. A nivel mundial, los tipos de AEI que usa el enemigo son específicos de la región. Es esencial conocer los estilos de la región para que un soldado sepa qué buscar. Al mismo tiempo, hay preguntas estándar que un soldado que ha estado en el país se hace a sí mismo. ¿Por qué esta calle concurrida está tranquila ahora? ¿Por qué nadie usa este sendero o ese campo? Finalmente, una táctica común es tentar a los soldados con cigarrillos o latas de tabaco unidas a detonadores. ¡NUNCA RECOJAS NADA!

# 15.d Reagrupando un elemento dividido

Un elemento está "dividido" cuando los soldados en el elemento no pueden verse entre sí y hay una interrupción en todos los métodos de comunicación. Por ejemplo, si el plan de contacto de emergencia implica un mensajero, y no es factible tener un mensajero, entonces el elemento se ha dividido.

Si un elemento se divide porque avanzaron demasiado rápido, entonces el elemento delantero debe retroceder. El elemento rezagado continúa avanzando lentamente o se detiene por completo y espera a que el elemento delantero regrese. El elemento rezagado nunca envía un equipo de búsqueda, ya que eso podría crear un tercer elemento dividido.

Si un elemento dividido se pierde, deben determinar su ubicación y dirigirse al último punto de reunión designado. Si la división fue debido

---

[1] Ten cuidado con las emboscadas en campos de minas. Los combatientes minan un área con minas antipersonal y luego disparan un RPG cuando los vehículos pasan. Esto obliga a los soldados a bajarse del vehículo por miedo a que los hagan estallar con un RPG. Pero luego, los soldados que bajaron son impactados por las minas al caminar sobre ellas

Imagen 80: Equipo de reconocimiento de la 3.ª Brigada, 3.ª Div. de Infantería, conducen a través de la basura. Afueras de Bagdad, Irak, 11 de agosto de 2005. La basura es una excelente manera de ocultar AEI. Señuelos, como revistas de armas y bebidas energéticas, son especialmente atractivos. **¿Existen formas seguras para desplazarse por áreas donde los AEI son fáciles de colocar?**

## Plantilla de informe de AEI de 9 líneas

Para AEI confirmados, comunica al escalón superior con un reporte de 9 líneas para eliminación de explosivos (EOD).

| | | |
|---|---|---|
| 1. | Grupo de fecha y hora: | Fecha y hora del descubrimiento. |
| 2. | Informe de actividad, ubicación: | Unidad y ubicación. |
| 3. | Método de contacto: | Frecuencia de radio, indicativo de llamada, etc. |
| 4 | Tipo de municiones: | Se detallado, incluye: tamaño, forma y estado físico. |
| 5. | Biológico, nuclear, químico: | Sé lo más específico posible. |
| 6. | Recursos amenazados: | Equipos, instalaciones, etc. |
| 7. | Impacto en la misión: | Breve descripción de la situación e impacto en la misión. |
| 8. | Medidas de protección: | Medidas tomadas para proteger al personal y equipo. |
| 9. | Prioridad de la amenaza asesorada: | Inmediata, indirecta, menor, ninguna |

a una reacción al contacto, ambos elementos van al último punto de reunión designado y esperan allí hasta que el otro elemento se acerque con señales de reconocimiento cercanas y lejanas. El tiempo que un elemento espera en el punto de reunión depende de la planificación y METT-TC. Un elemento nunca debe estar en una posición donde estén separados, todas las comunicaciones están caídas con otros elementos y mandos superiores, están perdidos y no saben dónde era el último punto de reunión.

## 15.e Reacción desde una formación no estándar

Normalmente, una patrulla enfrenta al enemigo desde un conjunto pequeño de formaciones estándar, como una cuña o un alto prolongado. Sin embargo, hay momentos en los que una patrulla debe enfrentar al enemigo desde una formación extraña o sin formación alguna. Ejemplos de formaciones no estándar incluyen un pelotón cruzando un área de peligro lineal o una patrulla adoptando una formación para transportar heridos.

Cuando la patrulla está comprometida en cualquier formación, los dos mandatos son **mantener la seguridad y prevenir el fuego amigo**. En primer lugar, cualquier posición de seguridad que no esté siendo atacada debe permanecer donde está. Si una posición de seguridad puede ser eliminada y aún así se puede mantener la seguridad, entonces esa posición de seguridad era una terrible idea desde el principio.

En segundo lugar, cuando un líder organiza una línea de fuego, debe asegurarse de que no haya tropas amigas frente a la línea. Este es un paso especialmente importante cuando la formación no es estándar y puede haber soldados en frente de los cuales el líder no esté al tanto. ¡No dudes en maniobrar cada unidad para lograr sectores de tiro seguros, pero confirma el movimiento!

Después de buscar cubierto y abrigo, los soldados de diferentes elementos inevitablemente se mezclan cuando devuelven el fuego. Cuando un líder necesita formar un elemento para maniobrar, en lugar de tratar de reunificar un equipo o escuadra, el líder reúne a los soldados de manera flexible. Por ejemplo, un líder puede llamar al equipo de PGE o a los cinco soldados más cercanos a él.

## 15.f Enemigo desde ubicaciones múltiples o cambiantes[1]

Las tácticas estándar de ataque en combate se especializan en eliminar enemigos en una ubicación única e inmutable. Sin embargo, si hay

---

1   Cita: El enemigo se nos asemeja. Por lo tanto, debe abordarse no como un conjunto de 'objetivos' a destruir uno por uno; sino como una entidad viva e inteligente capaz de actuar y reaccionar. —Historiador y teórico militar israelí, Martín Van Creveld

enemigos en múltiples áreas, entonces la patrulla debe lidiar con cada ubicación enemiga. La dificultad al atacar en múltiples ubicaciones radica en la coordinación de cada elemento para evitar fuego amigo. Las maniobras de flanqueo audaces son peligrosas y deben evitarse. Si se da a cada elemento dividido una orden de asalto, deben asaltar en direcciones diferentes hacia el exterior.

Si el enemigo se retira mientras continúa disparando contra las fuerzas amigas (el cambio de ubicación más común), el líder de la patrulla debe decidir si perseguir al enemigo o romper el contacto. Por lo general, es buena idea perseguir por una distancia limitada y luego romper el contacto. Seguir demasiado lejos puede llevar a muchas situaciones malas, como elementos divididos y emboscadas enemigas. Si el contacto fue no planificado, el líder de la patrulla debe tratar de minimizar la cantidad de tiempo y municiones desperdiciadas en reaccionar a un contacto fortuito.

Fase 2

# Contenidos de la Fase 3

# Joe tiende su trampa (Fase 3: Ocupando el objetivo)

*Si te encuentras en una pelea justa, no planificaste tu misión correctamente.*

—*Coronel David Hackworth del Ejército de los EE. UU.*

## Ocupando el objetivo, panorama general

Imagen 81: Esta sección instruye sobre cómo pasar de un alto prolongado a ocupar una emboscada mientras se realiza un reconocimiento adecuado.

Puede que te estés preguntando por qué esta sección es tan horriblemente larga. ¿Por qué no puedes simplemente presentarte a la emboscada, echar cuerpo a tierra y matar gente? Bueno, algunos lugares son mucho más seguros para nosotros y más mortíferos para el enemigo, por lo que es necesario juzgar las mejores ubicaciones. Durante el reconocimiento del líder, los soldados están con poca actividad en la retaguardia durante horas, por lo que deben permanecer ocultos. Esa ubicación a retaguardia también debe ser reconocida. Todo el proceso lleva mucho tiempo, pero un reconocimiento adecuado puede marcar la diferencia entre eliminar a todo el enemigo en la primera ráfaga y un peligroso combate de una hora.

## 16. Creando el alto prolongado

Después de llegar a las cercanías de la ubicación de la emboscada, el primer paso es crear un alto prolongado (Ver Imagen 1, pág. 3) (Ver Imagen 81, pág. 123). Un alto prolongado es muy parecido a un alto corto (Ver Alto corto o formación de seguridad, pág. 49). También se puede utilizar

Imagen 82: Estudiante de la Escuela de Control de Combate del Escuadrón de Entrenamiento de Aviadores de Combate 352, escanea el bosque durante un alto prolongado para su unidad durante un ejercicio de entrenamiento táctico en el campo. Camp Mackall, Carolina del Norte, 3 de agosto de 2016.

cuando se detiene durante más de cinco minutos, ya que es más seguro, pero lleva más tiempo. Los pasos adicionales involucrados son: contra rastreo; organización de arriba hacia abajo; quitar las mochilas; agrupar a los soldados; y asignar, identificar y traslapar sectores de tiro (Ver Imagen 83, pág. 125).

El alto prolongado en las cercanías de la ubicación de la emboscada se utiliza como un lugar para que el elemento principal espere, mientras los líderes reconocen un punto de reunión en el objetivo (PRO) (Ver Creando el punto de reunión en el objetivo, pág. 133). A su vez, el PRO es un lugar para que el elemento principal espere, mientras los líderes reconocen un lugar para la emboscada (Ver Creación de la emboscada, pág. 143). Esta ubicación previa al PRO de alto prolongado se planifica aproximadamente en la ORDOP y se modifica en el terreno para tener en cuenta METT-TC y el contra rastreo.

La razón por la cual el PRO, un lugar de espera, necesita su propio reconocimiento es porque está ubicado relativamente cerca del área de la emboscada, y tener docenas de soldados relativamente cerca de un camino puede atraer atención no deseada. Por lo tanto, el alto prolongado es una forma de permitir que el grupo de líderes encuentre un buen PRO, donde

# Conceptos de Alto Prolongado

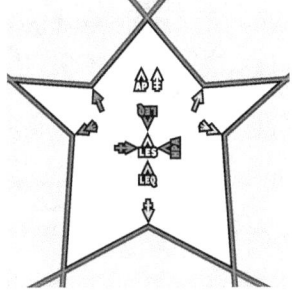

Imagen 83: Los altos prolongados se dividen en posiciones **internas y externas**, o posiciones de seguridad y de comando.

Imagen 84: Los líderes **asignan** y confirman sectores de tiro traslapados de **360 grados.**

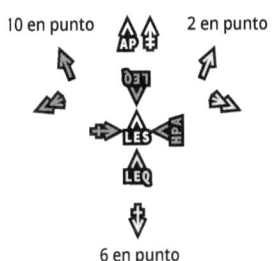

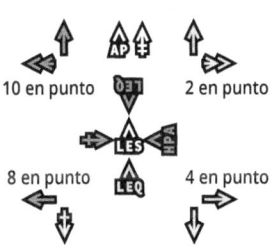

Imagen 85: Si se conoce la dirección de una amenaza, **concéntrate en la seguridad.** Esto es un alto prolongado de 3 puntos.

Imagen 86: Si la dirección de una amenaza es desconocida, distribuye la seguridad de manera uniforme. Este es un alto prolongado de 4 puntos.

el elemento principal pueda permanecer escondido durante un detallado reconocimiento del objetivo[1].

## 16.a Prevención de ataque desde retaguardia (Contra rastreo)[2]

Las técnicas de contra rastreo, tales como, caminar por arroyos o moverse bajo la lluvia, son efectivas para ocultar movimientos. Sin embargo, no es realista esperar que un enemigo no pueda rastrear a 50 hombres adultos con equipo pesado en el bosque. **Si se sospecha del rastreo del enemigo, el mejor contra rastreo es una emboscada sorpresa.**

La pata de perro y el anzuelo colocan a la patrulla en una excelente posición para flanquear y eliminar al enemigo. Son útiles siempre que la patrulla se detenga donde sea posible el rastreo enemigo. Para empezar, el líder de la patrulla busca una posición a la izquierda o a la derecha con cubierto y abrigo adecuados para ocultar completamente a todo un pelotón. Ten en cuenta que un pelotón es realmente grande y puede tener 50 metros de longitud cuando está detenido (Ver Imagen 87, pág. 127).

Una **"pata de perro"** se realiza girando la patrulla aproximadamente 90 grados a la izquierda o a la derecha y moviéndose hacia una ubicación con cubierto y abrigo. Luego, la patrulla asegura el punto de giro. Si una unidad enemiga está siguiéndolos, entrarán en el punto de giro y serán flanqueados por la patrulla. Sin una "pata de perro", los soldados dispararían hacia atrás en la parte frontal de la patrulla enemiga en lugar del lateral (donde un ataque es más efectivo).

En un **anzuelo**, en lugar de hacer un ángulo recto, la patrulla hace un círculo gigante y apunta de nuevo a su avenida de aproximación original. Nuevamente, cualquier enemigo que siga a la patrulla será flanqueado mientras sigan en esa avenida[3]. Un anzuelo no deja evidencia de que la patrulla giró, por lo que es más difícil de detectar para el rastreo enemigo. Sin embargo, lleva más tiempo.

## Movimientos de contra-rastreo

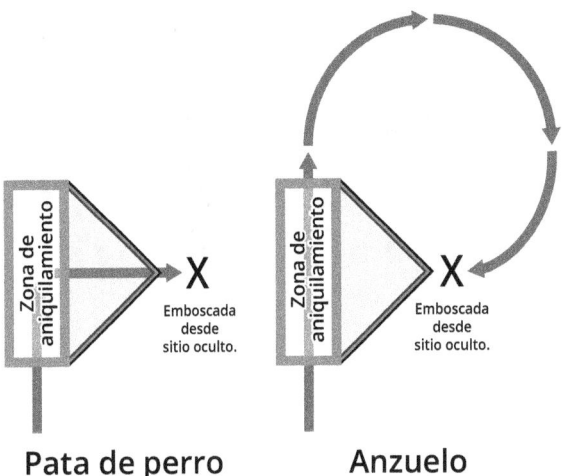

Imagen 87: Tanto la pata de perro como el anzuelo están diseñados para **facilitar un ataque de flanco** al enemigo.

### 16.b Organizando un alto
### (Emplazamiento cerca de
### un punto de referencia)

Dos perfeccionamientos que tiene un alto prolongado sobre un alto corto incluyen una mejor ubicación de los soldados y mejores sectores de tiro. Esto se debe a que un alto prolongado tiene una **organización de arriba hacia abajo**, en lugar de permitir que los soldados se detengan donde estén en ese momento. Después de que el líder de la patrulla ordena un alto prolongado y lleva a cabo ALTAC, van inmediatamente a la ubicación que deciden será el centro de la formación. Los soldados luego se forman alrededor del líder de la patrulla nivel por nivel.

En una escuadra, los líderes de equipo se unen al líder de escuadra. Si hay un reconocimiento del líder, el ALE de Alfa y el hombre punta de Alfa también van al centro. Estos cinco soldados **colocan sus mochilas** en forma de cruz mirando en la dirección del movimiento, lo que orienta al resto de la patrulla (Ver Imagen 88, pág. 128).

# Organización del comando

## Centro de la escuadra     Centro del pelotón

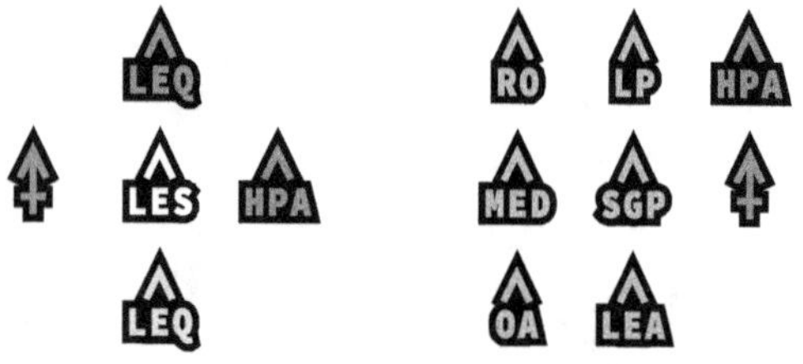

Imagen 88: **En un alto prolongado o punto de reunión, el comando se ubica, por definición, en el centro.** La patrulla referencia la alineación y posición del comando para alinearse y posicionarse a sí misma. Aquí hay dos métodos para organizar el comando.

Un pelotón utiliza el mismo concepto con su propio grupo de líderes y formación. El sargento del pelotón y el líder del equipo de armas se quitan sus mochilas a los pies del líder del pelotón. Luego, el RO, el médico y el OA colocan sus mochilas en otra columna a la derecha. Si habrá un reconocimiento del líder, el hombre punta de Alfa y una ALE de Alfa crean otra columna a la izquierda.

Después de que el grupo de líderes crea un centro, los soldados se posicionan, pero aún se quitan caer sus mochilas. Una posición solo puede ser finalizada cuando un líder la asigna. Los equipos de armas van a los lugares más probables de aproximación enemiga (por defecto, las 12 en punto). Con referencia al centro, las ALE se colocan en otras avenidas probables de aproximación. Los fusileros forman un círculo aproximado, que será corregido y coordinado por los líderes de equipo.

**Es muy importante que los integrantes del grupo de líderes se quiten sus propias mochilas primero,** para que puedan correr hacia los soldados, finalizando sus posiciones lo más rápido posible. Los líderes de equipo llenan los vacíos, asignan sectores de tiro y dicen a los soldados que se quiten sus mochilas. Si un soldado se quita su mochila antes de que se le diga, es posible que el soldado tenga que volver a ponerse la mochila para moverse a otro lugar. Una excepción puede ser para las ametralladoras, porque no pueden apuntar y disparar efectivamente con una mochila puesta.

Cuando los líderes no crean un punto de referencia definitivo, los líderes de escuadra deben reposicionar a todos y consolidar. Esto se debe a

Imagen 89: Equipos de francotiradores de la 3.ª Brigada Blindada, 1.ª División Blindada, y Fuerzas Terrestres Kuwaitíes, atacan un objetivo durante un ejercicio conjunto de fuego real de armas combinadas. Cerca de Camp Buehring, Kuwait, 06 de diciembre de 2016. **Ten en cuenta que los soldados en cada punto fuerte pueden comunicarse en silencio.** Los dos soldados a la derecha están en una formación típica de pata de cuervo.

que los soldados tendrán ideas variadas sobre dónde está el centro. En un movimiento de pelotón, reposicionar así puede comprometer la seguridad durante más de diez minutos[1].

Hay algunas pautas para posicionar a los soldados en un alto prolongado. Para facilitar la comunicación, los soldados se colocan lo más cerca posible, con los cubiertos y abrigos adecuados. Los soldados se colocan en una posición de punto fuerte (próxima sección). Cada posición equilibra la fuerza de trabajo contra la amenaza, por lo que un camino tiene más soldados proporcionando seguridad de lo que sería el caso en un pantano.

## 16.c Organizando a los soldados (Punto fuerte/Pata de cuervo)

Agrupar a los soldados generalmente es preferible a tener a los soldados por sí mismos: los soldados con sueño tienen a un compañero para despertarlos; los líderes gestionan menos posiciones y pierden menos soldados (una preocupación en la oscuridad); y las instrucciones se pueden dar el doble de rápido. Un soldado que ve a un enemigo puede mantener los ojos en él mientras su compañero alerta a un líder. Agrupar a los soldados no es necesario para un alto corto de cinco minutos, pero agrupar a los soldados siempre es una buena práctica y debe hacerse para un alto prolongado.

---

[1] Puede parecer fácil hacer un círculo sin un punto de referencia con la luz del sol, pero ¿qué pasa si estás en una jungla nocturna? ¿Y si la adrenalina está en aumento o el líder de la patrulla está ocupado?

El **"punto fuerte"** es una técnica que asigna un sector de tiro a varios soldados en lugar de a un solo soldado. El uso de puntos fuertes permite a un soldado abandonar su posición sin que otro soldado lo sustituya; por ejemplo, para revisar su mochila. Un líder también puede asignar sectores dobles: cada soldado obtiene un sector individual y el sector del grupo. Luego, los soldados pueden reasignarse según sea necesario y cubrir todo el sector de tiro si los otros soldados en el punto fuerte están incapacitados.

Es común establecer un punto fuerte en una formación de **pata de cuervo**. Aquí, dos o tres soldados se colocan en posición de tendido con las piernas o las pantorrillas entrelazadas. Desde arriba, parece una pata de cuervo. Cada soldado gira 45 a 90 grados lejos del soldado que tienen al lado, según cuánta área abarque la posición para brindar seguridad (Ver Imagen 89, pág. 129).

Los soldados tocan las piernas entre sí para comunicarse de manera no verbal. Si un soldado ve un peligro potencial, puede mantener contacto visual con el objetivo y tocar silenciosamente el pie del otro soldado. El soldado alertado puede informar silenciosamente a un líder, proporcionar respaldo o realizar cualquier otra tarea mientras el primer soldado nunca pierde de vista el peligro.

# 16.d Seguridad de 360 grados
## (Asignación de sectores de tiro)

Los sectores de tiro están definidos en la Introducción (Ver Las ideas secretas (Conceptos), pág. 18). Un error común al asignar sectores es distribuirlos de manera proporcional, dando a cada soldado una porción uniforme del área circundante para vigilar. Sin embargo, eso es un error. Los soldados no se dividen uniformemente entre un camino principal y un vasto desierto. En cambio, **los sectores están enfocados** y asignados proporcionalmente al peligro planteado, y no a la cantidad de área cubierta.

**Los sectores se traslapan** a no más de 35 metros (el alcance de una granada de mano). La mejor manera de asignar sectores es involucrar a los soldados en el proceso y hacerlo personal. Arrodíllate al lado o literalmente acuéstate a la par de un soldado. Luego, en lugar de señalar rápidamente dos árboles en el bosque y marcharse, asígnale al soldado un azimut y dile que elija sus propios puntos de referencia. O proporciona puntos de referencia y pídele al soldado que realice un informe de azimut[1].

---

1  Ejemplo de asignación de sectores:

| | | |
|---|---|---|
| LEQA | – | "Saca tu brújula. Dime qué ves a 300 grados." |
| FUS | – | "Ese árbol [señalando]." |
| LEQA | – | "Bien, ese es tu límite izquierdo. Ahora elige algo a 50 grados." |
| FUS | – | "Esa roca grande." |
| LEQA | – | "Ese es tu límite derecho. Tu DPT es ese camino." |

## Distribución de sectores de tiro

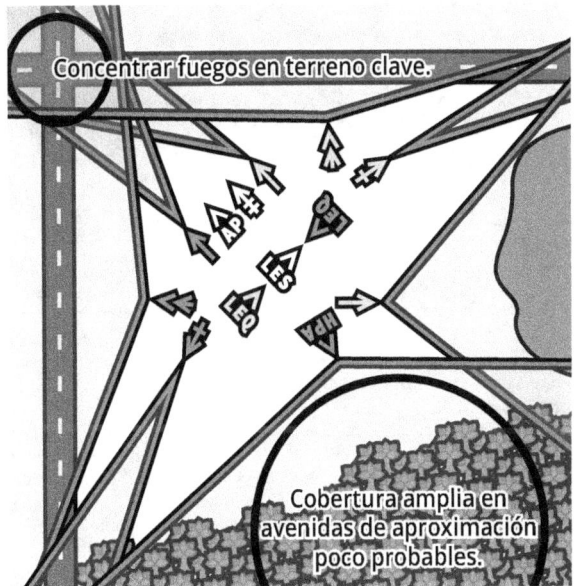

Imagen 90: Los sectores de tiro no necesitan ser, e incluso no deben ser, distribuidos de manera uniforme. **Las áreas que presentan más peligro requieren una mayor cobertura.**

Aunque varios líderes pueden asignar sectores al mismo tiempo, un líder es en última instancia responsable de completar el traslape (Ver Coordinación de sectores de tiro, pág. 165). En un pelotón, después de que el líder del equipo Bravo haya terminado con su equipo, luego confirma o reasigna sectores al equipo Alfa para confirmar que no hay brechas. En un pelotón, una vez que las escuadras tienen sectores traslapados dentro de sí mismos, un líder designado asegura que haya sectores traslapados donde se encuentran las escuadras.

Mientras los líderes de equipo asignan sectores a sus equipos, la **primera prioridad** de los líderes a nivel de escuadra y superior es asignar sectores a las M240 (MAG). Los equipos de ametralladoras señalan de dónde es más probable que vengan los enemigos, como caminos o áreas no reconocidas. Las M240 no se traslapan con nada, porque deben poder

131

Imagen 91: Un suboficial del 1-23 Inf., 1-2 de Equipo de Combate de la Brigada de Asalto, indica un sector de tiro. Yakima TC, WA, 02 de noviembre de 2017. **El líder está muy cerca de su soldado, asegurando una buena comunicación y bajo nivel de ruido.**

moverse dentro y fuera de una posición sin perturbar la cobertura de 360 grados. Por ejemplo, si el enemigo ataca por un flanco, el líder del equipo mueve una M240 hacia ese flanco, dejando intacta la seguridad de 360 grados[1].

Un líder posiciona al equipo de ametralladora reemplazando físicamente al tirador en la M240. El líder le entrega su fusil al tirador, para que cada soldado siempre esté controlando un arma. Luego, el líder posiciona la M240 hacia un sector de tiro. Cuando el líder determina un buen sector, mueve la M240 hacia su límite izquierdo, límite derecho y dirección primaria de tiro (DPT) para verificar que sea posible disparar en esas direcciones. Luego, el líder vuelve a colocar al tirador en posición, se acuesta a su lado y vuelve a mover físicamente la ametralladora a sus límites, describiendo hacia dónde apunta la M240 para que el aprovisionador pueda escucharlos. Siempre hagan preguntas de entendimiento.

---

1   Aplicando Conceptos: Un elemento que se puede quitar de una parte de un perímetro de seguridad y colocar en otro lugar, mientras el perímetro de seguridad aún mantiene una seguridad de 360 grados, se llama "grupo de apoyo a la maniobra" o GAM. Los GAM no se limitan a las M240 y pueden ser cualquier cosa, como un par de fusileros o granaderos. ¿Por qué podría ser el equipo de ametralladora el GAM estándar?

Fase 3

# 17. Creando el punto de reunión en el objetivo[1]

El PRO es un área para ocultar a los soldados mientras los líderes reconocen la zona de emboscada. ¿Por qué es necesario reconocer una zona de emboscada después de ver un mapa antes de que empiece la misión? Porque el terreno nunca coincide exactamente con el mapa. En espacios densamente arbolados, los leñadores pueden llegar y talar un área en un solo día. Una gran área densamente arbolada en el mapa acaba de convertirse en un campo abierto. Un campo abierto es un lugar terrible para una emboscada.

## 17.a Chequeo de equipos (COA-V)[2]

Los chequeos y verificaciones son partes esenciales de cualquier patrulla. El PRO es un buen lugar y momento para verificar a los soldados y el equipo antes de la emboscada, ya que es la última vez que los soldados pueden moverse libremente dentro de la formación.

Para que las revisiones sean efectivas, deben realizarse de manera sistemática y predeterminada. Durante una patrulla, hay dos tipos principales de revisiones de equipos: **COA-V (comunicaciones, óptica, armas, vinculaciones) y HAE (hombres, armas, equipo)**, con especial atención al HAE de la M240. Un HAE revisa cada parte de todo el equipo antes de la emboscada. Depende mucho del equipo específico que lleve la patrulla. Como tal, está más allá del alcance de este manual.

**COA-V** es una revisión abreviada de equipos que se realiza en cada soldado que sale en un elemento dividido. Se centra solo en el equipo de comunicaciones, ópticos tales como dispositivos de visión nocturna, armas y vinculaciones que aseguran dicho equipo. La primera persona en realizar un COA-V es el líder de la patrulla hacia otro líder. Su propósito es mostrar el estándar que desean para que el COA-V esté al nivel, teniendo en cuenta el tiempo disponible y cuánto confían en que la patrulla corrija sus propias deficiencias. Una vez que el líder de la patrulla establece el estándar, recibe un informe teniendo un COA-V realizado en él mismo. Después, todos los líderes disponibles realiza COA-V a los soldados restantes lo más rápido posible. A menos que los soldados tengan experiencia y se pueda confiar en que se revisen a sí mismos, generalmente solo los líderes revisan el equipo. Se dice: "Los líderes revisan a los líderes, los líderes revisan a los hombres".

Fase 3

---

1    Cita: En la preparación para la batalla, siempre he encontrado que los planes son inútiles, pero la planificación es indispensable. —Comandante Supremo de las Fuerzas Expedicionarias Aliadas en Europa, Dwight D. Eisenhower

2    Cita: Lento es suave, suave es rápido. —Un dicho común del Ejército, lo que significa que la forma más rápida de completar una tarea es ser metódico

Un ejemplo de COA-V es el siguiente. Comunicaciones significa realizar verificaciones de radio en cada radio de la escuadra y cargar baterías y radios según sea necesario. Óptica consiste en asegurarse de que los dispositivos de visión nocturna estén operativos mediante la verificación de la capacidad de ver de cerca y de lejos, y asegurarse de que cada soldado tenga lámparas frontales y baterías de repuesto. Armas implica que el líder y el soldado intercambien y examinen las armas, y examinen los cargadores para asegurarse de que estén completamente cargados. Vinculaciones son directas: consiste en seguir las líneas desde donde están aseguradas hasta donde terminan en el soldado. También se jalan las líneas de vinculación para verificar que estén seguras.

# 17.b Dividiendo elementos
## (5 PUNTOS)

Para reconocer un PRO se requiere un grupo de reconocimiento, que divide la patrulla en múltiples elementos (Ver Reconocimiento del líder del pelotón en el PRO, pág. 135). Siempre que dos elementos se separen, se emite una contingencia de 5 PUNTOS desde el líder del elemento móvil al líder del elemento estático. **5 PUNTOS** significa: adonde van; quienes van; tiempo de emergencia; qué hacer si se retrasa; y acciones en contacto para ambos elementos.

Adónde va el elemento móvil y quienes van son simples. Las tres partes restantes son un poco más complicadas. El tiempo de emergencia no es una estimación de cuánto tiempo tomará la tarea, sino más bien un plazo de "¡Oh, mierda!", después del cual se deben tomar medidas. Incluso si se espera que el elemento móvil esté ausente durante 15 minutos, el tiempo de emergencia aún puede ser seis horas después. El tiempo nunca es una cantidad, sino una hora del reloj, por ejemplo, "Volveremos a las 1500." Una duración tendría que cambiar cada vez que un líder lo vuelva a explicar.

Las dos últimas dependen de METT-TC, pero se pueden estandarizar en cierta medida para una patrulla. Una "qué hacer si se retrasa" estándar es: "Intenta ponerte en contacto conmigo por radio cada 5 minutos durante un total de 30 minutos. Si aún no puedes ponerte en contacto durante 30 minutos, comunícate con el superior para obtener más instrucciones. Si no puedes comunicarte con el superior, llevar a todo el elemento para que nos busquen"[1]. Si pasa el tiempo de emergencia, la instrucción de qué hacer si se retrasa nunca debe ser que el elemento estático espere tiempo adicional antes de actuar. Eso va en contra del propósito de tener un límite

---

[1] Aplicando Conceptos: Si el elemento en posición llama al escalón superior, ¿qué pedirían? ¿Qué podría proporcionar el escalón superior, si es que pueden proporcionar algo?

de tiempo, y definitivamente no dividan aún más la patrulla. ¡Eso perderá dos elementos![1]

Una acción común en caso de contacto para el elemento móvil es devolver el fuego y retroceder hacia el elemento estático. Las acciones comunes en caso de contacto para el elemento estático son luchar en su posición, ponerse en contacto con el elemento móvil y buscar orientación del superior. Si alguno de los elementos no puede reunirse, regresan al último punto de reunión.

Después de que un líder informa un 5 PUNTOS, ese líder recibe un informe de confirmación y todos sincronizan sus relojes. Justo antes de dividirse, ambos elementos deben hacer un listado de los soldados que se están dividiendo como parte del Elemento Móvil, por ejemplo, en un punto de estrangulamiento.

## 17.c Reconocimiento del líder del pelotón en el PRO

El reconocimiento del líder, se refiere tanto a la acción de reconocimiento como a los soldados que lo realizan. El reconocimiento del líder generalmente puede ser reconocimiento de cualquier cosa por parte de los líderes de la patrulla. Esta sección detalla una forma común de realizar el reconocimiento del líder para un PRO de una escuadra[2]. El reconocimiento del PRO es útil porque un pequeño elemento que reconoce un área por

Fase 3

---

1    Ejemplo de 5 PUNTOS:
Yendo a la ubicación – "Estamos haciendo un reconocimiento del líder del PRO".
Quienes van – "El líder del equipo Alfa, el ALE de Alfa y el hombre punta de Alfa [se aconseja usar nombres de los Soldados] son los que van".
Tiempo de emergencia – "Son las 1900 y estaremos de vuelta a las 2100".
Qué hacer si llegamos tarde – "Intenta llamarnos por radio cada cinco minutos durante media hora. Si no puedes contactarnos, llama al escalón superior y usa toda la escuadra para venir a buscarnos [no dividir los elementos aún más]".
Acciones al entrar en contacto – "Si somos atacados, ejecutaremos una retirada hacia ustedes, y luego nos retiraríamos juntos hacia el último punto de reunión en ruta, que está a 500 metros a nuestra 6 en punto. Si no podemos llegar a ustedes, iremos directamente a nuestro último punto de reunión en ruta y nos encontraremos con ustedes allí. Si ustedes son atacados, luchen en su posición y regresaremos a ustedes. Si no pueden contener el ataque, retírense hacia nuestro último punto de reunión en ruta y nos encontraremos allí.

2    Las fuerzas estadounidenses a menudo utilizan un método específico y estandarizado de movimiento para detectar al enemigo. Los vietnamitas conocían los patrones y, cuando escuchaban a los estadounidenses moverse en una gran X, se callaban. Los vietnamitas escuchaban a los estadounidenses avanzar cientos de metros en terreno difícil mucho antes de que los estadounidenses los escucharan a ellos. ¿Puede un buen reconocimiento del líder ser un ALTAC más prolongado y luego regresar con la escuadra?

## Formación diamante

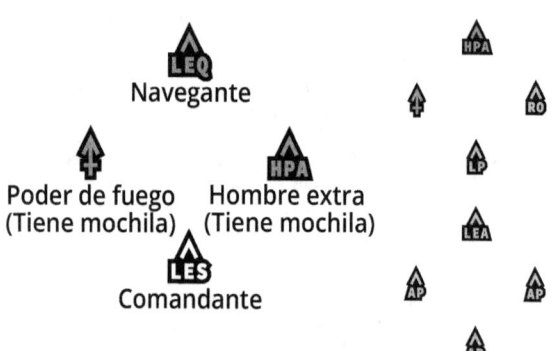

Imagen 92: Formaciones en diamante, utilizadas para el reconocimiento del líder. A la izquierda hay un ejemplo para una escuadra, y a la derecha hay un ejemplo para un pelotón.

primera vez es menos probable que sea detectado (y, por lo tanto, más seguro) que la patrulla completa que reconociendo.

Para una escuadra, un equipo de reconocimiento del líder está compuesto por dos equipos: el equipo del líder (por ejemplo, líder de la escuadra, líder del Equipo alfa) y un equipo de observación y vigilancia (por ejemplo, hombre punta de Alfa, ametralladora ligera Alfa) (Ver Posición de Vigilancia y Observación (V&O), Pág. 139). Antes de salir, todos los soldados que salen van al centro del alto prolongado para ser revisados con COA-V. Si se ha removido el camuflaje, vuelven a aplicarlo. Una vez listos, el líder de la escuadra emite un 5 PUNTOS al líder de mayor rango que se queda detrás, a una distancia en la que el líder pueda escucharlo. Se cuenta el equipo de reconocimiento del líder y sale a través de un punto de estrangulamiento.

El alto prolongado está entre unos 150 a 300 metros del PRO tentativo (dependiendo de METT-TC). Para una escuadra, el equipo de reconocimiento del líder se mueve en una **formación diamante** con el líder del equipo Alfa (navegación terrestre) al frente y el líder de la escuadra (grupo de líderes) en la retaguardia. Una ametralladora ligera funciona mejor a la izquierda porque el extremo del cañón apunta naturalmente a la izquierda cuando es llevada por soldados diestros (Ver Imagen 93, pág. 137) (Ver Imagen 92, pág. 136). La formación diamante es una de las formaciones de movimiento más básicas, pero a menudo solo se utiliza

Imagen 93: Infantes de Marina de los EE. UU., Compañía A, 1.er Batallón, 8.º Regimiento de Marinos en una **formación diamante**. Camp Lejeune, Carolina del Norte, 9 de diciembre de 2019. Nótese que el infante de marina de atrás está mirando hacia atrás para la seguridad a retaguardia.

con elementos muy pequeños como los equipos de reconocimiento del líder (Ver Imagen 15, pág. 38).

Una vez que el equipo de reconocimiento del líder llega al PRO tentativo, el líder de la escuadra realiza ALTAC (Ver Detección del enemigo (ALTAC), pág. 47). Luego, instalan la V&O para la supervisión (Ver Posiciones de vigilancia y observación (V&O), pág. 139). Un buen PRO sigue el acrónimo **COELE**:

C – Cubierto y abrigo.

O – Oculto y fuera de la vista, el sonido y el fuego de armas pequeñas. Si puedes disparar al objetivo, el objetivo puede dispararte.

E – Evita las líneas naturales de desplazamiento, por ejemplo, no vayas donde la gente camina naturalmente, como senderos hacia cuerpos de agua o junto a lugares de caza.

L – Lo suficientemente grande para acomodar a todo el elemento.

E – Estratégica y fácilmente defendible durante un corto período. La patrulla debe poder defender el área mientras se organiza una retirada.

Una vez ubicados, el líder de la escuadra da un 5 PUNTOS a la V&O y continúa con el reconocimiento. El grupo de líderes se mueve dentro y fuera de la posición de V&O para confirmar que el área circundante es segura.

# Punto de reunión en el objetivo

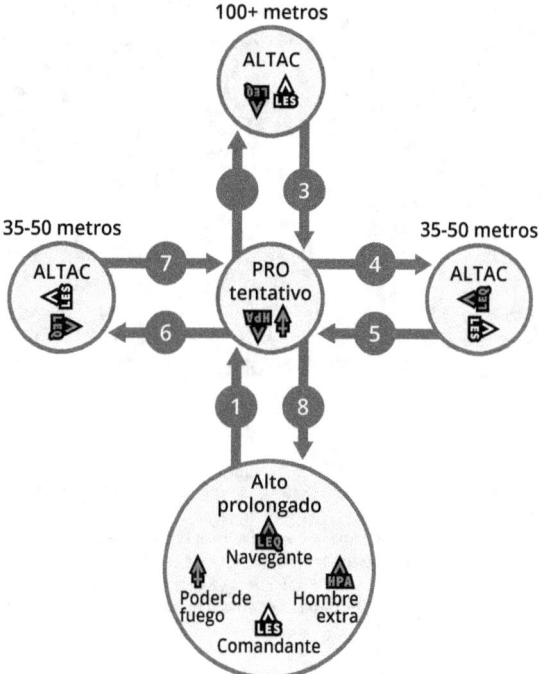

Imagen 94: El equipo de reconocimiento del líder (ERL) primero encuentra un buen punto de reunión para el objetivo tentativo. Luego, el ERL reconoce el perímetro en busca de peligros. En este ejemplo, la dirección del movimiento es la más desconocida, por lo que tiene el primer y más largo reconocimiento. **Realiza ALTAC en cada tramo. Todas las distancias y ubicaciones de reconocimiento dependen de la situación.**

El grupo de líderes se mueve 100 metros (o la distancia que confirme la seguridad relativa), se detiene y realiza ALTAC, luego vuelve a la V&O en todas las direcciones[1] (Ver Imagen 94, pág. 138).

Antes de regresar a buscar al pelotón, el líder del mismo le da al equipo de vigilancia y observación (V&O) un **5 PUNTOS modificado**. Un 5 PUNTOS modificado solo contiene cambios al original y se puede dar después de un 5 PUNTOS completo (Ver Recombinación de elementos (Señales de reconocimiento cercanas y lejanas), pág. 141).

## 17.d Posiciones de vigilancia y observación (V&O)

La posición de vigilancia y observación (V&O) es una posición de observación encubierta para dos soldados que vigilan y observan un área en busca de información importante, especialmente probable movimiento enemigo. Los dos soldados son un fusilero (para operar las comunicaciones) y un tirador ALE (potencia de fuego y seguridad). Para simplificar, los soldados estándar de V&O son el hombre punta de Alfa y el tirador ALE Alfa de la escuadra líder (Ver Imagen 95, pág. 140).

Una V&O se utiliza para cada reconocimiento, por ejemplo, reconocimiento del líder y reunión. El propósito de la V&O es proporcionar (lo mejor posible) vigilancia del 100 % del área objetivo el 100 % del tiempo hasta que la patrulla ocupe el área objetivo. Debido a árboles, micro terreno, parpadeo, etc., una V&O como mínimo debe tener vigilancia del 75 % del área objetivo, el 95 % del tiempo. **De esta manera, la V&O todavía puede ver todos los movimientos en el área.**

Para lograr una vigilancia de 360 grados, los dos soldados se posicionan directamente opuestos, tocándose para permitir la comunicación no verbal. Si la V&O está comprometida, lo más probable es que sea desde el área observada, por lo que el tirador ALE mira hacia adelante a las 12 en punto y el fusilero mira hacia atrás a las 6 en punto. ¡El fusilero debe tener comunicaciones operativas! Sin comunicaciones, no coloques una V&O. Finalmente, siempre que se deje a la V&O, recibe un 5 PUNTOS del líder, al igual que cada vez que un elemento se divide.

## 17.e Acciones en el alto prolongado durante el reconocimiento del líder

De regreso en el alto prolongado de la patrulla, mientras el equipo de reconocimiento del líder está fuera, los líderes restantes están instruyendo

---

1 Aplicando Conceptos: ¿Qué terreno y condiciones podrían requerir múltiples ALTAC o un solo ALTAC? ¿Cuánto reconocimiento es necesario para METT-TC?

al elemento principal. Simultáneamente, están dando un informe al elemento principal sobre el 5 PUNTOS del líder de la patrulla, asegurándose de que estén despiertos y perfeccionando los sectores de tiro. Cuando el líder del elemento principal recibe un mensaje de regreso de un equipo de líderes que regresa, preparan al elemento principal para irse al PRO. Los soldados se ponen las mochilas en parejas. Uno brinda seguridad mientras el otro se pone la mochila. Luego alternan.

Cuando aparece el equipo de líderes, participan en señales de reconocimiento cercanas y lejanas (Ver Recombinación de elementos (Señales de reconocimiento cercanas y lejanas), pág. 141). Después de que se verifica al equipo de líderes, el líder del elemento principal los cuenta en el alto prolongado. El líder del elemento principal se queda al frente de la formación para formar un punto de estrangulamiento y contar la patrulla fuera del PRO.

El equipo de líderes conduce a todo el pelotón hacia el PRO. Los mismos no se levantan hasta que pueden moverse; esto asegura que los soldados permanezcan de rodillas brindando seguridad hasta el último momento posible.

# 17.f Recombinación de elementos (Señales de reconocimiento cercanas y lejanas)[1]

La "seguridad" de 360 grados no tiene sentido si cualquiera puede acercarse simplemente a la patrulla. La patrulla debe apuntar a las sombras en la noche antes de que se acerquen, o de lo contrario abrir fuego. Para verificar a otros, las patrullas utilizan señales de reconocimiento preestablecidas. Estas señales se utilizan cada vez que dos elementos se encuentran entre sí, por ejemplo, un equipo de reconocimiento del líder que regresa o un reaprovisionamiento de agua que regresa.

Las señales de reconocimiento son de múltiples capas, utilizando generalmente dos capas de reconocimiento: cercano y lejano. En áreas seguras, una patrulla podría usar una capa confiable, como un plan PACE de radio FM. O podrían hacer un sistema de tres capas en un área peligrosa (Ver Comunicaciones, pág. 242).

A medida que el elemento en movimiento llega al elemento estático, el líder del elemento estático debe estar listo para recibir las señales. Por lo tanto, la patrulla también necesita un plan de recepción. Para las radios, eso significa encender las radios y tal vez las ventanas de comunicación también. Para las señales visuales, asegúrate de que alguien esté observando.

Las **señales de reconocimiento lejano** son comunicaciones que no identifican la ubicación del remitente o del receptor. Por ejemplo, el uso de una radio FM no revela las ubicaciones de los altavoces; en cambio, gritar a través de un campo sí lo hace. Sin embargo, si el enemigo es capaz de determinar el origen de las transmisiones de FM, la radio FM deja de ser una buena señal de reconocimiento lejano (Ver Imagen 96, pág. 142).

La señal de reconocimiento lejano más común es la radio FM. Pero hay opciones infinitas. Por ejemplo, los sitios de entrega se utilizan como señal de reconocimiento lejano en entornos menos sensibles al tiempo. Para crear un sitio de entrega, un elemento puede verificar a distancia, por ejemplo, un árbol (el sitio de entrega) cada hora. Otro elemento puede colocar una señal (la entrega) en el árbol que indica un mensaje preestablecido.

Las **señales de reconocimiento cercano** revelan la ubicación del remitente o del receptor (Ver Imagen 97, pág. 142). Por lo tanto, el reconocimiento cercano es peligroso y requiere codificación para que nadie pueda cometer un error con una señal incorrecta. De manera similar, se evita el reconocimiento cercano por la noche, cuando dos elementos necesitan estar demasiado cerca para distinguir amigo de enemigo utilizando comunicaciones como el reconocimiento visual o auditivo (Ver Imagen 99, pág. 143).

Fase 3

---

[1]  Cita: Para despertar a un tigre, usa un palo largo. —Padre Fundador de la República Popular China, Mao Zedong

Imagen 96: Cabo de Infantería de Marina de los EE. UU. con el 1.er Batallón de Reconocimiento Ligero, 1.ª División de Marinos, realiza una verificación de radio durante una patrulla de reconocimiento. St. Arnaud, Nueva Zelanda, 27 de octubre de 2017. Las radios y teléfonos satelitales son señales comunes a larga distancia.

Imagen 97: Un Infante de Marina de los EE. UU. del Pelotón de las Fuerzas Reconocimiento, Fuerza de Asalto Marítima, 26.ª Unidad Expedicionaria de Marinos, ajusta dispositivos de visión nocturna. 23 de enero de 2016. **La confirmación visual y auditiva son señales comunes a corta distancia.s**

Un ejemplo de recombinación de elementos sería el siguiente. Cuando el elemento en movimiento (EM) llega al alcance del elemento estático (EE), el líder del EE ordena al elemento desconocido (para ellos) detenerse utilizando la radio FM para el reconocimiento lejano. El EM se detiene. Luego, el líder del EE da una orden codificada preplanificada al EM para actuar, por ejemplo, "moverse a la derecha". El EM actúa en consecuencia, por ejemplo, se mueve a la derecha. Si las acciones del EM coinciden con la orden codificada, entonces el EM es fuerza amiga y puede continuar.

Otro escenario podría ser cuando el EM entra en la vista del EE, el líder del EE ordena al EM detenerse, y el EM se detiene e inmediatamente muestra una señal de detención para el reconocimiento cercano (por ejemplo, muestra un panel VS17). El EE confirma que recibió la señal adecuada y le dice al EM que continúe hacia adelante. Debido a que ambos elementos están a la vista el uno del otro, las señales de reconocimiento cercano se pueden usar incluso si fallan las radios. Hay señales infinitas que una patrulla puede usar (Ver Opciones de comunicación PACE, pág. 242).

Los **intercambios de contraseñas** son necesarios cuando dos elementos necesitan unirse extremadamente rápido, como durante un contacto con el enemigo. Una famosa combinación de contraseña utilizada durante el Día D en la Segunda Guerra Mundial fue que el primer Soldado dijera "flash" y el segundo Soldado respondiera con "*thunder*". De manera similar, una **contraseña en movimiento** (es decir, gritar una palabra al correr) es útil cuando el EM está siendo perseguido activamente por un enemigo y no tiene tiempo para enviar señales. Sin una contraseña, un elemento que se acerca podría ser confundido con un enemigo y ser disparado, así que asegúrate de usar señales de reconocimiento.

Fase 3

Imagen 98: Paracaidistas de la 82.ª División Aerotransportada proporcionan apoyo de fuego durante un ejercicio de tiro real. Fort Bragg, Carolina del Norte, 28 de marzo de 2017. Durante la noche, están ocultos.

Imagen 99: Los mismos soldados que en la imagen izquierda, bajo una bengala. La oscuridad de la noche puede ser un buen camuflaje. Pero, ¿qué tan confiable es? Incluso los enemigos menos hábiles compran dispositivos de visión nocturna en línea.

## 17.g Ocupación del punto de reunión en el objetivo

Para ocupar un PRO, el primer paso es abandonar el alto prolongado. Mientras la patrulla se va, el líder del equipo Bravo o el sargento del pelotón forman un punto de estrangulamiento y cuentan a todos los soldados; los soldados que están durmiendo pueden quedarse accidentalmente atrás.

Al abandonar el alto prolongado, no todos se levantan al mismo tiempo; un soldado solo se pone de pie cuando está listo para moverse. A menudo, la seguridad de 360 grados tiende a fallar porque los soldados están enfocados en el punto de estrangulamiento y todos miran directamente hacia él. El líder de la patrulla incluso puede esperar y llamar a elementos específicos para que salgan, uno por uno.

Hay docenas de métodos para ocupar un PRO, y no hay forma de saber cuál PPO decidirá usar tu patrulla en particular. Un método simple es ocupar el PRO de la misma manera que el alto prolongado con algunas pequeñas diferencias. La M240 se coloca en su trípode (soporte liviano para montaje en tierra M192), y en lugar de COA-V, se realiza una verificación mucho más exhaustiva de los Soldados, las armas y el equipo. Los líderes de equipo establecen sectores de tiro y preguntan a los soldados sobre sus deberes mientras el líder de la patrulla realiza un reconocimiento del objetivo. La patrulla envía el reporte para "PRO establecido".

# 18. Creación de la emboscada

Establecer adecuadamente una emboscada con un reconocimiento completo garantiza la mayor cantidad de bajas enemigas con la menor cantidad de bajas amigas. El primer paso es reconocer el terreno real mediante un reconocimiento del líder, seguido del posicionamiento y órdenes a los Soldados. Esta sección se vuelve específica, pero nunca olvides que hay contingencias y escenarios infinitos, de los cuales solo se enumeran algunos

# Formación de emboscada lineal básica

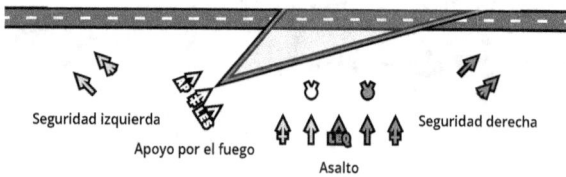

Seguridad izquierda        Seguridad derecha

Apoyo por el fuego

Asalto

Imagen 100: **El objetivo final es establecer una emboscada lineal básica.** Tiene tres ubicaciones (dos de seguridad y una de emboscada) y seis posiciones (cada equipo de seguridad tiene una posición primaria y una secundaria, y el equipo de asalto y el equipo de apoyo al fuego tienen cada uno una posición).

aquí. ¡No asumas que el enemigo caerá en el mismo formato de emboscada dos veces![1]

El reconocimiento del líder del sitio de la emboscada es un proceso complicado con una docena de ubicaciones y movimientos. Para empezar, el reconocimiento del líder del área objetivo de la emboscada es similar al reconocimiento del líder del PRO hasta que el Equipo de Reconocimiento del Líder abandona el pelotón (Ver Reconocimiento del líder del pelotón en el PRO, pág. 135).

Es más probable que el contacto enemigo ocurra en el objetivo que en el PRO porque el objetivo de la emboscada, por su naturaleza, es donde la gente se desplaza. Por lo tanto, el movimiento debe ser extremadamente lento y deliberado. Se evita por completo el movimiento cerca de la ruta objetivo. Si el equipo de reconocimiento del líder se ve comprometido, la emboscada se convierte en una emboscada improvisada o falla por completo.

## 18.a Reconocimiento del líder del punto de liberación, V&O y zona de aniquilamiento

Para seguir mejor, utiliza el diagrama del reconocimiento del líder en el objetivo (Ver Imagen 101, pág. 145). El reconocimiento del líder es útil para el área de la emboscada, al igual que con el PRO, porque un elemento pequeño que revisa un área por primera vez es menos probable que sea

---

1    Cita: Hay un viejo dicho en Tennessee, sé que es de Texas, probablemente de Tennessee, que dice: "Engáñame una vez, que... que vergüenza para ti. Engáñame... no puedes ser engañado otra vez". —Comandante en Jefe de las Fuerzas Armadas de los EE. UU., George W. Bush

# Objetivo de una emboscada

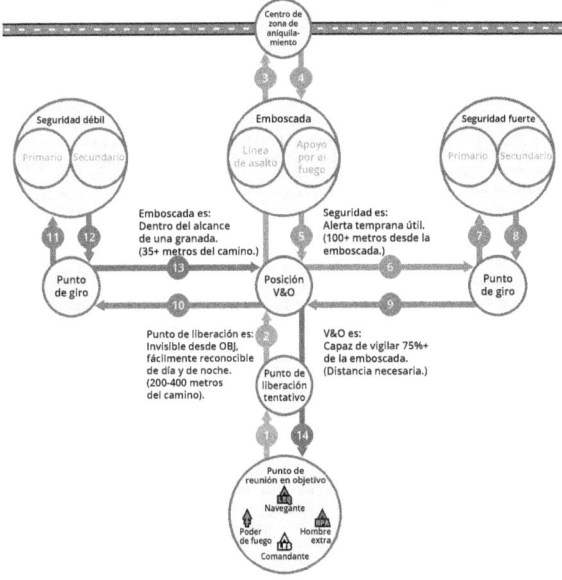

Imagen 101: El reconocimiento del líder del objetivo (que incluye el punto de liberación, la posición de seguridad y observación, la zona de aniquilamiento, el apoyo, el asalto y la seguridad) es un proceso complicado con 14 movimientos diferentes (mostrados aquí en orden numerado) y de 11 a 15 ubicaciones dependiendo de cómo se cuenten. **Esta imagen es una referencia integral para los tres capítulos de reconocimiento del líder (Ver Reconocimiento del líder del punto de liberación, V&O y zona de aniquilamiento, pág. 144) (Ver Reconocimiento del líder de apoyo y asalto, pág. 148) (Ver Reconocimiento del líder de posiciones de seguridad, pág. 153).** Mientras lees, consulta esta imagen para obtener una visión general de las ubicaciones, movimientos y secuencia de eventos en el orden en que este libro los presenta.

detectado (y, por lo tanto, es más seguro) que si toda la patrulla estuviera haciendo reconocimiento.

Antes de que el equipo de reconocimiento del líder se ponga en movimiento, el líder de la patrulla instruye al líder del elemento principal a: revisar a sus soldados, verificar su equipo y diseminar la información. El líder del elemento principal especialmente debe asegurarse de que cada hombre conozca el último punto de liberación activo, en caso de ser comprometido.

Mientras se dirige al objetivo, el equipo de reconocimiento del líder identifica un **punto de liberación tentativo**. Es tentativo porque el punto de liberación se propone al comienzo del reconocimiento del líder y se confirma al final. El punto de liberación es una ubicación intermedia entre el PRO y el objetivo. Es donde la patrulla está detenida mientras el líder de la patrulla lleva a grupos de soldados de la patrulla para posicionarlos en la emboscada. Aunque no es estrictamente necesario, tener un punto de liberación es útil porque acelera la ocupación. El PRO está relativamente lejos del objetivo; sin embargo, la ocupación ocurre en tres oleadas (es decir, seguridad, apoyo y asalto), por lo que el líder de la patrulla puede llevar a cabo rápidamente el emplazamiento tomando a los soldados desde el punto de liberación en lugar del PRO.

Cuando el líder de la patrulla identifica un punto de liberación tentativo, debe estar:

**Fuera de la vista** – pero no necesariamente fuera del sonido del objetivo; y,

**Fácilmente reconocible** – tanto de día como de noche.

Además, idealmente, el punto de liberación está en línea recta entre el PRO y el objetivo de la emboscada para facilitar la navegación. Es por eso que el punto de liberación es tentativo; si el punto de liberación no está en línea recta, es posible que el líder de la patrulla quiera elegir uno nuevo.

Después de identificar un punto de liberación tentativo, el líder de la patrulla instala la V&O en una posición a cubierto y abrigo y proporciona un 5 PUNTOS. La V&O está entre el punto de liberación tentativo y el objetivo y debe poder vigilar al menos el 75 % de las posiciones de apoyo y asalto, aunque cuanto más, mejor. La V&O especialmente necesita realizar la vigilancia mientras el equipo del líder confirma el objetivo (Ver Posiciones de vigilancia y observación (V&O), pág. 139).

**Cuando el líder de la patrulla llega al objetivo tentativo**, debe confirmar que la ubicación sea correcta. El líder de la patrulla y su segundo líder caminan cuidadosamente (o se arrastran si es necesario) cerca de la ruta objetivo, miran en direcciones opuestas y usan sus brújulas. Cada uno confirma el azimut de la ruta y cualquier característica del terreno también. Incluso con mapas modernos y dispositivos GPS, dos rutas diferentes pueden estar a metros de distancia y confundirse fácilmente si no se verifican.

Aparte de confirmar que la ubicación de la emboscada es correcta, este es el momento de evaluar si la ubicación es buena. Una vez que se confirma

Fase 3

Imagen 102: Soldados del 166.º Escuadrón de Ingenieros Civiles, de la Guardia Nacional de Delaware, responden a una emboscada. Bosque Estatal Redden, Georgetown, Delaware, 15 de julio de 2017. **Observa qué tan bien se aplica la ubicación de la emboscada según CAFE DES y cuán expuestos están estos soldados.**

Imagen 103: Un sargento técnico del 166.º Escuadrón de Ingenieros Civiles, de la Guardia Nacional de Delaware, espera emboscar a un convoy durante un entrenamiento de operaciones de convoy. Bosque Estatal Redden, Georgetown, Delaware, 15 de julio de 2017. Observa cómo la ubicación se ajusta bien a CAFE DES.

el objetivo, el líder de la patrulla reconoce la ubicación de la emboscada y las posiciones de seguridad. Se reconoce primero la más restrictiva de las dos, por ejemplo, imagina que la emboscada está a lo largo de una ruta de un kilómetro de largo y solo hay unos pocos lugares buenos para emboscar. En ese caso, la zona de aniquilamiento dicta dónde pueden estar ubicadas las posiciones de seguridad, y se reconoce primero la ubicación de la emboscada. Alternativamente, tal vez la ruta es sinuosa y montañosa, y la seguridad solo podría dar una alerta temprana de un enemigo que se acerca en unos pocos lugares. En ese caso, la ubicación exacta de la emboscada depende de las posiciones de seguridad, y se reconocen primero las posiciones de seguridad. Para el propósito de este manual, se reconoce primero la ubicación de la emboscada.

El líder de la patrulla verifica a lo largo de la ruta objetivo confirmada en busca del lugar ideal para emboscar. Una ubicación adecuada puede ser determinante para el éxito o el fracaso de una emboscada, por lo que el reconocimiento lleva tanto tiempo como sea razonable para observar el entorno. Una zona de aniquilamiento ideal es **CAFÉ DES**:

C – Claridad: Sin zonas muertas entre la línea de árboles y la ruta (por ejemplo, sin terraplenes, zanjas, etc., que los enemigos podrían usar como cobertura).

A – Área de asalto y fuego: Líneas claras de asalto (para caminar) y fuego (para disparar) desde la línea de emboscada hasta el límite del avance.

F – Fondo y cobertura: (Ejemplo, vegetación espesa) con abrigo del fuego enemigo.

É – Espacio elevado y extenso: Permite el barrido de las ametralladoras.

D – Distancia de cincuenta metros de ancho.

**E** – Estructuras de 45 centímetros de ancho: como ser árboles para minas Claymore.

**S** – Sin zonas muertas.

Hay factores ilimitados, incluyendo patrones de vida en la ruta, buenas rutas de retirada o la ubicación esperada de refuerzos. Sin embargo, la ubicación perfecta para una emboscada no existe en la imperfecta vida real. La mejor ubicación puede no cumplir con todos los requisitos y es necesario hacer concesiones. Por ejemplo, tal vez un lugar no tiene árboles para Claymores, mientras que otro tiene un mal ocultamiento.

# 18.b Reconocimiento del líder de apoyo y asalto

Para seguir mejor, utiliza el diagrama de reconocimiento del líder en el objetivo (Ver Imagen 101, pág. 145). El objetivo del reconocimiento del líder de apoyo y asalto es encontrar posiciones para que los soldados embosquen de manera más efectiva al enemigo.

Una vez que el líder de la patrulla ha encontrado la mejor ubicación para la zona de aniquilamiento, marca el centro de la zona como punto de referencia. El marcador es algo que el líder de la patrulla puede identificar, pero un enemigo no, por ejemplo, una rama grande o un letrero local de "prohibido el paso" que sea distintivo e identificable pero no inusual. Los mejores identificadores ya existen en el lado del camino, como un poste telefónico.

Luego, el líder de la patrulla retrocede y comienza a encontrar las mejores posiciones desde las cuales atacar la zona de aniquilamiento. Esta sección utiliza cuatro sistemas de armas: **apoyo de fuego, ametralladoras ligeras (ALE), fusileros y Claymores**. Para asegurarse de que ninguna ubicación dependa de un solo sistema de armas, cada sistema de armas cubre el 100 % de la zona de aniquilamiento, proporcionando una cobertura redundante (Ver Imagen 104, pág. 149).

El primer sistema de armas a reconocer es la posición de apoyo. Esto se debe a que, si el apoyo no se puede posicionarse correctamente, la zona de aniquilamiento debe moverse. Tener disparos de calibre 7.62 que cubran el 100 % de la zona de aniquilamiento es invaluable al emboscar vehículos. La posición de apoyo se ubica de forma que la M240 dispare directamente al frente de los vehículos que se aproximan, en el lado opuesto a la Línea de asalto (Ver Imagen 105, pág. 150). Así que cuando el enemigo llega, la M240 disparará al motor del vehículo justo en frente de asalto. Asegúrate de que la M240 en un trípode pueda cubrir toda la zona de aniquilamiento estando en posición de tendido (Ver Imagen 106, pág. 150). El líder de la patrulla se pone en posición de tendido para confirmar. Marca bien la posición, pero no tan bien que pueda verse desde el camino.

# Traslape de los sectores de tiro

### 100% de la Zona de Aniquilamiento cubierta por el Apoyo.

### 100 % de la zona de aniquilamiento cubierta por ALEs.

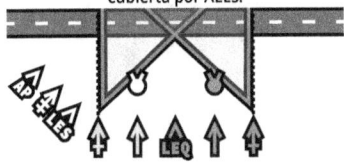

### 100 % de la zona de aniquilamiento cubierta por fusileros.

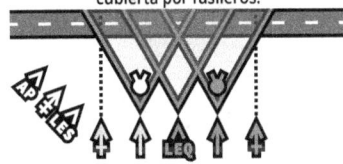

### 100 % de la zona de aniquilamiento cubierta por Claymores.

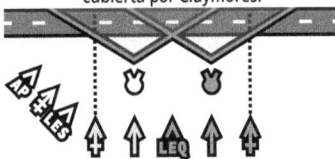

Imagen 104: Durante una emboscada, la redundancia es clave; **ninguna sección de la zona de aniquilamiento se delega a una sola arma en caso de que esa arma no funcione.** Comúnmente, para cubrir cada parte de la zona de aniquilamiento más de una vez, cada sistema de armas cubre completamente el 100 % de la zona de aniquilamiento. En este ejemplo, la emboscada tiene una cobertura de la zona de aniquilamiento del 400 %.

Fase 3

Imagen 105: Un tirador de la Compañía A, 4.º Batallón, El Regimiento Real de Escocia, se prepara para disparar a insurgentes a 600 metros de distancia. Nahr-e-Saraj, Afganistán, 2 de julio de 2011. **El alcance efectivo máximo de un M240 es de 1.100 metros. ¿A qué distancia de la zona de aniquilamiento puede ubicarse el APF?**

Imagen 106:  Soldados eslovenos realizan un ejercicio de fuego real con una ametralladora FN MAG. Postonja, Eslovenia, 15 de octubre de 2015. La distancia desde la zona de aniquilamiento es su ocultamiento. ¿Cómo coordinarías el apoyo con el asalto a distancia? ¿Dónde debería estar el líder de la patrulla?

Para reconocer la línea de asalto (de ALE y Fusileros), el líder de la patrulla vuelve al centro de la zona de aniquilamiento. Desde allí, el líder de la patrulla avanza hacia la zona de cubierto y abrigo (Ver Imagen 107, pág. 151) (Ver Imagen 108, pág. 151). Sin embargo, no deben alejarse tanto como para que el Asalto no pueda asaltar rápidamente la zona de aniquilamiento[1]. La posición del líder de asalto está aquí, directamente detrás del centro de la zona de aniquilamiento. Para una emboscada lineal, el líder de la patrulla gira 90 grados y camina paralelo al camino, la mitad de

---

[1] La distancia estándar es de 35 metros. Esta distancia es útil porque una M240 en trípode y una línea de asalto estándar de escuadra encajan perfectamente para tener una cobertura del 100 % de la zona de aniquilamiento. Además, los cables de las Claymores tienen alrededor de 35 metros de longitud. Sin embargo, imagina un desierto perfectamente plano sin zonas muertas y sin buen camuflaje. ¿A qué distancia de la zona de aniquilamiento debería estar la línea de emboscada?

Imagen 107: Una compañía Eco, Bn. Equipo de aterrizaje 2.° Bn., 1.er Marinos, 11.ª Unidad Expedicionaria de Marinos, lidera a un equipo de soldados malasios en una emboscada simulada. 29 de agosto de 2014. **No hay cobertura para la línea de asalto. ¿Qué pueden hacer los soldados para mitigar esto? ¿Pueden mover la emboscada?**

Imagen 108: Marinos de la 4.ª División de Marinos, Reserva de Fuerzas de Marinos. Centro de Combate Aéreo-Terrestre de Twentynine Palms, CA, 14 de junio de 2015. Esta escuadra tiene el problema opuesto. **Tienen amplia cobertura sin ocultamiento. ¿Qué pueden hacer estos soldados para ocultarse mejor en la línea de asalto?**

la longitud de la línea de emboscada. ¡Sé preciso; usa una brújula! Se cubren más formas de emboscadas a continuación (Ver Contingencias, pág. 183).

En cada extremo de la línea de asalto hay una posición de ALE. Por lo general, las ALE están en el extremo para proporcionar potencia de fuego contra un ataque desde el flanco, mantener el ancho de la línea de asalto cuando los fusileros realizan el PGE después del asalto y disparar al enemigo desde varios ángulos[1].

Al reconocer una posición de ALE, el líder se tiende en el suelo y mira físicamente por la mira de su fusil para asegurarse de que la posición de ALE tenga una buena vista de la zona de aniquilamiento. Marca el lugar. El líder de la patrulla hace lo mismo en sentido contrario, para reconocer la ALE del otro lado. El líder de la patrulla también puede confiar en el segundo líder de la patrulla para que explore la otra ALE simultáneamente.

Luego, el líder de la patrulla busca posiciones de asalto que estén, aproximadamente, equidistantes en una línea entre las ALE. El líder de la patrulla busca cubierto y abrigo, sectores de tiro, carriles de asalto y tiro despejados, etc. ¡Usa una brújula para asegurar fuegos perpendiculares a la zona de aniquilamiento! (Ver Imagen 107, pág. 151) (Ver Imagen 108, pág. 151).

La línea de asalto se adapta al terreno, lo que significa que la ubicación de los soldados no tiene que ser geométricamente rígida (Ver Imagen 109,

---

Un soldado de las Fuerzas Especiales lideró una emboscada con tropas extranjeras. Se colocó en el centro de la línea de asalto como líder de asalto y ametrallador ALE, porque las tropas extranjeras no estaban familiarizadas con la ALE.

# Organización de la línea de asalto

## Mala - Geometría rígida.

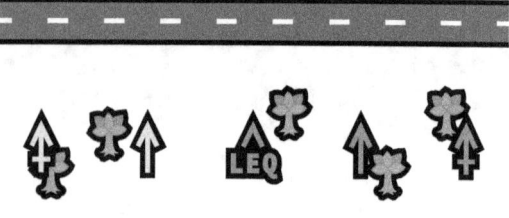

## Mala - Aglomeración y bloqueo.

## Buena - Línea adaptable al terreno.

Imagen 109: Al buscar y establecer una línea de asalto, **no utilices distancias rígidas entre las unidades.** Utiliza el terreno. Los soldados pueden espaciarse más al asaltar la zona de aniquilamiento.

pág. 152). Siempre y cuando no haya preocupaciones de fuego amigo y se mantenga una forma de línea aproximada, los soldados pueden moverse a una mejor cobertura y ocultamiento. Si hay árboles o zanjas cercanas, ajusta la línea para acomodar una mejor posición. Una vez que han terminado de reconocer apoyo y asalto, el líder de la patrulla y su segundo líder regresan a la posición de V&O.

## 18.c Reconocimiento del líder de posiciones de seguridad

Para seguir mejor, utiliza el diagrama de reconocimiento del líder en el objetivo (Ver Imagen 101, pág. 145). El objetivo del reconocimiento del líder de posiciones de seguridad es encontrar posiciones para que los soldados cumplan mejor con sus roles de seguridad durante una emboscada.

Cada posición de seguridad tiene dos ubicaciones: una primaria y otra secundaria. Una posición primaria se ocupa antes de que la emboscada se inicie, y la posición secundaria se ocupa después de que la emboscada se inicie. Cada una de las dos ubicaciones está cerca en proximidad y requiere características diferentes.

Desde la **posición primaria**, los soldados proporcionan alerta temprana del tráfico que se aproxima e identificación positiva (IDP) del enemigo. Esto normalmente requiere visibilidad de al menos 100 a 200 metros hacia un extremo de la ruta, camino o sendero desde la posición de seguridad[1]. Trata de emplazar una posición primaria en una colina o un camino curvo, donde los soldados estén ocultos por arbustos pero aún puedan ver muy lejos. La ocultación es más importante que la cobertura para una posición primaria, porque si el enemigo ve a alguien, toda la emboscada está comprometida.

En la **posición secundaria** después del inicio, la seguridad elimina a cualquiera que entre o salga del objetivo. Por lo tanto, una buena posición secundaria tiene buenos campos de tiro para todas las armas[2]. Por lo general, esto significa que una secundaria está mucho más cerca del camino que la primaria (Ver Imagen 110, pág. 155).

Una posición secundaria también requiere una buena cobertura. Durante una emboscada, las balas perdidas de disparos amigos y enemigos pueden dirigirse hacia la seguridad. Entonces, la cobertura entre la seguridad y el objetivo de la emboscada tiene prioridad sobre la cobertura entre la seguridad y el camino. Una excelente posición secundaria sería un agujero en el lado del camino con arbustos para ocultarse. Si la posición

[1] Un vehículo que se desplaza a 60 Km/h recorre 100 metros en 6 segundos. ¿Es eso una buena alerta temprana? La seguridad sin visión lejana es inútil.

[2] Aplicando Conceptos: Al aislar el objetivo, ¿cuáles son los beneficios de darle a la seguridad una Claymore en lugar de un AT4? ¿Cómo ayudan las armas adicionales a aislar el objetivo? ¿Por qué darle cualquiera de las dos a la seguridad en lugar de usarlas en la emboscada?

Fase 3

secundaria tiene cobertura desde el asalto, entonces la línea de emboscada puede disparar con sus M4 hacia un enemigo en la dirección de la seguridad como último recurso; por ejemplo, si el enemigo flanquea y se posiciona entre el asalto y la seguridad.

Aunque estos factores son necesarios para pensar, hay prácticamente factores ilimitados a considerar donde emplazar la seguridad. Por ejemplo:

▸ Patrones históricos para la velocidad de movimiento del enemigo.
▸ Densidad de tráfico/frecuencia del camino objetivo.
▸ Tiempo requerido para el emplazamiento de emboscadas de emergencia.
▸ Dificultad para encontrar y evacuar la seguridad.
▸ Falta de radios y planes de respaldo para radios con fallas.
▸ Líneas de fuego y áreas de retroceso para AT4.
▸ Velocidad a la que los soldados pueden moverse entre ubicaciones, etc.

Para comenzar a reconocer las posiciones de seguridad, el líder de la patrulla comienza y termina en la posición de V&O, donde le da a la V&O otro 5 PUNTOS modificado[1]. Luego, el líder de la patrulla y su segundo líder (juntos, el equipo líder) reconocen las posiciones de seguridad en el lado desde donde se espera que venga el enemigo, llamado el "lado fuerte"[2]. El lado desde donde no se espera que venga el enemigo es el **lado débil**. El equipo líder camina a lo largo de azimut del camino hasta que encuentran una buena ubicación para girar 90 grados hacia el camino. La ubicación es un "punto de giro".

El **punto de giro** es como el punto de liberación, fácilmente identificable día y noche, y fuera de la vista del enemigo. El punto de giro debe ser lo suficientemente identificable para que, si la seguridad tiene que emplazarse, el líder de la patrulla pueda dar buenas direcciones y una buena descripción. Evita caminar diagonalmente directo desde la V&O hasta la posición de seguridad, para mantener a los soldados lo más lejos posible del camino objetivo.

Desde el punto de giro, el equipo líder gira 90 grados y camina hacia el camino para encontrar una buena posición de seguridad. Una vez en la posición tentativa del lado fuerte, el líder de la patrulla lleva a cabo un ALTAC y reconoce una buena posición primaria y secundaria. Después de que el lado fuerte ha sido reconocido, el equipo líder vuelve a la V&O, da otro 5 PUNTOS y reconoce el lado débil. Si la patrulla tiene poco tiempo y el líder de la patrulla confía en la capacidad de la Seguridad para encontrar

---

1 Ejemplo de 5 PUNTOS modificado:
LES – "Vamos a reconocer la seguridad. Estaremos de vuelta a las 1730. Todo lo demás, igual."

2 Aplicando Conceptos: Algunos soldados sostienen que un líder de escuadra y un líder del equipo Alfa pueden separarse y reconocer ambas posiciones de seguridad simultáneamente. ¿Qué situación (si la hay) podría justificar enviar a soldados individuales?

Imagen 110: Paracaidistas del Ejército de los Estados Unidos del 1.er Escuadrón, 91.er Regimiento de Caballería, 173.ª Brigada Aerotransportada, proporcionan seguridad. Campo de tiro Pocek en Eslovenia, 02 de diciembre de 2016. A la izquierda se encuentra una **posición primaria** de seguridad en una colina. La berma y la maleza proporcionan suficiente ocultamiento, mientras el soldado puede mantener una línea de visión lejana. A la derecha hay una **posición de seguridad secundaria**. Tiene amplia cobertura desde todas las direcciones y se puede acceder rápidamente desde la posición primaria.

una buena posición, entonces la seguridad del Lado Débil puede reconocer su propia posición porque es la vía de aproximación menos probable del enemigo.

Después de que todas las posiciones hayan sido reconocidas, el líder de la patrulla emite un 5 PUNTOS a la V&O (que permanece observando el objetivo) de que la patrulla se moverá al punto de liberación. Mientras el equipo líder regresa al elemento principal, el punto de liberación debe finalizarse; el líder de la patrulla marca la ubicación tentativa como permanente o encuentra un mejor punto de liberación. El equipo líder utiliza señales de reconocimiento para reunirse con el elemento principal.

## 18.d Ubicación de los líderes

Ciertas posiciones en una emboscada requieren pensamiento crítico y liderazgo. Sin embargo, una patrulla tiene un número limitado de líderes con diversas calificaciones, por lo que los líderes deben ubicarse cuidadosamente para aprovechar al máximo su potencial. Típicamente, el líder con más rango se posiciona con el arma que produce más bajas, la M240. Esto no solo es para controlar el arma, sino también para garantizar que el arma se desplace así como también posicionar a ese líder en un punto ventajoso para observar el asalto.

El líder del asalto es más variable. En 2016, una escuela del Ejército de los EE. UU. enseñaba que el líder del equipo Alfa lideraba. Sin embargo, en 2018 cambiaron y enseñaron que el líder del equipo Bravo lidera. Esto liberó al líder del equipo Alfa para liderar la seguridad. El resultado fue una mejor seguridad, pero una mayor carga para el líder del equipo Bravo.

# 18.e Ocupación del punto de liberación

El punto de liberación es el lugar final de preparación para la emboscada, donde los soldados esperan a que los líderes los recojan y los coloquen en la posición de emboscada. Este es el lugar para las consideraciones finales. Por ejemplo, si hay un número limitado de radios, se redistribuyen allí (por ejemplo, de V&O a seguridad). La patrulla se mueve desde el PRO hasta el punto de liberación después de que el reconocimiento de líderes regresa al elemento principal (Ver Reconocimiento del líder del punto de liberación, V&O y zona de aniquilamiento, pág. 144).

En el punto de liberación, la patrulla se divide en tres elementos por orden de ubicación: seguridad, apoyo y asalto (SAA). La seguridad siempre se emplaza primero porque brinda alerta temprana de un enemigo que se aproxima; de lo contrario, apoyo y asalto serían sorprendidos.

Mientras se emplaza la seguridad, apoyo y asalto brindan **seguridad de 360 grados** en el punto de liberación. Sin embargo, ten en cuenta que el área circundante es relativamente segura. Detrás del punto de liberación, el PRO estuvo ocupado durante un tiempo prolongado; y en el frente, el reconocimiento del líder exploró la zona.

Las mochilas pueden dejarse en el PRO o llevarse al punto de liberación[1]. De cualquier manera, colocar las mochilas en tres columnas de SAA facilita la retirada, ya que los soldados saben dónde están sus mochilas (Ver Imagen 113, pág. 158). Si las mochilas se consolidan en el punto de liberación, entonces se debe haber implementado un plan para consolidar también las mochilas de la V&O, ya que nunca llegan al punto de liberación.

# 18.f Ubicación de la seguridad y PLASEG

El líder de la patrulla puede colocar la Seguridad para la emboscada por sí mismo; o si confía en que sus soldados se coloquen por sí mismos, el líder de la patrulla puede describir las ubicaciones y puntos de giro que han reconocido y hacer que la seguridad se coloque por sí misma. De todos modos, antes de irse, el líder de la patrulla presenta un plan de seguridad (PLASEG) a la seguridad y recibe un informe posterior.

---

[1] Normalmente, las mochilas se dejarían en el PRO; sin embargo, para una emboscada de escuadra en la escuela, se llevan al punto de liberación para evitar que las roben.

# Ubicación de los líderes

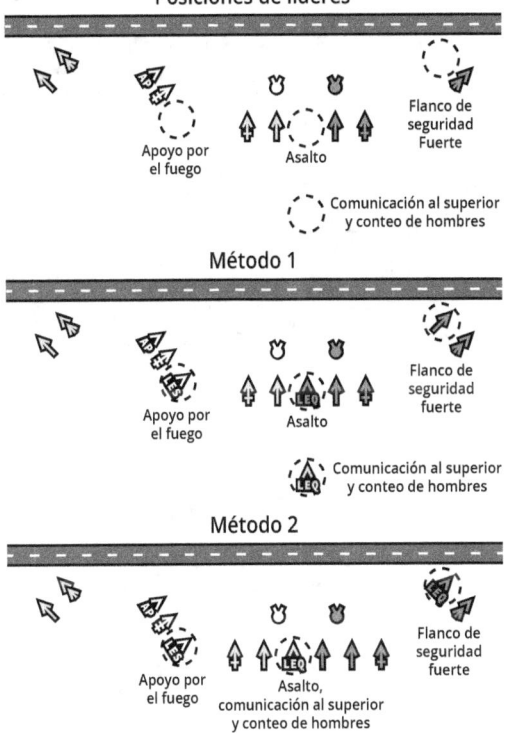

Imagen 111: Todas las posiciones en una emboscada se benefician de un líder para comandar y controlarlos (o más bien, alguien para dar órdenes). La primera sección muestra cuatro de estas posiciones para esta emboscada: apoyo de fuego, asalto, seguridad del lado fuerte y comunicaciones con el escalón superior. Cómo se asignan estas posiciones, depende de muchos factores. Pero **los dos factores más importantes para asignarlas son la importancia de la posición para la emboscada y la experiencia de los soldados** (es decir, cuánto liderazgo necesitan esos soldados). Por ejemplo, la posición de seguridad del lado débil siempre es menos importante que el apoyo de fuego, y por lo tanto, primero se le asignará un líder al apoyo.

Imagen 112: En el primer plan de mochilas de la sección, los soldados de 1.ᵉʳ Batallón, 30.º Regimiento de Infantería, 2.º Equipo de Combate de la Brigada de Infantería, 3.ª División de Infantería, preparan sus mochilas para una misión de entrenamiento en Senegal. Fort Stewart, Ga., 07 de julio de 2016.

## Plan de mochilas

### Seguridad

LEQA

### Apoyo por el fuego

LES

### Asalto

LEQB

Imagen 113: Este es un plan de mochila común para el punto de reorganización del objetivo (PRO) o el punto de liberación. **Dejar las mochilas de una manera planificada permite a los soldados retirarse rápidamente con su propio equipo después de una emboscada**. Los soldados también se organizan en estos mismos grupos para brindar seguridad, por lo que utilizar un plan de mochilas acelera el emplazamiento.

Los criterios de **PLASEG**[1] son planes miniatura de acción para la seguridad:

**Criterios de enganche** – Las condiciones y características del enemigo con las que la seguridad: 1) enfrentará al enemigo; 2) dejará pasar al enemigo; y/o 3) transmitirá información al elemento principal. El propósito principal de la Seguridad es la IDP del enemigo, y aquí es donde se recuerda a la Seguridad qué identificar y qué hacer (Ver Imagen 114, pág. 160).

**Criterios de retirada** – Las condiciones bajo las cuales la seguridad debe regresar al punto de liberación. Los criterios deben cubrir todos los escenarios, lo que a menudo significa establecer un límite de tiempo.

**Criterios de aborto** – Lo que desencadenará que la misión sea abortada.

**Criterios de compromiso** – Qué hacer si la seguridad se ve comprometida. Hay dos tipos de compromisos: "crítico" y "leve". Compromiso crítico significa que el enemigo sabe que estás allí, por ejemplo, un explorador enemigo te ve. Compromiso leve significa que el enemigo podría saber que estás allí, por ejemplo, fuego de artillería a la distancia. La línea entre crítico y leve se discute a menudo. Cada compromiso requiere un plan de acción diferente.

Una vez que el líder de la patrulla recibe un informe de PLASEG de ambos equipos de seguridad, el líder de la patrulla da un 5 PUNTOS al líder del punto de liberación y a la posición de V&O de que van a emplazar la seguridad del lado fuerte. El líder de la patrulla y un colaborador (por ejemplo, el primer líder que exploró las posiciones) llevan la seguridad del lado fuerte a su posición de seguridad y realizan ALTAC nuevamente. El líder de patrulla emplaza la seguridad en su posición primaria e indica su posición secundaria.

El líder de la patrulla luego realiza una verificación de radio con la seguridad y la V&O para verificar las comunicaciones, y luego notifica a la V&O y al líder del punto de liberación de su regreso. Al regresar al punto

---

1    Ejemplo de PLASEG:

Combate – "Nos enfrentaremos a 20 PAX uniformados desmontados o montados en cinco vehículos de color claro. Cualquier elemento más grande pasará. El líder de la patrulla iniciará la emboscada."

Retirada – "La retirada ocurrirá: 20 minutos después del primer sonido de combate; dos minutos después de escuchar la explosión; escucharás '¡Fuego a la carga 3!'; o a más tardar a las 2300."

Aborto – "Abortaremos en caso de: compromiso por una fuerza abrumadora; fuego de artillería en o alrededor del objetivo; la llegada de una fuerza reaccionaria enemiga; por llamada del escalón superior; o a más tardar a las 2300."

Compromiso – "Si se compromete levemente, intenta controlar al individuo. Después de controlar o si controlar no es posible, contacta al escalón superior. Si se compromete fuertemente, intenta esconderte hasta ser atacado directamente y contacta al escalón superior. Si te atacan, entonces dispara AT4, dos cargadores, lanza humo y rompe el contacto hacia el punto de liberación."

de liberación, el líder de la patrulla inicia señales de reconocimiento con el líder del punto de liberación. El líder de la patrulla repite los mismos pasos antes mencionados para emplazar la seguridad del lado débil.

## 18.g Métodos de ubicación del apoyo y asalto

Después de que se emplaza la seguridad, el líder de la patrulla debe guiar a los elementos de apoyo y asalto desde el punto de liberación hasta la zona de la emboscada, mientras recoge a la V&O en el camino. Hay muchos métodos para llevar el apoyo y asalto, dos de los cuales se enumeran aquí. El Método 1 divide a los soldados en apoyo y asalto, mientras que el Método 2 divide a los soldados en izquierda y derecha. Ambos soldados del equipo líder que hicieron el reconocimiento con el líder pueden posicionar a los soldados al mismo tiempo (Ver Imagen 115, pág. 161).

**Método 1:** el líder de la patrulla posiciona al apoyo por el fuego primero, mientras que el segundo líder de la patrulla posiciona al asalto. El beneficio de este método es que permite de inmediato una emboscada improvisada si el enemigo llega durante el emplazamiento, y emplazar un elemento a la vez es simple. La simplicidad es más importante a medida que el tamaño de la emboscada aumenta desde el tamaño de una escuadra hasta el tamaño de un pelotón, donde el líder del pelotón tiene tres equipos de armas y no puede preocuparse demasiado por la línea de asalto. El problema es que el asalto no se termina de ubicar hasta que el líder de la

Fase 3

# Métodos de emplazamiento

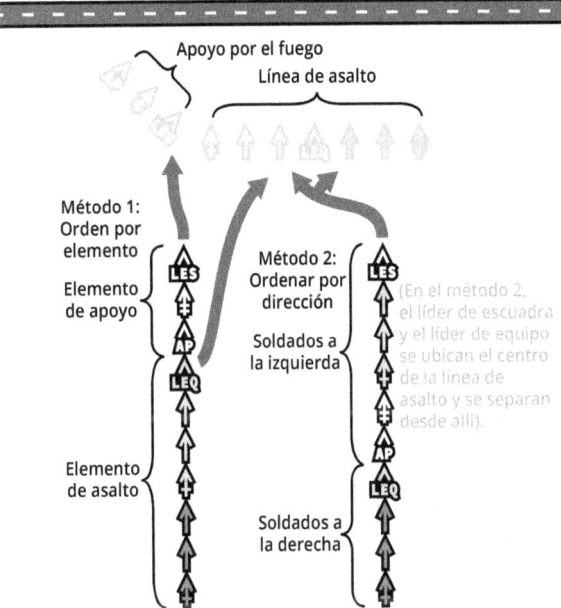

Imagen 115: Diferentes métodos de emplazamiento de apoyo y asalto. En realidad, las diferencias entre cada método son mínimas. Sin embargo, se debe elegir un método porque **cualquier método es mejor que no tener ninguno**. Observa que los dos últimos soldados en cada línea son los de observación y seguridad (V&O), que fueron recogidos.

patrulla regrese otra vez (lo que en general lleva más tiempo) y verifique la ubicación del mismo.

**Método 2:** ambos líderes van al centro de la línea de asalto y van hacia la derecha o la izquierda, colocando a cada soldado mientras caminan por la línea. Cuando los soldados se colocan en fila, se colocan en el orden más cercano a más lejano desde el centro de la línea de asalto. De esta manera, el siguiente soldado en ser ubicado está directamente al lado del líder que lo posiciona, cuando necesitan ser ubicados. La ventaja del segundo método es un emplazamiento más rápido, porque los líderes ubican a cada soldado en su posición correcta la primera vez (las posiciones fueron marcadas previamente durante el reconocimiento del líder).

## 18.h Emplazamiento del apoyo[1]

El líder de la patrulla localiza la marca de apoyo por el fuego (realizada durante el reconocimiento del líder) y ordena al aprovisionador a colocar silenciosamente el trípode, es decir, el soporte liviano para montaje en tierra M192. El tirador coloca silenciosamente la M240 en el trípode y la bloquea en posición.

El líder de la patrulla le entrega su fusil al tirador y se coloca detrás de la M240 en su trípode. Ajustan la elevación de la ametralladora para obtener un buen fuego rasante, es decir, donde los disparos están a aproximadamente un metro de altura para disparar contra los motores y las caderas del enemigo. El sector de tiro para la M240 cubre el 100 % de la zona de aniquilamiento, y el límite derecho es un mínimo de 15 grados fuera de la línea de asalto. Para hacer cumplir el ángulo de 15 grados, el límite de tiro paralelo a la línea de asalto es el contacto de metal con metal en el trípode. **"Metal con metal"** significa que la M240 no puede girar físicamente más en el trípode. Para el límite de tiro opuesto, coloca cinta adhesiva en la unión del sistema que permite el movimiento en deriva y elevación de la ametralladora para restringir que la M240 gire.

Cuando el líder de la patrulla ha encontrado los límites derecho e izquierdo, y ha establecido el contacto de metal con metal, vuelve a colocar al tirador en posición y recupera tu fusil. Luego, el líder de la patrulla se acuesta al lado del tirador y mueve físicamente el fusil hacia los límites izquierdo y derecho, haciendo contacto de metal y describiendo un SPACC al tirador y al aprovisionador.

## 18.i Emplazamiento del asalto y SPACC

La ubicación de cada soldado fue marcada en el terreno durante el reconocimiento del líder sobre objetivo[2]. Si las marcas son demasiado tenues, vuelve a reconocer el área. Las ALE suelen estar en cada extremo para proporcionar potencia de fuego contra un ataque desde el flanco,

---

1   Cita: Al disparar en la oscuridad, es una buena idea usar una ametralladora. —Comediante de televisión y radio australiano, Craig Reucassel

2   Realidad: El líder de la patrulla puede hacer que uno o dos soldados miren hacia atrás, evitando un contraataque enemigo desde la retaguardia. Si las fuerzas enemigas tienen entrenamiento estadounidense, probablemente entenderán que una emboscada lineal estándar es débil desde atrás, porque cada soldado está mirando hacia la zona de aniquilamiento y el ruido de las armas enmascara los disparos enemigos. Si incluso un enemigo logra llegar detrás de la emboscada, pueden eliminar a todo el asalto uno por uno

Imagen 116: Compañía C, 1.<sup>er</sup> Batallón, 157.º Regimiento de Infantería, 86.ª Brigada de Infantería, Guardia Nacional de Colorado, se prepara para emboscar. Camp Ethan Allen, Jericho, VT, 23 de enero de 2017. Para esta línea de asalto, una pequeña colina proporciona ocultamiento, por lo que estar de pie revelaría la posición. **Arrastrarse hacia la zona de aniquilamiento es una técnica común para evitar alertar al enemigo.** Para esta emboscada, el arrastramiento es necesario. Si hay tiempo, el arrastre se puede utilizar durante cada emplazamiento y reconocimiento del líder.

mantener el ancho de la Línea de Asalto cuando los fusileros ejecutan la detención de prisioneros después del asalto y disparar al enemigo desde varios ángulos.

Después de que la línea de asalto se emplaza, el segundo líder de la patrulla se ubica junto a la línea de asalto con su brújula. Verifica que la línea de asalto esté aproximadamente en el mismo azimut que la ruta objetivo. Una línea de asalto torcida lleva a un asalto diagonal a la ruta. Ajustar a los soldados es tan simple como dar microajustes, por ejemplo: "Retrocede un metro".

Cada ALE debe tener dos cajas completas de municiones. Una caja en el suelo alimenta a la ALE. La caja en el suelo puede enterrarse hasta la mitad en el suelo para estabilizarla. La otra caja está unida a la ALE pero no la alimenta. La caja unida se utiliza cuando el inicio se interrumpe, y el tirador de la ALE necesita recargar para el asalto lo más rápido posible. Cada fusilero tiene también, dos cargadores llenos junto a él para una recarga rápida.

Cuando estén listos, el líder de la patrulla y el segundo líder de la patrulla explican los SPACC, comenzando con las ALE. En última instancia, el líder de la patrulla es responsable de posicionar y explicar adecuadamente el asalto; sin embargo, el líder de la patrulla a menudo delega o divide la responsabilidad con el segundo del líder de la patrulla ya que el segundo líder comanda el asalto. Los SPACC son METT-TC[1], pero hay algunos conceptos generales a considerar:

---

1    Ejemplo de SPACC:
Sector de tiro – "Tu sector es de las 10 a las 2 en punto. Recuerda, la seguridad está a tus 9 y 3."
Prioridad de objetivos – "La prioridad es tropa desmontada, luego la cabina del vehículo."
Carril de asalto – "Tu carril de asalto es directamente hacia adelante."
Cadencia de fuego – "Dispara con cadencia rápida, pero cambia a cíclica si la ráfaga de la ametralladora disminuye."
Camuflaje – "Continúa camuflándote mientras continúo con la información."

Imagen 117: La tropa Palehorse, 4.º Escuadrón, 2.º Regimiento de Caballería, practica un ejercicio de fuego real. Área de entrenamiento de Grafenwoehr, Alemania, 24 de febrero de 2016. **¿Es este un buen camuflaje en SPACC?** ¿Coincide el color de las ramas de pino con la maleza circundante? Cada vez que este soldado mueve la cabeza, crea un movimiento de plantas no natural. Nunca permitas que el camuflaje sobresalga de la cabeza.

**Sector de tiro** – La primera prioridad es dar sectores de tiro a las ALE y M240 (Ver Coordinación de sectores de tiro, pág. 165). Para los M4, da un sector aproximado de sus 10 en punto y sus 2 en punto. El líder se tiende sobre la espalda del soldado y mueve manualmente su fusil hacia los límites izquierdo y derecho.

**Prioridad de objetivos** – A cada arma se le asignan prioridades de disparo entre los objetivos esperados. Las prioridades son determinadas para las capacidades de cada arma. Las M240 son ideales para detener vehículos enemigos, por lo que priorizan disparar al bloque del motor, luego a la cabina del vehículo y luego a quienes están desmontados. En emboscadas de pelotón, cada M240 desde la izquierda hasta la derecha apunta a los vehículos delantero, medio y trasero respectivamente. Las ALE apuntan al compartimiento de tripulación o parte trasera de los vehículos, luego a la cabina del vehículo y luego a cualquier persona desmontada, es decir, personas fuera de vehículos. Cada ALE apunta primero a los vehículos más cercanos. Las M4 son armas puntuales, por lo que apuntan primero a los soldados individuales desmontados y luego a las cabinas de los vehículos. Cuando no quedan objetivos, las armas alimentadas por cinta comienzan a disparar de un lado a otro, barriendo su sector para mantener la violencia en la acción.

**Carril de asalto** – En una emboscada lineal, los carriles para cada soldado van directamente hacia adelante, por simplicidad. El líder de la patrulla explica a cada soldado su dirección. Las emboscadas no lineales tienen carriles de asalto más complejos (Ver Contingencias, pág. 183).

**Cadencia de fuego** – Las cadencias tienen tres designaciones: cíclica, rápida y sostenida. "Cíclica" significa disparar un arma automática tan rápido como sea posible; "rápida" es más lenta que cíclica; y "sostenida" es aún más lenta (Ver Cadencia de fuego, pág. 237). La cadencia para las ametralladoras suele ser cíclica durante los primeros 15 segundos de la emboscada. (La mayoría de los enemigos mueren en los disparos iniciales). Luego, la cadencia puede disminuir a rápida durante los siguientes 15 segundos. El líder puede asignar una cadencia de fuego más baja si la unidad tiene poca munición.

La cadencia de fuego de las M4 es sostenida porque su propósito principal es atacar objetivos específicos y no es necesario crear violencia. Para evitar que todas las M4 se queden sin munición simultáneamente, algunas M4 suelen disparar rápidamente. Además, si las ametralladoras no pueden disparar, algunas M4 pueden pasar a la cadencia cíclica para aumentar la cadencia de fuego total de la emboscada.

**Camuflaje** – Los soldados deben camuflarse, y los líderes deben camuflar a sus soldados. El camuflaje está fuera del alcance de este manual, pero aquí hay algunas pautas básicas. Siempre extrae recursos como ramas y tierra desde detrás de una posición. De esta manera, los puntos en blanco del terreno quedan ocultos a la vista. Combina el camuflaje con la posición específica, no el área general, por ejemplo, una gran pila de ramas parecerá antinatural cuando el árbol más cercano esté a 50 metros de distancia. Nunca coloques nada por encima de la cabeza. Las cabezas se mueven y las cosas en la cabeza exageran ese movimiento. Los ojos humanos siguen el orden, movimiento, contornos y, por último, el color (Ver Imagen 117, pág. 164) (Ver Imagen 118, pág. 166).

# 18.j Coordinación de sectores de tiro[1]

El grupo de líderes asigna a cada sistema de armas un sector de tiro para la emboscada por tres razones:

▸ Para evitar el fuego amigo. Un sector de tiro evita todas las posiciones amigas, que cada soldado puede no recordar individualmente en el fragor de la batalla.

---

1 Cita: El bombardeo en racimo desde los B-52 es muy, muy preciso. Las bombas siempre llegan al suelo. —Fuerza Aérea de los Estados Unidos, Desconocido

Imagen 118: Un soldado de las Fuerzas de Autodefensa Terrestre de Japón se desplaza en posición de arrastre alto mientras realiza un ejercicio de vigilancia con la 1.ª División de Marinos durante el Ejercicio Iron Fist 2014. Camp Pendleton, CA, 11 de febrero de 2014. **Observa lo bien que este soldado se fusiona con el entorno.**

▸ Para traslapar sectores de tiro para una cobertura completa. Si cada soldado concentra fuego en un enemigo, puede aparecer un segundo enemigo en un área no monitoreada. Por lo tanto, asignar soldados para controlar un área cada uno, que juntas forman un todo, evita puntos ciegos.

▸ Para superponer sectores de tiro para una cobertura redundante. La cobertura completa nunca depende de un solo sistema de armas.

Para coordinar y superponer fuegos, generalmente se emplean límites de tiro estándar[1]. Los límites de tiro son como sectores de tiro, pero más específicos (los sectores de tiro están formados por dos límites de tiro) (Ver Seguridad de 360 grados (Asignación de sectores de tiro), pág. 130).

En una emboscada lineal para las ALE: el límite izquierdo de la ALE a la izquierda es de 90 grados a la ruta, y su límite derecho es el centro de la zona de aniquilamiento; el límite derecho de la ALE a la derecha es de 90 grados a la ruta, y su límite izquierdo es el centro de la zona de aniquilamiento. Pero nuevamente, siempre que ambas ALE cubran el 100 % de la zona de aniquilamiento, los límites de tiro pueden estar en cualquier lugar (Ver Imagen 119, pág. 167).

Una vez que se determinan los límites de cobertura izquierda y derecha para las ALE, esos límites se pueden dar directamente al M240. Al usar los mismos límites (con ajustes apropiados), se garantiza una cobertura idéntica del 200 % de la zona de aniquilamiento. Por otro lado, a los fusileros se les pueden dar sectores aproximados y amplios (por ejemplo, "Tus límites izquierdo y derecho son tus 10 y 2 en punto") para una cobertura del 300 % de la zona de aniquilamiento.

No se puede subestimar la importancia de hacer que los soldados recuerden y comprendan sus límites de tiro. Aquí hay cinco ejemplos de cómo **reforzar los límites de tiro** (idealmente, usa varios métodos a la vez):

---

1 Aplicando Conceptos: ¿Cómo podría un sargento de pelotón dar fuego coordinado durante una reacción al contacto?

# Referencias para fuegos coordinados

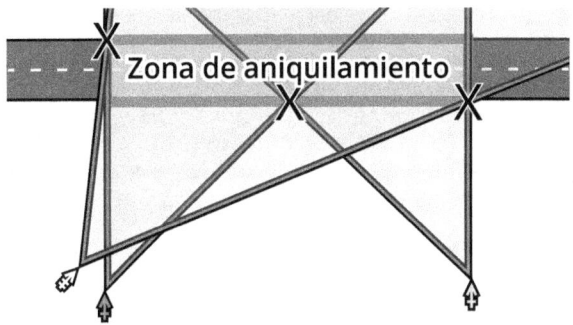

**imagen 119:** La forma en cómo se ven los sectores, se planea durante el reconocimiento del líder (Ver Reconocimiento del líder de apoyo y asalto, pág. 148) (Ver Imagen 104, pág. 149).Esta imagen muestra cómo poner ese plan en práctica. Para realizar fuegos coordinados adecuados para una M240 y dos ALE, solo se necesitan tres puntos de referencia. **Observa que un punto de referencia es una esquina trasera, mientras que otro es una esquina delantera. No cruces la ruta;** es fácil ser detectado en la ruta, comprometiendo la misión.

▸ Acuéstate sobre el soldado y agarra y apunta su arma hacia un punto del terreno claramente identificable (visible de día y de noche). Cuanto más extraño sea el punto, será más fácil de recordar.

▸ Camina hasta la característica cerca del camino y señala.

▸ Dispara un láser infrarrojo (por ejemplo, el PEQ-15) en un límite.

▸ Coloca estacas de puntería a ambos lados del arma para limitar físicamente el movimiento a la izquierda y a la derecha.

▸ Haz que el soldado saque su brújula y elija sus propios puntos del terreno en un azimut que le proporciones.

Al elegir un marcador en el lado cercano o lejano, en o fuera del camino, recuerda considerar cómo los ángulos afectan el marcador. Si un marcador en el lado cercano se utiliza para designar el límite de tiro de dos armas, cada arma tendrá una zona de aniquilamiento ligeramente diferente a la otra, porque cada una utiliza el marcador en un ángulo diferente.

Caminar hasta la zona de aniquilamiento y hacer señales es la forma más efectiva de dar sectores, pero también es la más peligrosa, ya que hace que el líder sea fácilmente visto desde la ruta. Solo ve a la ruta si es necesario y relativamente seguro, como por ejemplo, en la oscuridad con seguridad ya establecida. Si decides ir, solo hazlo tres veces para señalizar el límite izquierdo, el centro y el límite derecho, tanto para las ametralladoras ligeras como para la M240 al mismo tiempo. Si vas al camino, siempre dale un 5 PUNTOS a los soldados, para que un soldado con sueño no se despierte y comience a dispararte. Delante de la línea de asalto, solo camina hacia adelante y hacia atrás desde la ruta, nunca en paralelo a la misma atravesando frente a la línea de asalto. Los Soldados están planeando emboscar un objetivo que atraviesa.

# 18.k Colocación de Claymores y pasos finales[1]

Una vez que la línea de asalto está colocada, el líder de la patrulla y el segundo al mando coordinan la colocación de las Claymores. En una emboscada, el propósito principal de las Claymores es atacar dentro de la "**zona muerta**." La zona muerta es un área a cubierto contra el fuego que un arma no puede alcanzar, por ejemplo, en la zona de aniquilamiento, los enemigos pueden esconderse detrás de un terraplén o una roca grande durante el inicio, de modo que las armas no puedan apuntarles. Una M240 puede disparar a través de la mayoría de los árboles, por lo que a menudo los árboles no son una zona muerta. Si no hay zona muerta, las Claymores se pueden colocar para disparar a la ruta con sectores de tiro traslapados[2]. El área de aniquilamiento principal de una Claymore es de 50 metros en un abanico de 60 grados. El área de peligro de fuego amigo por fragmentos se extiende a 250 metros en un abanico de 180 grados.

Antes de colocar la Claymore, realiza una prueba de circuito en ella. Prueba tanto el cable como el detonador utilizando el conjunto de prueba M40. Además de la prueba, debes mantener el detonador (es decir, el dispositivo de disparo M57) fuera del cable y en tu posesión para evitar disparos accidentales. Conectar el detonador es como poner un dedo en la cola del disparador.

Para instalar la mina, ata el cable donde eventualmente se usará el detonador, es decir, las ubicaciones tanto del líder de la patrulla como el segundo al mando. Los cables de las Claymores deben atarse a un objeto sólido (no a una pata de una ametralladora). Desenrolla el cable hasta la posición de instalación. Los cables de las Claymores no pueden cruzarse, porque el cable de una Claymore puede interferir con el uso de otra Claymore. Una buena ubicación para la Claymore es **16, 35, 18**:

**16, 35** – Entre 16 y 35 metros de la posición de tiro. (16 metros es el área de retroceso, y 35 metros es la longitud del cable).

**18** – Si no está en una zona muerta, coloca la Claymore frente a al menos un árbol de 45 centímetros para absorber el retroceso. Cualquier árbol

---

1    Cita: DE FRENTE HACIA EL ENEMIGO —Instrucciones de la Claymore

2    Aplicando Conceptos: Si el equipo de reconocimiento del líder encuentra un lugar de emboscada sin zona muerta, ¿deberían colocarse Claymores con la seguridad?

168

Fase 3

más pequeño de 45 centímetros se convierte en viruta cuando la Claymore explota y es peor que no tener árbol en absoluto.

Para instalar la mina, usa el acrónimo **AAARC**:

**Apunta la mina** – Empuja las patas un tercio de la distancia hacia el suelo. Elige un objetivo a nivel del suelo a unos 50 metros de distancia. Mira a través de la parte trasera y apunta la mina. Coloca un cuchillo o bolígrafo encima de la mina para facilitar la alineación.

**Ata la mina** – Asegura el cable aproximadamente a un metro detrás de la mina, para que la mina no se mueva si se tira del cable.

**Arma la mina** – Atornilla el detonador explosivo en la Claymore.

**Reapunta la mina** – Haz lo mismo que cuando apuntabas por primera vez.

**Camufla la mina** – Recoge ramas sin dejar un lugar visible en blanco. Entierra o camufla el cable de vuelta a la posición de tiro. Si cubres la línea con hojas, ten en cuenta que una línea recta y definida de hojas puede parecer más fuera de lugar que ninguna hoja en absoluto.

Después de que el líder de la patrulla termine de coordinar los fuegos y colocar las Claymores, regresa al apoyo por el fuego y contacta a todos los elementos para asegurarse de que las comunicaciones estén funcionando. Luego, un líder emite el reporte para "emboscada ocupada" al escalón superior. El líder de la patrulla se posiciona a la derecha del tirador. Quien tenga los detonadores instala el cable de la Claymore en el detonador camuflándolo lo mejor posible.

Fase 3

## 18.1 Emboscada de
## área de pelotón[1]

**Una emboscada de área de pelotón está compuesta por múltiples emboscadas de punto de escuadra.** Una emboscada de área es útil si se necesitan emboscar múltiples objetivos, pero viajar en un grupo más grande es más seguro. Por ejemplo, una emboscada para atacar un convoy y dos emboscadas adicionales para eliminar cualquier refuerzo. Los únicos aspectos especiales de una emboscada de área de pelotón son la división y combinación del elemento de pelotón. La división se describe en el siguiente párrafo. La recombinación es un procedimiento complicado llamado enlace y se describe a continuación en la fase de la base de patrulla (Ver Enlace, pág. 220).

Hay dos opciones para dividir el elemento de pelotón: dividir durante el movimiento y dividir durante un alto prolongado. Una división durante el movimiento es cuando una escuadra se va sin problemas a un azimut diferente una vez que el pelotón pasa un lugar planificado previamente. Crear un alto prolongada en su lugar permite a los líderes volver a verificar que el pelotón se está dividiendo en el lugar correcto. Justo antes de una división, el equipo de ametralladora y el grupo de líderes de pelotón asignado también deben prepararse para dividirse.

# 19. Emboscada de
# punto de pelotón

Una emboscada de punto a nivel pelotón es cuando un pelotón ataca un lugar como un todo. Por el contrario, una emboscada de área de pelotón, es cuando un pelotón se divide en diferentes escuadras y ataca múltiples lugares al mismo tiempo. La estructura y el emplazamiento de una emboscada de punto de pelotón es generalmente la misma que la de una emboscada de punto a nivel escuadra (Ver Creando el alto prolongado, pág. 123) (Ver Creando el punto de reunión en el objetivo, pág. 133) (Ver Creación de la emboscada, pág. 143).

Al igual que en una emboscada de punto de escuadra, el primer paso es crear un alto prolongado. El segundo paso es crear un punto de reunión del objetivo (PRO). Un pelotón es demasiado grande para usar formaciones del tamaño de una escuadra, así que utiliza una "formación de pelotón". Explicar la formación de pelotón será el enfoque de este capítulo, ya que es la diferencia más importante entre la emboscada de punto de escuadra

---

1    Cita: ¡El Papa! ¿Cuántas divisiones tiene? —Dictador de la Unión Soviética, Joseph Stalin, en respuesta a la pregunta de si podría ganarse el favor del Papa.

# Emboscada de punto de pelotón

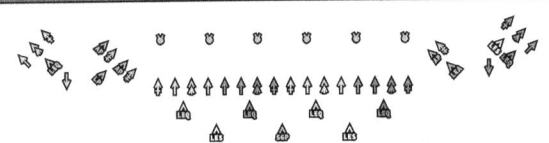

imagen 122: Ejemplo de una **emboscada de punto lineal de pelotón**. Las distancias no están a escala.

mencionada anteriormente y la emboscada de punto de pelotón. Otras diferencias, como la ubicación de los líderes, se discuten al final del capítulo.

Nota: Aunque este manual proporciona una explicación detallada de la formación de pelotón, no es la única solución. Una formación de pelotón es solo una formación de uso general para cualquier momento en que un pelotón se detiene en un área de peligro o durante mucho tiempo. Esto incluye PRO, bases de patrulla e incluso algunas emboscadas. Es simplemente más fácil aprender de un ejemplo específico de lo que funciona para un pelotón, en lugar de muchos ejemplos y conceptos abstractos.

## 19.a Reconocimiento del líder de la formación de pelotón

Antes de que se ocupe una formación de pelotón, el primer paso es el reconocimiento del líder en ese lugar. La formación de pelotón es para detener a un pelotón en un área relativamente peligrosa, y el pelotón más grande tiene mucho menos camuflaje innato que la escuadra más pequeña, por lo que cualquier peligro cuando está detenido se magnifica.

El primer paso es detener la patrulla en una formación de alto prolongado del pelotón. Un alto prolongado del pelotón utiliza los mismos principios que un alto prolongado de escuadra (Ver Creando el alto prolongado, pág. 123). La diferencia es la presencia de capas adicionales de líderes. En un alto prolongado de pelotón, los líderes de equipo generalmente se quedan con su equipo mientras que los líderes del pelotón patrullan la línea. Todavía hay dos áreas principales: el comando y la seguridad de 360 grados, aquí, las 3 escuadras (Ver Imagen 123, pág. 172).

El reconocimiento del líder es también generalmente el mismo que con una escuadra, excepto que hay más soldados (Ver Reconocimiento del líder del pelotón en el PRO, pág. 135). En un pelotón, un equipo de reconocimiento del líder consta de ocho soldados: un equipo líder (líder del pelotón, RO, líder del equipo de armas), un V&O (1er ALE Alfa, 1er hombre punta de Alfa) y los tres aprovisionadores.

## Alto prolongado de pelotón

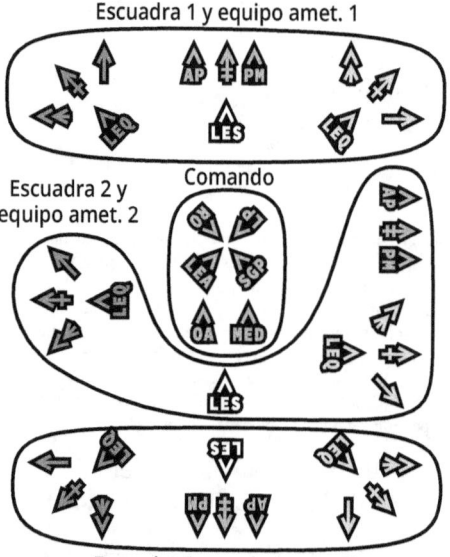

Imagen 123: En este ejemplo, los equipos de la escuadra 2 están separados porque el alto prolongado se realizó desde una formación en movimiento que tenía a la escuadra 2 en el medio. También hay puntos fuertes prominentes. Pero siempre y cuando haya seguridad de 360 grados, cualquier disposición es aceptable.

La formación de movimiento del equipo de reconocimiento del líder puede ser una formación de doble diamante: el primer diamante está compuesto por el líder del pelotón, RO, primer ALE Alfa y primer hombre punta de alfa; el segundo diamante es el líder del equipo de armas y los tres aprovisionadores (Ver Imagen 92, pág. 136). Cuando el equipo de reconocimiento del líder se va, el líder del pelotón emite un 5 PUNTOS al líder del elemento principal y se cuenta fuera de la formación.

**El reconocimiento del líder se realiza en dos pasos**: barrer el área de la formación en busca de peligros y luego reconocer el área circundante en busca de amenazas externas. Una vez que el equipo de reconocimiento del líder llega al lugar prospectivo de la formación del pelotón, el equipo

Fase 3

de reconocimiento del líder **barre el área** en unos pocos pasos (Ver Imagen 124, pág. 174):

1) El equipo de reconocimiento del líder llega en formación de doble diamante y realiza ALTAC.

2) Todos los soldados se alinean, excepto V&O y el aprovisionador de la segunda escuadra. El aprovisionador de la primera escuadra va al extremo derecho y el aprovisionador de la tercera escuadra al extremo izquierdo.

3) La V&O se ubica en una posición de observación, vigilando toda el área de formación del pelotón. El aprovisionador de la segunda escuadra se ubica en una posición provisoria a las 6 en punto de la formación.

4) La línea avanza 50 metros para despejar el área de trampas.

Después de barrer el área, es necesario reconocer el área circundante en busca de amenazas externas. Pero primero, se establece la columna vertebral de la formación del pelotón. La forma básica de la formación del pelotón es un triángulo boca abajo con lados de 35 metros (más largo para una base de patrulla para destinar un área para la planificación) (Ver Imagen 128, pág. 178). Para marcar este triángulo, el líder de la patrulla posiciona a uno de los tres aprovisionadores en cada esquina del triángulo como puntos de referencia.

Durante el barrido inicial, el aprovisionador de la segunda escuadra ya estaba ubicado para marcar la esquina inferior del triángulo de formación del pelotón. Los dos aprovisionadores restantes se ubicarán en las otras dos esquinas a continuación. Después de que se coloquen los tres aprovisionadores, idealmente no se moverán nuevamente. El líder del equipo de armas viene principalmente al reconocimiento del líder para supervisar a los aprovisionadores una vez que el líder de la patrulla regresa al elemento principal para traer al pelotón.

Una vez que se ha barrido el área, el siguiente paso es **reconocer el área circundante** en busca de amenazas (Ver Imagen 125, pág. 175).

5) Desde la línea, los dos aprovisionadores restantes se ubican en las dos esquinas restantes del triángulo de formación del pelotón.

6) Desde la línea, el grupo de líderes se desplaza a 100 metros o más frente al área de formación para llevar a cabo ALTAC.

7) El grupo de líderes se desplaza a 50 metros o más a la izquierda y derecha para llevar a cabo ALTAC.

8) El grupo de líderes deja al líder del equipo de armas en el área de formación del pelotón ahora confirmada y regresa al elemento principal para llevarlo al área. Mientras el grupo de líderes está ausente, el líder del equipo de armas, los aprovisionadores y la V&O mantienen el contacto visual entre sí.

Fase 3

# Formación para Barrido de Seguridad

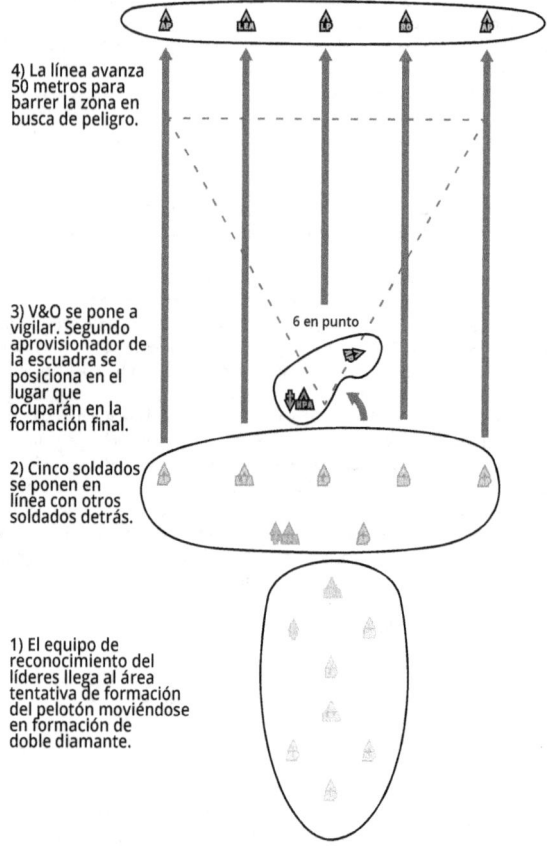

4) La línea avanza 50 metros para barrer la zona en busca de peligro.

3) V&O se pone a vigilar. Segundo aprovisionador de la escuadra se posiciona en el lugar que ocuparán en la formación final.

6 en punto

2) Cinco soldados se ponen en línea con otros soldados detrás.

1) El equipo de reconocimiento del líderes llega al área tentativa de formación del pelotón moviéndose en formación de doble diamante.

Imagen 124: **El reconocimiento del líder de la formación del Pelotón comienza con un barrido del área.** El contorno de un triángulo es donde se planea que esté la formación del Pelotón. El Aprovisionador de la 2.ª Escuadra se ubica en esa posición para marcar la esquina inferior, mantendrá esta posición en la formación final.

Fase 3

# Formación para el Reconocimiento

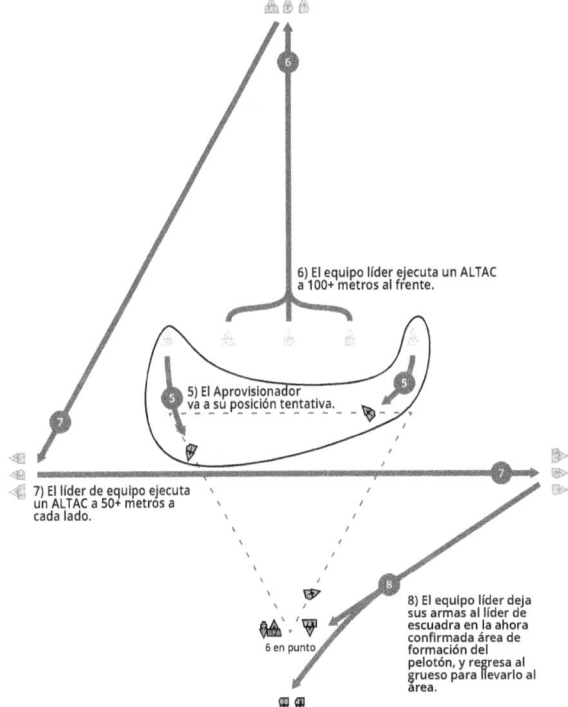

6) El equipo líder ejecuta un ALTAC a 100+ metros al frente.

5) El Aprovisionador va a su posición tentativa.

7) El líder de equipo ejecuta un ALTAC a 50+ metros a cada lado.

8) El equipo líder deja sus armas al líder de escuadra en la ahora confirmada área de formación del pelotón, y regresa al grueso para llevarlo al área.

6 en punto

Fase 3

Imagen 125: Después del barrido, los Aprovisionadores se ubican como marcadores de posición. **El reconocimiento del líder finaliza con un reconocimiento del área circundante en busca de amenazas.** Se recuerda a cada Soldado que los líderes efectúan ALTAC, porque los Soldados que van en el medio pueden olvidarse y hacer ruido.

# 19.b Formación de pelotón

En este ejemplo para formación de pelotón, hay tres escuadras y tres equipos de armas. Cada escuadra ocupa un lado del triángulo. Cada equipo de armas ocupa una esquina. Para ocupar, primero, el sargento de pelotón crea un punto de estrangulamiento en las 6 en punto para contar a los soldados. Todas las escuadras siempre entran y salen de la formación del pelotón a las 6 en punto. Entrar y salir siempre desde el mismo punto no solo ayuda a facilitar el conteo, sino que evita que los soldados en la línea disparen a figuras no identificadas en la oscuridad (Ver Imagen 127, pág. 177).

**Primera escuadra** – Se dirige a la derecha y gira a la izquierda en el aprovisionador de las 2 en punto para ocupar la parte superior del triángulo. El primer equipo de armas sigue a la primera escuadra y ocupa la posición de las 2 en punto.

**Segunda escuadra** – Se dirige a la derecha para seguir directamente detrás de la primera escuadra y ocupa el lado derecho del triángulo. El segundo equipo de armas ocupa la posición de las 6 en punto.

**Tercera escuadra** – Se dirige a la izquierda y ocupa el lado izquierdo del triángulo. La tercera escuadra es liderada por el tercer equipo de armas en lugar de seguir, y ocupa la posición de las 10 en punto.

La formación final es la siguiente (Ver Imagen 128, pág. 178). **Cada línea** del triángulo tiene solo fusileros y tiradores ALE. Una línea está compuesta por dos o tres grupos de soldados en pie de cuervo, para que los soldados siempre tengan al menos un compañero con el que cambiar (Ver Organizando a los soldados (Punto fuerte/Pata de cuervo), pág. 129). Si es posible, cada punto fuerte tiene una ametralladora que siempre está en condiciones de.

**Cada esquina** del triángulo tiene un equipo de armas. Su sector de tiro se establece como una línea de protección de protección final (LPF). Una LPF es la técnica de tener un límite izquierdo que dispare lo más cerca posible frente a la línea de soldados. La teoría es que, si hay demasiados enemigos entrantes, las municiones de 7.62 formarán una línea de municiones que atravesará todo lo que intente pasar. Por lo tanto, la LPF dispara cerca del suelo con un mínimo de zonas muertas.

La dificultad de establecer sectores de tiro correctos en las esquinas de una formación de pelotón merece mención especial (Ver Imagen 129, pág. 179). En cada esquina, dos líneas de escuadras deben mantener un desplazamiento de 15 grados desde el equipo de armas de la esquina, mientras que se cruzan para una seguridad de 360 grados. Al mismo tiempo, los equipos de armas tienen su límite izquierdo a 15 grados de una línea de escuadra a su izquierda, y contacto de metal a metal en el trípode. Es decir, el trípode de la M240 no permitirá que la M240 gire más allá del límite izquierdo.

# Formación del pelotón para ocupar

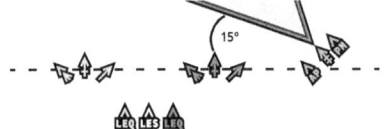

Imagen 126: Un solo brazo de una formación de pelotón. Antes de entrar en el punto de estrangulamiento, cada escuadra forma una fila en el orden en el que ocuparán su lado. Si este fuera la primera escuadra, entraría primero con los soldados azules.

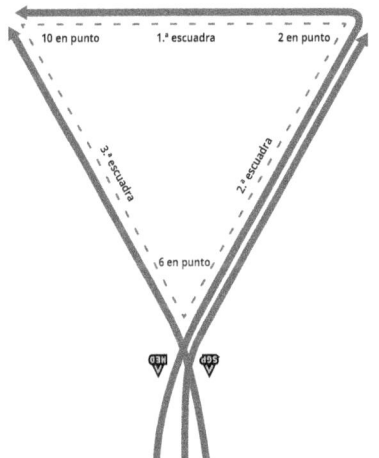

### 1.ª escuadra, equipo de armas a retaguardia.

### 2.ª escuadra, equipo de armas a retaguardia.

### 3.ª escuadra, equipo de armas al frente.

Imagen 127: Cuando el elemento principal llega al área de formación confirmada, se estrecha en el punto de estrangulamiento como una fila larga o cuña modificada. Cada escuadra entra en orden. **Dentro de su fila, los soldados también están en el orden en el que ocuparán su lado del triángulo.** Por ejemplo, en la imagen superior para la 1.ª escuadra, los soldados azules entrarían al frente y el equipo de ametralladora en la retaguardia. Esta formación en particular también exige en la imagen inferior que el equipo de ametralladora de la 3.ª escuadra entre por el frente

Fase 3

# Formación del pelotón

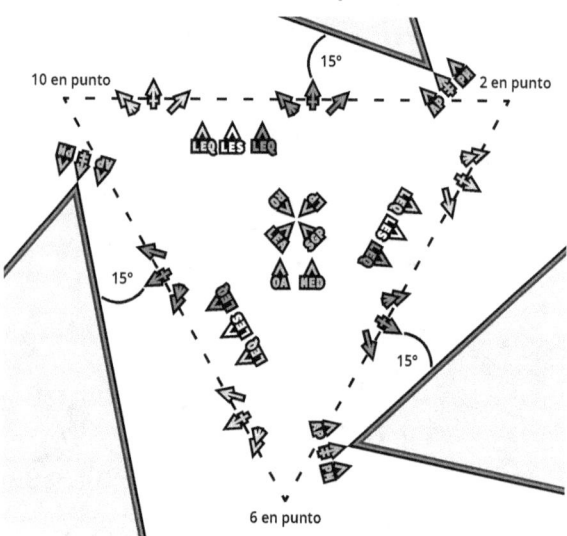

Imagen 128: El comando está en el centro, mientras que el resto de los soldados defienden la formación. **Esta es una formación multiusos para detenerse como un pelotón.** Aunque parece complicada, ten en cuenta que toda la simetría rotacional permite una explicación fácil cuando se descompone. Se resaltan los sectores de tiro de los equipos de ametralladoras para mostrar cómo se ve una línea de protección final. Además del fuego desde cada lado, si un enemigo se acerca, un equipo de ametralladora puede disparar frente a la línea, creando una cortina de proyectiles.

**El interior** de la formación tiene a los líderes. Los líderes a nivel de equipo y escuadra están justo detrás de la línea, comandando a todos los fusileros y puntos fuertes. El grupo de líderes a nivel de pelotón está en el centro de la formación coordinando toda la formación.

Finalmente, para la ocupación, las M240 siempre están con sus tiradores en condiciones con al menos 300 municiones adjuntas. Los puntos fuertes y los equipos de armas colocan ordenadamente sus mochilas detrás de ellos de la manera más conveniente posible sin interferir con sus posiciones.

## Sectores de tiro en las esquinas

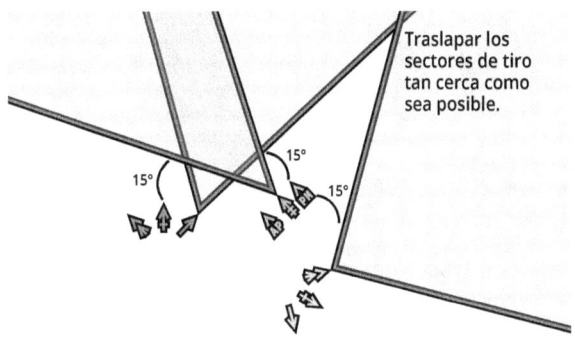

**Traslapar los sectores de tiro tan cerca como sea posible.**

15°  15°  15°  15°

Imagen 129: Las M240 no cuentan para los 360 grados de cobertura que requiere la formación. Por lo tanto, puede ser difícil obtener cobertura y un seguro desplazamiento de 15 grados para todas las posiciones. **Con ese fin, no coloques las M240 como punta de la formación del pelotón; muévelas hacia adentro un poco.**

### 19.c Reconocimiento del líder en el objetivo

El reconocimiento del líder en un objetivo de pelotón es muy similar al de un objetivo de escuadra, pero con más personas (Ver Creación de la emboscada, pág. 143). Todo el grupo de líderes de apoyo y asalto asiste al reconocimiento del líder del objetivo para tener una idea del terreno que deben liderar. Una lista comúnmente utilizada incluye: líder de pelotón, RO, líder de escuadra de armas, líder de la primera escuadra, líder de la segunda escuadra, primer hombre punta de Alfa, ALE de la primera escuadra y los tres aprovisionadores. Antes de salir, el equipo de reconocimiento del líder debe controlar COA-V, emitir un 5 PUNTOS y ser contado para salir. La formación de movimiento hacia el objetivo es siempre acorde a la sigla METT-TC, siempre y cuando se esté utilizando una formación real.

**El reconocimiento del líder a nivel de pelotón sigue las mismas pautas que el reconocimiento del líder a nivel de escuadra** (Ver Reconocimiento del líder del punto de liberación, V&O y zona de aniquilamiento, pág. 144). Hay más personas en un reconocimiento de pelotón, así que, en el punto de liberación tentativo, el líder de la patrulla y el RO dejan al resto del elemento mientras emplazan a la V&O y verifican el objetivo de la emboscada (esto es para mantener la huella lo más pequeña posible). Una vez que se verifica el objetivo de la emboscada, el líder de

Fase 3

la patrulla lleva al resto del equipo de reconocimiento del líder al punto de liberación al objetivo. En el objetivo, el equipo de reconocimiento del líder elige una ubicación de emboscada de acuerdo con los mismos procedimientos que con un reconocimiento del líder a nivel de escuadra.

El apoyo por el fuego es más complicado en una emboscada de punto de pelotón porque hay más equipos de armas y, por lo tanto, más formas de distribuir su potencia de fuego. Los equipos de armas y sus líderes asignados pueden estar divididos entre tres ubicaciones: a la izquierda del asalto, en el centro del asalto y a la derecha del asalto. El método preferido para emboscar vehículos es posicionar dos equipos de armas juntos, enfrentando la avenida de aproximación esperada del enemigo, al igual que en una emboscada de escuadra. Esto maximiza la visión a lo largo del camino. Sin embargo, al emboscar enemigos a pie, puede ser mejor distribuir uniformemente los equipos de armas para maximizar la línea de visión detrás de obstáculos como árboles. Con más M240, cada apoyo de fuego puede cubrir el 51 % de la zona de aniquilamiento en lugar del 100 % (Ver Imagen 130, pág. 181).

Para marcar las posiciones de apoyo durante el reconocimiento del líder, el líder de la patrulla posiciona a los aprovisionadores en dichas posiciones. Al igual que con una formación de pelotón, la ocupación se acelera utilizando a los aprovisionadores como puntos de referencia. Si hay varias posiciones de apoyo, el líder de la patrulla puede indicar al líder de la escuadra de armas dónde quiere ubicar a los aprovisionadores para marcar las posiciones de los equipos de armas.

Mientras el líder de la patrulla está encontrando y marcando las posiciones de apoyo, el/los líder(es) de asalto comienza(n) a marcar las posiciones de asalto. El líder de la patrulla es responsable de verificar cada posición. Cuando se completa el reconocimiento del líder, todos los aprovisionadores, el líder del equipo de armas y la V&O permanecen en el objetivo, mientras que el líder de la patrulla, el RO, el líder de la primera escuadra y el líder de la segunda escuadra regresan al grueso para comenzar a colocar asalto, apoyo y seguridad.

## 19.d Ocupación del objetivo[1]

La emboscada de punto de pelotón más simple es emplazar dos emboscadas lineales de escuadra una al lado de la otra, para una emboscada lineal de pelotón de aproximadamente 100 metros de longitud (Ver Imagen

[1]  Aplicando Conceptos: Para ser particularmente agresivo en una zona peligrosa, un pelotón puede participar en una emboscada defensiva. Una emboscada defensiva es una emboscada que utiliza una formación de pelotón como formación de emboscada. Esto asegura una seguridad de 360 grados, con solo un lado realmente emboscado. El lado de la emboscada puede reforzarse con tropas de los otros dos lados. Si la emboscada defensiva está en una intersección de caminos, dos lados del triángulo pueden tocar un camino y ambos pueden prepararse para emboscar

# Posicionando los equipos de armas

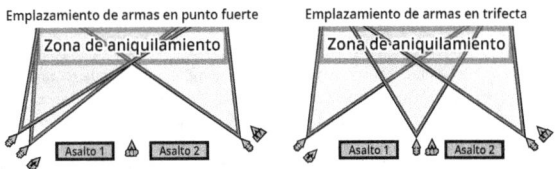

Emplazamiento de armas en punto fuerte

Zona de aniquilamiento

Asalto 1   Asalto 2

Emplazamiento de armas en trifecta

Zona de aniquilamiento

Asalto 1   Asalto 2

Imagen 130: La posición de los Equipos de Ametralladoras depende en gran medida del objetivo esperado. La posición del **punto fuerte** es excelente para detener vehículos enemigos entrantes, mientras que la posición de **trifecta** distribuye el poder de fuego para atacar patrullas a pie. **La ubicación de los líderes del pelotón depende en gran medida de la ubicación ideal de las armas que causan más bajas en el pelotón, las M240.** Sin embargo, cada líder puede ir donde se necesite. ¿Por qué podría elegir el líder del pelotón liderar el asalto y no los equipos de ametralladora?

122, pág. 171). Aunque esta sección asume que se utilizará este tipo de emboscada, el mismo consejo se aplica a muchos otros tipos de emboscadas.

Desde el punto de liberación del pelotón, la seguridad se emplaza a cada lado de la zona de aniquilamiento, al igual que en una emboscada de escuadra. Debido a que el tamaño de la zona de aniquilamiento y el número de soldados son mucho mayores que en una escuadra, la distancia desde la seguridad hasta la emboscada puede ser mayor, y esto debe tenerse en cuenta. Una escuadra completa puede dividirse en dos equipos para encargarse de la seguridad: un equipo toma el lado fuerte y el otro toma el lado débil. Debido a que un líder de escuadra está a cargo de la seguridad, la seguridad a nivel de pelotón puede emplazarse de manera más efectiva.

El apoyo de fuego se emplaza a continuación. Cada posición tiene un aprovisionador ya emplazado desde el reconocimiento del líder. El emplazamiento de las M240 en sí es el mismo que durante un emplazamiento de escuadra (Ver Emplazamiento del apoyo, pág. 162).

Las escuadras de asalto son guiadas hacia la línea de emboscada utilizando los mismos métodos que en una emboscada de punto de escuadra, con una excepción notable. Hay más líderes de equipo y líderes de escuadra en la línea de asalto que en una escuadra, creando una segunda capa de líderes. Un PPO común es que el líder de la escuadra de asalto 1 dirija el asalto después de que el líder de pelotón dé la orden de cesar el fuego o después de que se detenga el reenganche. En este PPO, el líder de pelotón y el líder de la escuadra de asalto 1 son equivalentes al líder de escuadra y al líder de equipo en una emboscada de punto de escuadra, respectivamente. El líder de la escuadra de asalto 2 avanza detrás de su propia escuadra, ayudando a dirigir. Pero principalmente, el líder de la escuadra de asalto 2 espera en reserva para asumir el mando si el líder de la

Fase 3

escuadra de asalto 1 queda incapacitado; y el líder de la escuadra de asalto 2 también lidera equipos especializados como los equipos de prisioneros de guerra y los equipos de ayuda y evacuación.

Una emboscada de punto de pelotón tiene muchas más Claymores y AT4 disponibles. La distribución de estas armas depende de METT-TC. Los AT4 son valiosos para detener vehículos, así que colóquelos donde sea necesario detener vehículos. Las Claymores son valiosas para eliminar tropas a pie; son buenas para cubrir zonas muertas en la zona de aniquilamiento y eliminar a los enemigos que salen corriendo de la zona de aniquilamiento. Si hay tiempo, el líder de la patrulla verifica todos los emplazamientos de Claymore.

## 19.e Posición de los líderes del pelotón

La ubicación exacta de los líderes del pelotón depende de METT-TC. Dicho esto, el líder de pelotón y el líder de la escuadra de armas siempre están presentes en el objetivo porque el líder de pelotón es responsable de la emboscada y el líder de la escuadra de armas es responsable de los equipos de armas.

Sin embargo, el sargento de pelotón puede estar en el objetivo o puede estar en el punto de colección de bajas (PCB). Posicionar al sargento de pelotón en el objetivo deja a todos los líderes del pelotón cerca de la zona de aniquilamiento, y si algo sale mal, todos podrían quedar incapacitados. Pero mantener al sargento de pelotón atrás priva a la emboscada de tener al soldado más experimentado de la patrulla. Posicionar al sargento de pelotón en el objetivo también permite una tercera posición de armamento para las tropas a pie con un líder a nivel de pelotón.

Dentro del objetivo en sí, la ubicación de los líderes del pelotón puede variar. La ubicación de los equipos de armas juega un gran papel en la ubicación de los líderes, porque es importante coordinar y controlar las armas que más producen bajas en la patrulla (Ver Imagen 130, pág. 181). El líder de pelotón puede quedarse con una posición de apoyo, o puede delegar las responsabilidades a su líder de la escuadra de armas y al sargento de pelotón (Ver Imagen 131, pág. 183).

El líder de pelotón también puede liderar el asalto. Si el líder de pelotón se queda con el apoyo de fuego, está más al tanto de la situación en toda la emboscada porque un equipo de armas es relativamente autosuficiente. Pero el líder de pelotón puede querer controlar y liderar el asalto, ya que es la parte más difícil de ejecutar en una emboscada. Por otra parte, si el sargento de pelotón está en el objetivo, puede liderar el asalto porque es el soldado más experimentado en la patrulla. Sin embargo, un líder de escuadra es quien lidera el asalto para permitir que el sargento de pelotón se enfoque más en la supervisión general, la evacuación y atención médica.

Imagen 131: Soldados paracaidistas del Ejército de los EE. UU. del 2.º Batallón, Regimiento de Infantería 503, Brigada Aerotransportada 173, disparan a un objetivo durante un ejercicio con munición de fogueo como parte del Ejercicio Rock Knight. Campo de entrenamiento Pocek, Postonja, Eslovenia, 18 de julio de 2017. Esta es una posición de apoyo por el fuego con dos Equipos de Ametralladoras. **El Soldado en el centro es un líder que coordina ambas ametralladoras.** El líder podría ser el líder del pelotón, el líder del equipo de armas u otro líder dependiendo de cómo se haya planeado la emboscada.

# 20. Contingencias[1]

Es imposible planificar para todas las contingencias. Sin embargo, a continuación, se describen algunos de los escenarios más comunes que vale la pena planificar.

## 20.a Quedarse sin tiempo (Emplazamiento improvisado)

Una misión que se está quedando sin tiempo para emplazar puede realizar un emplazamiento improvisado. Un emplazamiento improvisado omite muchos pasos de un emplazamiento normal para ahorrar tiempo, pero como consecuencia, la emboscada sacrifica precisión. Esta sección describe el emplazamiento más rápido posible desde el punto de reunión del objetivo (PRO); sin embargo, hay muchos puntos intermedios y pasos que se pueden realizar u omitir según cuánto tiempo tenga la patrulla.

---

1    Cita: No menosprecio el valor del conocimiento militar, pero si los hombres hacen la guerra en una obediencia esclava a las reglas, fracasarán. —6.º Comandante General del Ejército de los EE. UU., Ulysses S. Grant.

**Eliminar el reconocimiento del líder en el objetivo.** Desde el PRO, cada soldado continúa hasta que el líder de la patrulla designa un punto de liberación. En el punto de liberación, los integrantes de SAA dejan todas las mochilas y se emplazan simultáneamente. El líder de la patrulla informa a la seguridad sobre qué buscar en sus ubicaciones y sus criterios de PLASEG. Luego, el segundo líder de patrulla cuenta a todos los equipos a la vez. Los equipos de seguridad reconocen y ocupan sus posiciones mientras apoyo y asalto continúan hacia el objetivo. Recuerda que debido a que no hubo reconocimiento del líder, llevar a cabo ALTAC y moverse cuidadosa y discretamente se vuelve aún más importante.

A medida que el asalto se acerca al objetivo en formación de fila, cambia a una formación de línea, con los soldados espaciados uniformemente a cinco metros el uno del otro. Las ALE están al final de cada lado de la línea, y el líder de asalto está en el medio de la línea. El líder de patrulla y los equipos de armas se emplazan en el lado de la línea de emboscada opuesto a la avenida de aproximación del enemigo. **La idea es posicionar el apoyo y el asalto mientras se mueven hacia el objetivo, en lugar de en el objetivo.** Idealmente, cuando el apoyo y el asalto llegan a 35 metros de la zona de aniquilamiento, cada soldado puede autoemplazarse al dejarse caer en posición de tendido a cubierto.

## 20.b Compromiso durante el emplazamiento

En cualquier momento y desde cualquier dirección, la patrulla puede ser vista y comprometida. Se deben preparar planes de contingencia para muchos escenarios. ¿Qué pasa si un civil ve la patrulla? A menudo, la solución es llevar un kit de detención y retener al civil hasta la conclusión de la patrulla.

Si el enemigo se acerca a la patrulla, pero no detecta nada, entonces el emplazamiento se detiene. El líder de la patrulla puede elegir dejar pasar al enemigo o realizar una emboscada improvisada. Si el enemigo detecta a la patrulla, entonces la emboscada se convierte en una reacción al contacto. Cabe destacar que una reacción al contacto es complicada si la patrulla está dividida en SAA. **En cualquier caso, el líder de la patrulla debe considerar pedir orientación a un nivel superior si hay riesgo de compromiso de la misión.**

La seguridad se emplaza antes que el apoyo y el asalto, específicamente para reducir el riesgo de compromiso. Si la Seguridad puede advertir a la emboscada principal, entonces la emboscada debe tocar el suelo donde estén y prepararse para atacar desde cualquier posición en la que caigan. El líder de la patrulla puede decidir si es viable que la posición improvisada pueda apoyar un ataque o si dejar pasar al enemigo.

Sin embargo, si la seguridad no puede proporcionar una alerta temprana por cualquier motivo, no se puede hacer mucho para completar la misión. Una patrulla fuera de posición tendrá dificultades para emboscar un vehículo moviéndose rápidamente, y es probable que ese vehículo haya visto a una patrulla completa de Soldados armados.

## 20.c Emboscada en una curva del camino

Se puede realizar una **emboscada en forma de "L"** donde el camino llega a una curva pronunciada, creando una forma de "L". En general, una emboscada en forma de "L" es superior a una emboscada lineal porque la M240 puede disparar directamente por el camino, y los vehículos enemigos disminuyen la velocidad en la curva. Las emboscadas en forma de "L" son poco comunes solo porque exigen emboscar en una característica de terreno particular (es decir, la curva) que puede no existir. Además, debido a que las curvas pronunciadas son poco comunes, una emboscada en forma de "L" puede enseñarle al enemigo a ser especialmente cauteloso siempre que pase por una.

La M240 se ubica de manera que apunte directamente a la patrulla enemiga que se aproxima. El equipo de armas puede lograr un fuego enfilado directamente sobre el camino, perpendicular a la línea de asalto, en lugar de un **fuego en desenfilada** en un ángulo oblicuo junto a la línea de asalto. El sector de tiro del apoyo por el fuego sigue siendo metal a metal, a 15 grados de la línea de asalto. Realísticamente, esto significa que

el lado cercano del camino es un límite de tiro. Para ser aún más cautelosos, la patrulla puede crear una emboscada **en forma de "Z"** al convertir la seguridad del lado fuerte en un accesorio de seguridad de anti-flanco y retaguardia para la emboscada (Ver Imagen 134, pág. 187).

Dado que la retaguardia del pelotón ahora está orientada en dos direcciones en lugar de una, y el apoyo por el fuego está más lejos del elemento principal, la seguridad que mira hacia atrás para cada elemento se vuelve más importante. Puede ser aconsejable asignar un fusilero adicional al apoyo por el fuego para la seguridad a retaguardia. Además, cada soldado debe conocer especialmente la ubicación de cada equipo de seguridad, ya que el lado débil está en diagonal y al frente de la línea de asalto, y el lado fuerte está junto al sector de tiro de la M240.

## 20.d Emboscada unidireccional (T y V)

Si la dirección de aproximación del enemigo se conoce con certeza, entonces la emboscada puede centrar su atención en una dirección de aproximación, mientras da la espalda a la dirección opuesta. En contraste, en una emboscada lineal, una razón por la que las M240 no están ubicadas hacia el centro del camino es para que puedan girar fácilmente y enfrentarse a los enemigos que vienen desde la "dirección incorrecta".

En una emboscada unidireccional, la M240 puede utilizar un fuego enfilado al alinearse y acercarse al camino (Ver Imagen 135, pág. 188). **El fuego enfilado** significa que el enemigo está en línea, por lo que las

# Emboscada en una curva (L y Z)

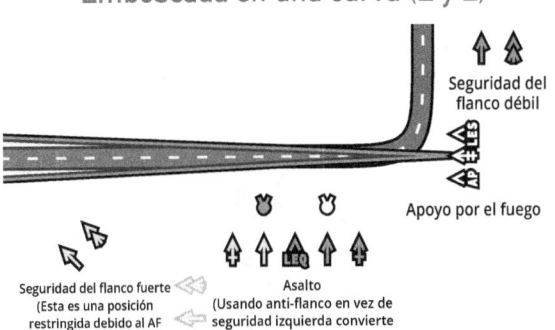

Seguridad del flanco débil

Apoyo por el fuego

Seguridad del flanco fuerte
(Esta es una posición
restringida debido al AF
disparando detrás de la misma.)

Asalto
(Usando anti-flanco en vez de
seguridad izquierda convierte
la forma de L en una Z).

Imagen 134: Las curvas en el camino proporcionan excelentes lugares para emboscadas al darle al soporte por el fuego más objetivos y poder de detención. **Los vehículos enemigos también disminuirán naturalmente la velocidad en las curvas.** El principal inconveniente es que las curvas son limitadas y predecibles.

municiones que salen de un objetivo penetran en más objetivos alineados detrás del primero, y apuntar es mucho más rápido y preciso porque los objetivos están cerca unos de otros. Una M240 puede atravesar la mayoría de los materiales y disparar rápidamente, por lo que alinear a los enemigos muy juntos aumenta masivamente el poder letal.

Un ejemplo de cuándo los fuegos enfilados son especialmente efectivos es cuando el enemigo se desplaza en un convoy. Varios vehículos en línea pueden proteger al enemigo de un fuego perpendicular, pero son mucho menos efectivos contra un fuego paralelo.

Debido a que la emboscada apunta hacia una de las direcciones del camino, en lugar de cruzar el camino, la patrulla puede posicionar una segunda línea de asalto en el lado opuesto del camino. Esto reduce la capacidad del enemigo para flanquear a la patrulla antes de la emboscada y su capacidad para esconderse en el lado opuesto del camino después de la emboscada.

Sin embargo, el uso de ambos lados del camino es muy vulnerable a los enemigos que logran detenerse en el camino en el medio de la línea de emboscada. Cuando eso sucede, la emboscada no puede disparar para evitar el fuego amigo. La planificación para esta contingencia es similar a cuando un enemigo se detiene en el medio de un cruce de APL (Ver Ataque enemigo durante el cruce de un APL, pág. 64).

Fase 3

Imagen 135: Un soldado del 1.ᵉʳ Batallón, 12.º Regimiento de Caballería, una unidad de la 1.ª División de Caballería con sede en Fort Hood, se prepara para emboscar un vehículo. Camp Shelby, cerca de Hattiesburg, MS, 28 de julio de 2015. **Observa lo ventajosas que pueden ser las curvas en el camino para los disparos de enfilada y para reducir la velocidad de los vehículos. Encuentra una buena posición para los disparos de enfilada cuando sea posible.**

## 20.e Emboscada para patrullas anti emboscadas (K y X)

Una patrulla anti emboscada es cuando el enemigo envía una vanguardia antes del elemento principal ya sea en el camino o fuera del lado del camino. A la vanguardia anti emboscada se le asigna la tarea de detectar y enfrentar a los elementos de Seguridad de una emboscada antes de que el enemigo sea emboscado.

Si esa vanguardia detecta la seguridad de una emboscada, el enemigo se enfrentará a una reacción al contacto y flanqueará la emboscada desde un lado. **Un flanqueo puede abrumar y superar en número a una posición de seguridad.** Un flanqueo también explota una línea de asalto de emboscada lineal que es muy débil, porque los soldados amigos están alineados perpendicularmente al flanco enemigo. Cuando se dispara, las municiones que no impactan a un soldado pueden alcanzar al siguiente; y responder el fuego es difícil porque los objetivos enemigos están bloqueados por soldados amigos en la parte delantera de la línea (Ver La seguridad es ineficaz en combate, pág. 214).

Para contrarrestar las patrullas anti emboscadas, considera no emplazar seguridad en absoluto; en su lugar, asegura los flancos de la línea de asalto.

# Emboscada unidireccional (T y V)

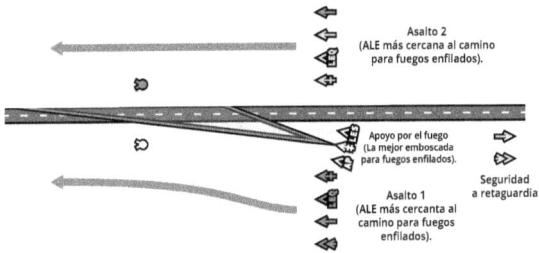

Imagen 136: Una emboscada en **forma de T** es efectiva para permitir disparos de enfilada y contraemboscadas desde una dirección. Las emboscadas unidireccionales son más difíciles de coordinar debido a que el camino divide el elemento. También son más peligrosas porque un vehículo puede conducir hacia la línea de asalto. Sin embargo, proporcionan **un fuego más efectivo porque la emboscada obtiene disparos de enfilada.**

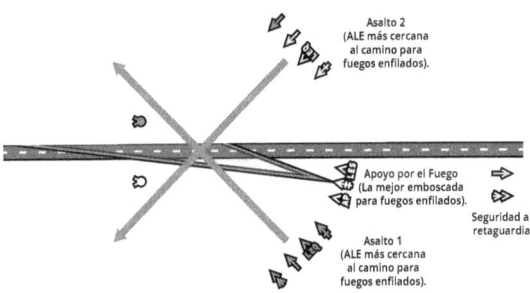

Imagen 137: Una emboscada en **forma de V** es igual a una emboscada en forma de T; sin embargo, **tiene dos asaltos separados.** Al igual que con un flanco audaz, el Asalto 1 despeja primero la zona de ataque. Luego, el Asalto 2 vuelve a despejar la zona de ataque. Barrer la zona de ataque varias veces garantiza una mejor cobertura, pero es mucho más difícil de coordinar.

Fase 3

Una forma de hacer esto es posicionar la línea de emboscada en diagonal con respecto al camino, de modo que, si la emboscada es flanqueada desde el lado, muchos soldados pueden devolver el fuego a la vez sin preocuparse por el fuego amigo. Cuando ambos lados de la línea de emboscada están en diagonal, la emboscada tiene **forma de "K"** (Ver Imagen 138, pág. 191).

Si es probable que el enemigo utilice patrullas anti emboscadas y se conoce la dirección del recorrido, una emboscada en **forma de "V"** es ideal (Ver Imagen 137, pág. 189). Se llama así porque la línea de asalto tiene forma de "V" de lado. Dos líneas de asalto forman cada mitad de los lados de la "V". El camino corre directamente por el medio, por lo que cada línea de asalto está en un ángulo de 45 grados con respecto al camino.

Al usar una formación de emboscada en forma de "V", las tropas que viajan hacia el lado del camino aún pueden ser objetivo de todas las fuerzas amigas en la formación. El apoyo por el fuego se emplaza junto al camino para fuegos enfilados. Las Claymores se colocan para disparar en paralelo al camino en lugar de mirar al camino para evitar el fuego amigo. Como la emboscada en forma de "V" no tiene seguridad en el lado fuerte, el líder de patrulla proporciona su propia alerta temprana al estar cerca del camino con el equipo de armas.

## 20.f Sin comunicación por radio con la seguridad

Un equipo de seguridad sin comunicación a larga distancia no puede dar una alerta temprana y, por lo tanto, no puede cumplir su propósito principal. Si se rompen las comunicaciones por radio, se debe sustituir por algún otro método de comunicación o retirar la seguridad para ayudar a la fuerza de asalto.

Un método de comunicación a larga distancia es utilizar equipos de relevo. Los **equipos de relevo** se ubican entre dos elementos que pueden ver cada uno al equipo de relevo, pero no entre ellos. El equipo de relevo transmite señales entre los dos elementos que de otra manera no podrían ponerse en contacto entre sí. Esto requiere dos soldados adicionales por lado, por lo que puede funcionar para un pelotón; pero retirar cuatro soldados adicionales de una escuadra puede ser demasiado. Como compromiso, la seguridad del lado débil se puede retirar y actuar como un equipo de relevo para la seguridad del lado fuerte.

## 20.g Otros tipos de emboscadas

La formación simple, de emboscada lineal enseñada en este libro es la estándar enseñada en las escuelas militares de los EE. UU. Sin embargo, hay innumerables formas en que se puede planificar una emboscada que varían según los recursos disponibles y los objetivos de la misión. ¿Cómo integrarías o usarías solo **francotiradores** en tu emboscada?

# Emboscada de anti-emboscada (K y X)

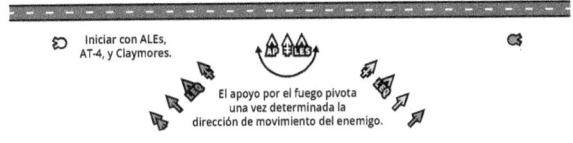

Imagen 138: Esta es una emboscada en **forma de K**. La idea detrás de una patrulla antiemboscada es que los enemigos se salgan del camino y rodeen una emboscada. Una emboscada de patrulla antiemboscada elimina las posiciones de seguridad e inclina los flancos para eliminar esa capacidad. Ten en cuenta que las posiciones de seguridad se reemplazan con Claymores.

Imagen 139: Una emboscada en **forma de X** es igual a dos emboscadas en forma de V o dos emboscadas en forma de K. Requiere más soldados, pero proporciona disparos de enfilada para una M240 y protecciones contra emboscadas en ambas direcciones. Esta emboscada es radicalmente diferente en disposición y utilidad a una emboscada lineal regular de pelotón. **Se incluye principalmente en este manual para mostrar que las emboscadas no se limitan a una forma lineal simple, siempre que se apliquen los principios del patrullaje.**

Imagen 140: Aquí aparece un soldado de la Unidad de Respuesta a Amenazas Nucleares, Biológicas y Químicas, de la 49.ª Brigada de Policía Militar de la Guardia Nacional del Ejército de California. Él está brindando seguridad mientras el convoy de su unidad está detenido al lado del camino. **Este soldado podría flanquear toda una emboscada lineal o posición de seguridad.**

Imagen 141: Esta imagen muestra a soldados de la 1.ª Patrulla de la Compañía de Aumento Móvil 216, Guardia Nacional del Ejército de los EE. UU. de Long Beach, California. Están caminando junto al camino 1, buscando indicios de artefactos explosivos improvisados (AEI). **Las patrullas anti-AEI también pueden ser patrullas antiemboscadas.**

Una de las alternativas más efectivas es **hacer que la emboscada sea tridimensional al ubicarse en dos colinas** y atacar un valle entre ellas, con un desplazamiento vertical mínimo de 15 grados. En las ciudades, una patrulla incluso puede ocupar múltiples niveles de un edificio. Al emboscar al enemigo desde ambos lados y múltiples ángulos, se elimina la posibilidad de escape del enemigo a pie.

Otra emboscada común es la emboscada lejana. Es "lejana" porque no hay asalto; la patrulla dispara al enemigo y se retira inmediatamente. Al no tener asalto, no se pueden garantizar ni verificar las bajas, pero la emboscada es más segura porque la patrulla puede estar más lejos de la zona de aniquilamiento. Mientras que una emboscada cercana se utiliza para destruir completamente a un enemigo, una emboscada lejana se utiliza para dañar y hostigar a un enemigo con el fin de disuadir, ralentizar, infundir miedo y destruir al enemigo poco a poco.

Un último ejemplo es tener un **elemento de retirada**, o tercer equipo, para realizar funciones secundarias. Un elemento de retirada puede estar preparado para bloquear las rutas de escape más comunes y eliminar a cualquier soldado enemigo que intente escapar. O pueden estar proporcionando seguridad en reserva en caso de contraataque enemigo. El uso de un tercer elemento está reservado para unidades experimentadas porque aumenta la complejidad de la coordinación y aleja a los soldados del asalto principal

Imagen 142: **Cuando hay un valle entre dos colinas, una emboscada puede utilizar fuego en picada.** La emboscada utiliza dos equipos de apoyo por el fuego para cortar cualquier escape del enemigo.

# Contenidos de la Fase 4

# Joe ataca al enemigo (Fase 4: acciones en el objetivo)

*La muerte es la solución a todos los problemas. Ningún hombre, ningún problema.*
—Secretario General de la Unión Soviética, Joseph Stalin

La violencia de acción es velocidad y agresión sin igual lanzada contra un enemigo para lograr un dominio total. A veces puede superar una preparación deficiente, pero la mejor preparación nunca superará acciones débiles. Este capítulo describe cómo realizar correctamente acciones en el objetivo (para un tipo de emboscada), como asaltar y despejar vehículos. Pero lo más importante, este capítulo describe contingencias comunes para cuando el enemigo se sale del guión.

## 21. Emboscada de escuadra

Una emboscada de escuadra (o cualquier emboscada) está compuesta por tres etapas distintas. Primero, se inicia la emboscada, que comienza cuando el líder de la escuadra abre fuego en la emboscada contra el enemigo y luego cesa el fuego. En segundo lugar, los soldados asaltan y aseguran el objetivo. En tercer lugar, después de completar todas las tareas, la escuadra se retira.

### 21.a Iniciando la emboscada[1]

El equipo de seguridad informa al líder de la escuadra sobre un objetivo que se aproxima y comunica lo siguiente: seguridad a la izquierda o derecha, número de personas, montado o desmontado, y ubicación[2]. El líder de la escuadra tiene su mano izquierda en el tríceps del tirador y su mano derecha en el detonador de la Claymore.

---

1  Cita: Mi regla es: si te encuentras con la embarcación más débil, ataca. Si es una embarcación igual a la tuya, ataca, y si es más fuerte que la tuya, también ataca. — Vicealmirante ruso, Stepan Makarov

2  Ejemplo de Identificación:
Seguridad: "Seguridad izquierda, cuatro desmontados, pasando la seguridad ahora."

Imagen 143: Soldados paracaidistas del Ejército de los EE. UU. asignados al 1.ᵉʳ Escuadrón, Regimiento de Caballería 91, Brigada Aerotransportada 173, se preparan para iniciar una emboscada. Campo de entrenamiento Pocek, Eslovenia, 02 de diciembre de 2016. Antes de la emboscada, la escena es serena y tranquila

**El contacto se inicia por el líder de la escuadra de la manera más redundante posible**[1]. Por ejemplo, aprieta el brazo del tirador para disparar el M240, grite órdenes y apriete el detonador de la Claymore. Si las Claymores cubren una zona muerta, el líder de la escuadra espera hasta que el enemigo haya tenido la oportunidad de ocupar la zona muerta (Ver Imagen 144, pág. 197). Si un iniciador falla, use el siguiente iniciador acorde al plan PACE. El aprovisionador o el operador de radio comienzan a controlar los tiempos y la seguridad aísla el objetivo moviéndose desde sus posiciones primarias hasta sus posiciones secundarias.

El "minuto loco" de inicio comienza, durante el cual los soldados matan a tantos enemigos como sea posible con la mayor cantidad de fuego posible. La cadencia de disparo de una ametralladora es cíclica y la del M4 es rápida durante 15 a 30 segundos (Ver Cadencia de fuego, pág. 237). Si las ametralladoras fallan, los M4 aumentan la cadencia de fuego. Luego, la cadencia de disparo cambia a rápida y sostenida durante otros 15 a 30 segundos. Incluso sin enemigos en los sectores de tiro de los soldados, estos siguen disparando para aumentar la violencia e intimidar al enemigo. De manera similar, las ametralladoras barren de un lado a otro, buscando impactar a los enemigos por casualidad.

Cuando han pasado los 30 a 60 segundos totales, el líder de la escuadra grita: "¡Alto el fuego!" (Cada soldado está escuchando esto). Después del cese de fuego, la escuadra hace una pausa de tres a cinco segundos para

[1] El plan PACE utilizado para el inicio varía según los sistemas de armas presentes, y a menudo hay un equilibrio entre confiabilidad y destrucción máxima. Las armas muy destructivas de cerrojo abierto como la M240 emiten un sonido audible de "clic" cuando se atascan y alertan al enemigo. De manera similar, las Claymore pueden no ser efectivas contra vehículos blindados. Los planes PACE deben ensayarse como cualquier otra cosa.

Imagen 144: Marinos de los EE. UU. con el Equipo de Aterrizaje del Batallón 2/6, Unidad Expedicionaria de Marinos 26 (26 MEU), disparan el M240 durante un ejercicio de fuego real en el Área de Operaciones de la 5.ª Flota de los EE. UU. 30 de noviembre de 2015 (Ver Imagen 143, pág. 196). **Antes de una emboscada, la patrulla está en silencio absoluto.** Una vez que comienza la emboscada, se revela toda cobertura. Grita lo más fuerte posible y utiliza la violencia de acción para confundir y desorientar al enemigo.

detectar cualquier movimiento. Si un soldado percibe señales de vida o movimiento, todos deben volver a disparar. Cuando se reinicia el contacto, comienza un segundo "minuto loco" más corto durante 15 segundos. Nuevamente, el líder de la escuadra grita: "¡Alto el fuego!" cuando ha pasado el tiempo.

Inmediatamente después de una pausa suficiente o un segundo minuto loco, el líder de la escuadra grita: "**¡Preparen el asalto!**" El líder del asalto inicia la recarga de municiones respondiendo con "recarga". Las ametralladoras ALE retiran sus cajas gastadas e insertan cintas nuevas (Deben dejar una afuera antes de la emboscada). Una vez listos, cada ALE se arrodilla y dice "[izquierda o derecha] ALE lista" (Ver Imagen 145, pág. 198).

Una vez que se cuentan ambas ALE, o si están tardando demasiado, el líder del asalto grita "cargadores", los fusileros recargan "cintas" y "cargadores" son separados para evitar que todas las armas se desactiven al recargar al mismo tiempo. Cuando terminan, cada fusilero se arrodilla. Con cada soldado de rodillas, la línea de asalto está lista para entrar en la zona de aniquilamiento[1].

Fase 4

---

1    Ejemplo de Iniciación:
LES –        "¡Alto el fuego!"
             "¡Preparen el asalto!"
LEQA –       "¡Cintas! ¡Cargadores!"

# Inicio de la emboscada y asalto

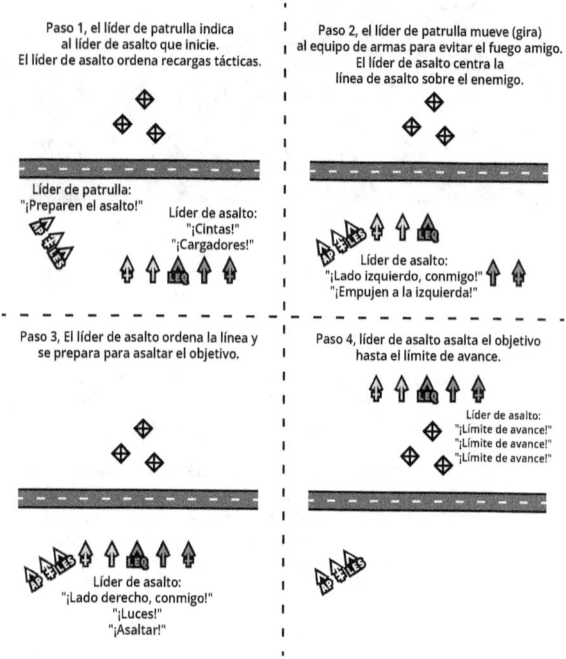

Paso 1, el líder de patrulla indica
al líder de asalto que inicie.
El líder de asalto ordena recargas tácticas.

Líder de patrulla:
"¡Preparen el asalto!"

Líder de asalto:
"¡Cintas!"
"¡Cargadores!"

Paso 2, el líder de patrulla mueve (gira)
al equipo de armas para evitar el fuego amigo.
El líder de asalto centra la
línea de asalto sobre el enemigo.

Líder de asalto:
"¡Lado izquierdo, conmigo!"
"¡Empujen a la izquierda!"

Paso 3, El líder de asalto ordena la línea y
se prepara para asaltar el objetivo.

Líder de asalto:
"¡Lado derecho, conmigo!"
"¡Luces!"
"¡Asaltar!"

Paso 4, líder de asalto asalta el objetivo
hasta el límite de avance.

Líder de asalto:
"¡Límite de avance!"
"¡Límite de avance!"
"¡Límite de avance!"

Imagen 145: Cuatro pasos para pasar del inicio a un asalto completo. Este es el momento en el que los soldados se centran en eliminar a cualquier enemigo que quede con vida. El paso 3 se muestra en la imagen opuesta.

Imagen 146. Paracaidistas del Ejército de los EE. UU. del 1.er Batallón, Regimiento de Infantería 503, Brigada Aerotransportada 173, se acercan a soldados en el rol de enemigos caídos después de despejar el área durante una emboscada simulada. Campo de entrenamiento Dandolo, Pordenone, Italia, 18 de enero de 2018. Los soldados están asaltando desde la línea de emboscada hasta el límite de avance. **¡La parte más importante de un asalto es no tener visión de túnel!** Los enemigos aquí pueden ser vistos desde la línea de emboscada, y por lo tanto deberían haber sido disparados docenas de veces. No te centres en los cadáveres y pierdas de vista el horizonte. En el camino, los soldados apartan las armas, pateándolas.

## 21.b Asaltando el objetivo[1]

Asaltar el objetivo es muy similar a asaltar en una reacción al contacto. **El único y constante objetivo del asalto es disparar a los enemigos y apartar sus armas** (Ver Asalto a una ubicación (Procedimiento de combate 4), pág. 80). El líder del asalto forma a sus soldados en una línea para maximizar la seguridad y la potencia de fuego[2].

El segundo objetivo es centrar y expandir la línea de asalto en el grupo de soldados y cadáveres enemigos en su conjunto. Al centrarse, la línea de asalto no perderá de vista a ningún enemigo mientras asalta. El líder del asalto ordena al lado que se mueve primero que haga un enlace y avance gritando: "[Lado izquierdo o derecho], conmigo"[3] (Ver Imagen 145, pág. 198). Antes de moverse, los soldados aseguran los cargadores o cintas en el suelo (Ver Imagen 146, pág. 199).

Cuando el equipo de ametralladora escucha la primera señal para asaltar, **gira inmediatamente la ametralladora lejos de la zona de aniquilamiento** para evitar "recalentamientos" en dirección al asalto y la seguridad. Un "recalentamiento" es cuando un cañón está tan caliente que una munición alcanza la temperatura de ignición y dispara espontáneamente.

Una vez que el líder del asalto llega a la mitad del camino hacia la ruta o buen cubierto y abrigo, se detiene. El líder del asalto ordena entonces al lado restante que vuelva a crear la línea: "[Lado izquierdo o derecho], enlace conmigo" (Ver Imagen 145, pág. 198). Una vez que la línea de asalto está en línea y centrada, el líder del asalto grita "¡luces!" y cada soldado enciende la linterna de su fusil (cuando está oscuro afuera). Luego, el líder del asalto grita: "¡Asalto al lado cercano!" y la línea asalta hacia el lado de la ruta.

A medida que el asalto avanza, el equipo de ametralladora se mueve hacia la avenida más probable de aproximación del enemigo para brindar seguridad. Por lo general, esto significa que el equipo de ametralladora se desplaza detrás de la línea de asalto hacia el otro lado de la emboscada y mira hacia una dirección de la ruta desde donde vino el enemigo. ¡No disparen a la posición de seguridad! El equipo de ametralladora debe tener

---

1   Cita: La esencia de la guerra es la violencia. La moderación en la guerra es imbecilidad.—Almirante británico, John Fisher

2   Ejemplo: Se debe informar sobre qué enemigos serán asesinados y cuáles no. En una emboscada, generalmente todos en la zona de aniquilamiento son eliminados. Además, las acciones hablan más fuerte que las palabras. Cuando una persona grita "¡Me rindo!", eso es irrelevante cuando alcanza un arma o sostiene a un rehén.

3   Ejemplo de posicionamiento. Para obtener más detalles sobre el posicionamiento, consulte la sección sobre asaltos (Ver Asalto a una ubicación (Procedimiento de combate 4), pág. 80) (Ver Imagen 51, pág. 83). Los líderes deben ser precisos y seguir un guion con los comandos.

Imagen 147: Suboficiales del Ejército Afgano. Kabul, Afganistán, 25 de octubre de 2010. **El momento más vulnerable para una patrulla es inmediatamente después de una emboscada.** Si el enemigo en primer plano no estuviera muerto, ¿cuánto daño podrían causar?

Imagen 148: Soldados del Ejército de los EE. UU. de la Regimiento de Infantería 503, Brigada Aerotransportada 173, deteniéndose en el LDA. Drawsko-Pomorskie, Polonia, 17 de junio de 2014. Los soldados están en alerta máxima y se cubren como si estuvieran siendo atacados activamente por el enemigo.

un sector de tiro que haga imposible apuntar a la seguridad en primer lugar. Un límite de disparo ejemplo es el lado cercano de la ruta, pero esto solo funciona en rutas rectas.

Una vez que el asalto está en el lado cercano, si hay vehículos en el camino, el líder del asalto ordena el despeje del vehículo (Ver Despeje de vehículos, pág. 204). Una vez que el vehículo está despejado, o si no hay vehículos, el líder del asalto grita "¡Asalto al lado lejano!" La línea asalta al lado lejano de la ruta.

A menos que el líder del asalto determine una razón para detenerse, por ejemplo, una gran berma en el lado del camino que podría ocultar a un enemigo o un explosivo, el líder del asalto grita: "¡Asalto hasta el LDA!" A medida que las ALE cruzan la ruta, dejan caer luces químicas para designar los bordes de la zona de aniquilamiento al equipo PGE. Una regla general para la distancia al LDA es de 35 metros (alcance de la granada de mano) después del camino o el último cadáver. Sin embargo, avanza hasta lograr un buen cubierto y abrigo (Ver Imagen 147, pág. 201).

En el límite de avance, el líder del asalto grita, y la línea de asalto responde: "¡LDA! ¡LDA! ¡LDA!" El líder del asalto ejecuta inmediatamente AQUILES (Ver Asalto a una ubicación (Procedimiento de combate 4), pág. 80). Luego, se envían equipos especializados (Ver Despeje después de asaltar (Equipos especializados), pág. 99). La única diferencia es que el equipo de PGE recoge las luces químicas en los límites de la zona de aniquilamiento.

## 21.c Retirada del objetivo[1]

La secuencia de retirada es la misma que en la reacción al contacto con algunas diferencias (Ver Retirada del área después de asaltar, pág. 104). Dado que un líder de equipo puede estar en la retaguardia con las mochilas y una radio, el líder del asalto grita: "¡Punto de estrangulamiento conmigo!" y proporciona un recuento al líder de la Escuadra en el objetivo. Un soldado debe quedarse atrás con el líder de la escuadra como pareja de combate y ayudante de demolición[2].

Un líder cuenta nuevamente a todos en el punto de liberación o PRO. La seguridad sigue sus criterios de PLASEG para la retirada. Cuando todos regresan a su equipo, la escuadra carga sus mochilas y se dirige hacia la base de patrulla. Si las mochilas no están organizadas, no pierdas tiempo; toma cualquier mochila y ordénalas después. **Después de una emboscada, el enemigo estará en alerta, por lo que se deben aumentar las medidas de seguridad y la velocidad.** Un líder solicita un informe TALUTE y un informe de "misión finalizada."

# 22. Emboscada de punto a nivel pelotón[3]

Una emboscada de punto de pelotón es muy similar a una emboscada de escuadra, también conocida como emboscada de punto de escuadra (Ver Emboscada de escuadra, pág. 195). Para comenzar, hay una secuencia de iniciación preplanificada. Después del inicio, la línea de asalto, asalta la zona de aniquilamiento. Los equipos especializados inspeccionan el área según sea necesario. Finalmente, hay una retirada organizada del área del objetivo de la emboscada. Esta sección se centra en cómo una emboscada de punto de pelotón es única.

---

1    Cita: Veni, vidi, vici. —Dictador de la República Romana, Julio César

Ejemplo de Retirada:
LES –          "Fuego a la carga 1".
LEQA –        "Punto de estrangulamiento conmigo".
                    "9 PAX. Asalto asalto."
LES –          "Fuego a la carga 2".
AP –            "3 PAX. Equipo de ametralladora listos."
LES –          "Fuego a la carga 3 ¡Arde! ¡Arde! ¡Arde!"

3    Cita: Dios no está del lado de los grandes batallones, sino del lado de aquellos que disparan mejor. —Filósofo francés, Voltaire; Cf. "Se dice que Dios siempre está del lado de los grandes batallones." —Filósofo francés, Voltaire; Véase también, "Un dicho ingenioso no prueba nada." —Filósofo francés, Voltaire

## 22.a Escuadra de armas

Mientras que una escuadra a menudo utilizará al equipo de ametralladora para iniciar una emboscada, **un pelotón usará toda la escuadra de armas**. Una escuadra de armas puede tener tres equipos de ametralladora y un líder designado de la misma. Dependiendo de la formación de emboscada utilizada, los equipos de ametralladoras pueden ubicarse en uno, dos o tres lugares. Por lo tanto, coordinar las M240 es importante.

La coordinación más importante es que el líder de la patrulla y el líder de la escuadra de armas consigan que las ametralladoras "hablen". "**Que las armas hablen**" significa alternar el disparo de las ametralladoras, con una disparando en todo momento (por ejemplo, ametralladora 1 dispara, ametralladora 2 dispara, ametralladora 3 dispara, repite). Esta conversación entre las armas hace que cada ametralladora utilice municiones a una cadencia similar y moderada, sin permitir que el enemigo escuche brechas en el disparo (Ver Ejercicios de disparo, pág. 237).

Después de que el fuego de la emboscada cesa, todos los equipos de ametralladora se desplazan y se mueven cerca de la ruta. Mientras el líder de la escuadra de asalto 1 obtiene un informe BEM de la línea de asalto, el líder de la escuadra de armas obtiene un informe BEM de cada equipo de ametralladora y los informa al líder de la patrulla. Cuando el líder de la patrulla llama, "¡Fuego a la carga 2!" el líder de la escuadra de armas crea su propio punto de estrangulamiento y cuenta a cada equipo de ametralladora.

## 22.b Asalto[1]

La Línea de Asalto a nivel de pelotón tiene una capa adicional de jerarquía. En un asalto de escuadra, un líder de equipo controla a cada soldado en la línea. Sin embargo, en el asalto de pelotón, el líder de asalto (generalmente un líder de escuadra) controla a los líderes de equipo, y los líderes de equipo controlan a los soldados. Un líder de pelotón incluso podría comandar a los líderes de escuadra en el asalto como una tercera capa.

**Hay varios líderes de escuadra en una emboscada a nivel de pelotón,** pero el asalto solo necesita un líder de asalto. Los líderes de escuadra adicionales están presentes detrás de su propia escuadra como respaldo, listos para asumir responsabilidad y repetir comandos. Un líder de una escuadra alterna también lidera a los PGE y ayuda a evacuación.

Para la retirada, cada líder de escuadra cuenta solo a su propia escuadra para facilitar el conteo. Se paran en lados diferentes de la zona de aniquilamiento, con luces o señales diferentes, y gritan que son un punto

---

1 Cita: Dejando de lado todas las palabras elegantes y el doble discurso académico, la razón básica para tener un ejército es hacer dos trabajos: matar gente y destruir. — Comandante en Jefe del Comando Estratégico Aéreo, Gral. Thomas Sarsfield

de estrangulamiento. Cada líder de escuadra informa su propio recuento, incluyéndose a sí mismos, al líder de pelotón.

Durante la retirada del pelotón, el líder de pelotón no realiza la detonación por sí mismo; coordina a los equipos de demolición. El líder de pelotón mira a cada hombre de demolición y dice "listo", y cuando todos están listos, el líder de pelotón inicia la secuencia de demolición (Ver Equipo de demolición, pág. 104).

# 23. Despeje de vehículos

Despejar vehículos ya es técnico antes de considerar la cantidad de variaciones en las que los vehículos existen en las zonas de aniquilamiento. Diferentes vehículos en diferentes rutas y orientaciones requieren ajustes. De hecho, algunas unidades compran el vehículo exacto que planean emboscar, ¡solo para practicar disparándole! Sea cual sea la situación, en cualquier despeje de vehículos, el estado final debe ser que todos los enemigos estén muertos y sus cuerpos sean retirados del vehículo.

## 23.a Un vehículo

Cuando la línea de asalto llega al lado cercano del camino, dos soldados despejan el vehículo (generalmente un líder de equipo con un fusilero). El resto del asalto brinda seguridad a lo largo de sus carriles de tiro más allá del vehículo.

# Despeje de un Solo Vehículo

**Paso 1: Despejar por arriba y por abajo, vigilando la cabina.**

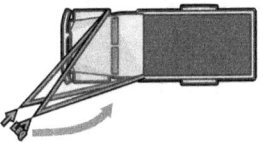

**Paso 2: Despejar la cabina, abriendo todas las puertas.**

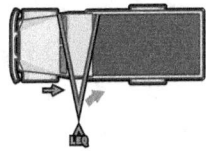

**Paso 3: Despejar la caja o el baúl mientras te mueves.**

**Paso 4: Despejar la parte trasera, cerrando la esquina.**

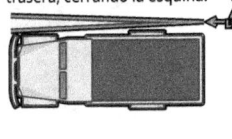

Imagen 150: Despejar un vehículo tiene un ritmo. Por ejemplo, **aquí, los soldados siempre se mueven en sentido antihorario alrededor del vehículo**. Este ritmo ayuda a la velocidad para completar la misión y debe practicarse.

Si en algún momento el enemigo abre fuego desde detrás del vehículo, el líder de equipo debe decidir si los soldados que despejan, se agachan y devuelven el fuego con la línea de asalto, o si avanzan para asaltar al enemigo resguardado.

**Los dos soldados se acercan al vehículo en un ángulo de 45 grados desde el frente**, lo que permite la vista más amplia del interior del automóvil a través del parabrisas y las ventanas. Si se ve a un enemigo en el parabrisas o las ventanas, dispárales. Recuerda, en una emboscada, generalmente todos son enemigos.

Al despejar, los soldados deben mantener una distancia segura del vehículo, permaneciendo a uno o dos metros de distancia hasta que necesiten tocar algo. Al acercarse al vehículo, un soldado despeja en la parte alta (a través del vidrio y en el techo) y el otro despeja en la parte baja (debajo del vehículo). El soldado de la parte alta controla el movimiento del soldado de la parte baja y suele ser un líder de equipo. El soldado de la parte baja examina minuciosamente debajo del vehículo hacia el otro lado. Si se detecta a algún enemigo (muerto o vivo), dispárale (Ver Imagen 150, pág. 205).

Una vez que el soldado de la parte baja termine de despejar la parte inferior del vehículo, los dos soldados despejan el interior del vehículo una puerta a la vez. Al acercarse a una puerta, un soldado se posiciona para

Fase 4

Imagen 151: Soldados del Ejército de los EE. UU. **despejan un vehículo durante un escenario simulado de emboscada** en operaciones de convoy. Campo de entrenamiento Pocek, Eslovenia, 02 de diciembre de 2016. El soldado en primer plano está brindando seguridad a un cadáver. Ese cuerpo debería estar liquidado. ¿Dónde debería estar buscando posibles enemigos? Los tres soldados en primer plano están agrupados en una zona activa de aniquilamiento sin cubierto ni abrigo. ¿Dónde deberían estar? Cuatro de seis soldados están mirando fijamente el vehículo. ¿Dónde debería asignarse la seguridad? ¿Qué más está mal en esta foto?

---

abrirla moviéndose al lado de las bisagras. El otro soldado apunta su fusil hacia la puerta, para que cuando se abra, pueda disparar de inmediato. **También se aleja de la puerta para que un enemigo en el vehículo no pueda agarrar el fusil del soldado.**

Una vez en posición, el soldado que apunta a la puerta mueve su cañón hacia arriba y hacia abajo para señalar a su compañero que abra la puerta. Después de abrir la puerta, el soldado dispara a todos los cuerpos (sin importar que aparezcan muertos o no). Los dos soldados despejan la segunda puerta de la misma manera. Después de despejar todas las puertas del lado cercano, retiran cualquier cuerpo del vehículo y apagan el motor y las luces. Finalmente, los soldados miran dentro del vehículo para asegurarse de que ya no haya nada vivo. El interior del vehículo está despejado.

Los dos soldados se dirigen hacia la parte trasera del vehículo. En cuanto tengan la oportunidad, despejan el baúl/caja del vehículo. Un soldado proporciona seguridad, mientras que el otro soldado usa su linterna para ver dentro de la parte trasera del vehículo y para disparar a posibles amenazas.

La única parte del vehículo que queda por despejar es el lado trasero. Al igual que con cada técnica en este manual, hay varias formas de hacerlo. El primer método es un despeje de un solo hombre en el lado trasero. Ambos soldados se alinean hombro con hombro a lo largo de la parte trasera del vehículo. El soldado más alejado del vehículo inicia el movimiento dando un paso adelante, proporcionando seguridad lejana y empujando al soldado que toca el vehículo. Ese soldado da un paso y gira 90 grados, buscando a un enemigo para disparar en el lado trasero del vehículo.

Un segundo método es el despeje de dos hombres, arriba y abajo. Para esto, ambos soldados giran 90 grados en la parte trasera del vehículo al mismo tiempo. El soldado del interior se arrodilla y el soldado del exterior se pone de pie. Nunca te pongas de pie sin mirar hacia atrás, o podrían dispararte accidentalmente en la parte posterior de la cabeza. Una vez despejado, los soldados gritan, "¡Vehículo despejado!" y retiran cualquier cosa de las puertas del lado trasero a la que no pudieran llegar en el lado cercano.

Si un vehículo está inclinado diagonalmente con respecto a la línea de asalto, no tiene un lado lejano. Dos lados del vehículo dan el frente hacia a la línea de asalto, y los lados opuestos pueden ser vistos por los extremos de la línea de asalto. Se debe tener extrema precaución para que los soldados que cubren el vehículo no apunten a los soldados que despejan mientras trabajan. De manera similar, los designados para despejar, no deben pasar a través de la línea de fuego amiga.

## 23.b Varios vehículos

Si hay varios vehículos, deben ser despejados de forma coordinada. Los Soldados deben estar sincronizados para que despejen el lado lejano de todos los vehículos al mismo tiempo. Esto se debe a que, si hay varios vehículos en un convoy, cuando un equipo despeja el lado lejano de un vehículo, deben apuntar su fusil a lo largo del convoy. Cualquier otro equipo que ya esté despejando el lado lejano de un vehículo diferente será apuntado.

**Para evitar ser apuntado**, todos los soldados se detienen en la última esquina del vehículo y no despejan el lado lejano. El líder a cargo de dirigir todo el despeje de vehículos instruye cómo desea que se despeje el lado lejano. Dos métodos para despejar el lado lejano son: primero, un solo equipo despeja todo el lado lejano desde el extremo de un convoy; y segundo, dos equipos van simultáneamente entre dos vehículos, uno despejando a la izquierda y otro a la derecha.

Dado que varios vehículos deben ser despejados de manera sistemática, los Soldados no siempre pueden despejar desde el frente del vehículo. A veces deben despejar el vehículo comenzando desde la parte trasera. Despejar desde la parte trasera funciona de la misma manera que despejar

Imagen 152: Paracaidistas de los EE. UU. del 1.ᵉʳ Batallón, Regimiento de Infantería 503, Brigada Aerotransportada 173, realizando entrenamiento de emboscada con la 1.ª Brigada de Comandos Paracaidistas del Ejército Griego, Ejercicio Bayonet Minotaur. Campamento Redina, Grecia, 18 de mayo de 2017. Despejar varios vehículos puede complicarse rápidamente. Aquí hay tres vehículos y cuatro enemigos visibles. **Siempre planifica y practica para múltiples vehículos.**

desde el frente, pero al revés. Despejar desde el frente a menudo es preferido porque proporciona una mejor y más rápida visibilidad de la cabina.

A veces, los vehículos se detienen uno al lado del otro en el camino. En este caso, un despeje estándar es imposible. En el vehículo lejano, un lado de las puertas no se puede abrir porque el otro vehículo está presionado contra ellas. Para esta situación, los soldados van entre los dos vehículos incluso si es incómodo. Si ir entre los dos es imposible, asegúrate de que todo dentro de las cabinas esté muerto usando munición adicional a través de las ventanas y el parabrisas. El líder también puede ordenar que la línea de asalto se divida ampliamente en el medio para permitir disparos cuidadosamente dirigidos desde el lado lejano a través de la brecha. No utilices este método si hay un soldado en el punto de liberación.

# 24. Contingencias[1]

Las emboscadas son caos organizados a un ritmo rápido. Además, el enemigo tiene una mente propia[2]. Es importante comprender e interiorizar no solo las prácticas estándar, sino también los escenarios comunes cuando

---

1    Cita: Sé cortés, sé profesional, pero ten un plan para matar a todos los que encuentres. —Gral. James Mattis, Cuerpo de Marinos de los EE. UU.

2    Editorial: Si logras una emboscada impecable, simple y lineal, ¿se sorprenderá el enemigo la próxima vez? Engáñame dos veces, que vergüenza!.

las cosas salen mal. De esa manera, cuando las cosas salgan mal, no estarás desprevenido y no perderás la compostura.

## 24.a Patrulla enemiga desmontada

Una patrulla enemiga desmontada se mueve significativamente más lento que una patrulla montada. La paciencia se vuelve primordial. El líder de la patrulla debe esperar para iniciar hasta que el enemigo esté centrado en la zona de aniquilamiento o un individuo esté a punto de salir de la zona de aniquilamiento.

Los soldados desmontados durante la noche son más difíciles de detectar que las luces y el ruido de una patrulla montada, por lo que se debe tener especial cuidado para lograr una identificación positiva. Para identificar y accionar de la mejor manera, el líder debe conocer las reglas de enfrentamiento.

## 24.b El Enemigo se detiene fuera de la zona de aniquilamiento

Una de las partes más esenciales de una emboscada es detener el vehículo enemigo. Este es un punto clave de la misión que se discute en la planificación (Ver Imagen 153, pág. 210). Un Humvee estadounidense puede pesar más de 3.500 kilos y viajar a 100 Km/h. ¡Eso significa que un Humvee tiene un impulso 10.000 veces mayor al de una munición de 7,62 mm! **El poder de fuego no equivale al poder de detención.** Muchas emboscadas que inician disparando al bloque del motor del vehículo enemigo dependen de que el vehículo se estrelle o se detenga por sí mismo[1]. Si el vehículo no se detiene o se estrella, o el momento del inicio es incorrecto, o por cualquier razón el enemigo está fuera de la zona de aniquilamiento, la patrulla debe estar preparada para reposicionarse y eliminar al enemigo.

Los objetivos fuera de la zona de aniquilamiento crean problemas de fuego amigo, donde la línea de asalto no puede disparar sin arriesgarse a disparar a la seguridad o incluso a sí misma. Para minimizar el riesgo de fuego amigo pero aún así reducir las maniobras del enemigo, el líder de la patrulla debe ordenar a los soldados que ejecuten fuego de supresión cuando no tengan buenos ángulos para eliminar al enemigo. El fuego de supresión da tiempo a la emboscada para reorganizarse mientras mantiene la violencia de acción.

Una opción para crear sectores de tiro seguros para una línea de asalto es que el líder de asalto ordene a toda la línea correr paralela a la ruta, posicionarse y crear una zona de aniquilamiento improvisada frente a

Fase 4

---

El plan para detener vehículos enemigos depende del terreno y los recursos. Sin embargo, un método es colocar explosivos en un árbol junto al camino y hacer que el árbol caiga sobre el camino al iniciar la emboscada

Imagen 153: Un *marine* prepara una carga explosiva para demoler un árbol. Isla Motutapu, Tonga, 25 de julio de 2016. **Con protecciones y precauciones adecuadas, una patrulla puede hacer estallar un árbol en un camino para detener un vehículo.** En combate urbano, crear posiciones de bloqueo es una estrategia muy utilizada porque los convoyes ya están bloqueados a ambos lados por estructuras construidas por el hombre.

ellos. Es mejor que todos los soldados disparen con fuegos coordinados improvisados que preocuparse por el fuego amigo.

Si el enemigo se ha posicionado directamente entre el asalto y la seguridad, las ametralladoras no pueden disparar. Al inicio de la emboscada, si la seguridad se movió a sus posiciones secundarias cubiertas, disparando sus M4 cuidadosamente, entonces disparar en dirección a la seguridad está bien a veces, por eso, el reconocimiento del líder de una posición de seguridad secundaria prioriza la cobertura desde la zona de aniquilamiento. Existe un equilibrio entre suprimir el fuego enemigo (es decir, no recibir disparos) y confiar en que la seguridad esté en posición. De todos modos, el asalto debe crear un flanco alrededor del enemigo, comenzando una rápida reacción al contacto.

## 24.c La Patrulla enemiga es más grande que la zona de aniquilamiento

Si la patrulla enemiga es más grande que la zona de aniquilamiento preparada, entonces la línea de asalto debe expandirse horizontalmente al tamaño del enemigo. Si el enemigo aún es demasiado grande, la línea de asalto puede dividirse en dos líneas de asalto, o el asalto puede continuar cruzando la zona de aniquilamiento, girar 90 grados y seguir asaltando paralelamente al camino. El asalto también puede centrarse en una parte de la formación enemiga, y el equipo de ametralladora puede proporcionar fuego de supresión a los enemigos restantes hasta que el asalto haya llegado. Si el enemigo es tan grande que está prácticamente disperso, el líder considera especialmente: romper el contacto, reposicionar la seguridad y consolidarse en una zona de aniquilamiento más grande.

## 24.d Contraemboscada desde detrás del objetivo

Si hay más enemigos detrás del objetivo después de una emboscada, esto se convierte en un escenario de reacción al contacto con otro asalto o romper el contacto. Aunque la zona de aniquilamiento puede extenderse más lejos, se debe tener cuidado de no perder el control y la comunicación entre todos los diferentes elementos.

## 24.e Fuerza de reacción Inmediata del enemigo y emboscada de hostigamiento

En todo el mundo, cuando un elemento es atacado y llama a refuerzos, esos refuerzos se llaman fuerzas de reacción inmediata (FRI). **Las FRI son unidades preposicionadas** que pueden literalmente correr hacia un vehículo y dirigirse al elemento que está siendo atacado. Su tiempo de respuesta puede ser tan poco como cinco minutos y debe ser informado durante la planificación y conocido por toda la patrulla. La regla general es estar fuera del objetivo en la mitad del tiempo estimado de respuesta del enemigo (Ver Imagen 154, pág. 212).

Si te encuentras con una FRI, se trata como una situación normal de reacción al contacto. Es probable que una patrulla del tamaño de una escuadra tenga que volver a desplegar todo el asalto. Sin embargo, un pelotón tiene muchos soldados con los cuales contar. Por lo tanto, un líder de pelotón tiene mucha más libertad para utilizar soldados, manteniendo la seguridad. Un enfoque común es que el líder de la patrulla llame al equipo

Imagen 154: Marinos de los EE. UU. preparan sus vehículos antes de llevar a cabo operaciones. Provincia de Helmand, Afganistán, 24 de junio de 2013. Una Fuerza de Reacción Inmediata está preparada las 24 horas, los 7 días de la semana, para responder rápidamente. **Sea cual sea el tiempo de respuesta inmediata esperado o informado del enemigo, planifica la mitad de esa cantidad.**

de EPW para reaccionar a la FRI, dejando a los soldados restantes para asegurar la zona de aniquilamiento.

Un enfoque común para lidiar con una FRI enemiga es utilizar **emboscadas de hostigamiento.** Una emboscada de hostigamiento es diferente de una emboscada normal, porque no se empeña completamente. Su papel es retrasar y degradar a la FRI enemiga, dando más tiempo a la emboscada principal para retirarse. Una emboscada de hostigamiento se instala a mayor distancia en la ruta desde la dirección en la que se espera que llegue la FRI enemiga. Pueden ser tan simples como unos pocos soldados disparando a una FRI enemiga o detonando algunas Claymores para frenar los vehículos enemigos (Ver Imagen 155, pág. 213).

Dependiendo de la situación y el entorno de combate, **las emboscadas de hostigamiento incluso pueden convertirse en la misión en sí misma**. Por ejemplo, si se sabe que la FRI es muchas veces del tamaño de un convoy regular y siempre es empleada de forma completa, se puede atacar al convoy para atraer a la FRI enemiga. Luego, la FRI puede ser enfrentada en mejores condiciones y posibilidad de refuerzos (Ver Imagen 156, pág. 213).

Entre una emboscada de escuadra y una emboscada de hostigamiento está una emboscada de equipo. Las emboscadas de equipo tienen como objetivo eliminar a unos pocos objetivos de alto valor y a menudo son ejecutadas por tiradores de largo alcance. Las emboscadas de equipo pueden no tener el personal necesario para eliminar a todos los enemigos en la zona de aniquilamiento y deben tomar medidas como fintas, distracciones,

imagen 155: Fuerzas Voluntarias de Defensa Nacional de Lituania (KASP) emboscan un vehículo blindado con armas antitanque. Centro Conjunto de Preparación Multinacional en Hohenfels, Alemania, 28 de enero de 2018. **El objetivo de esta emboscada de hostigamiento es disparar un arma antitanque y retirarse.**

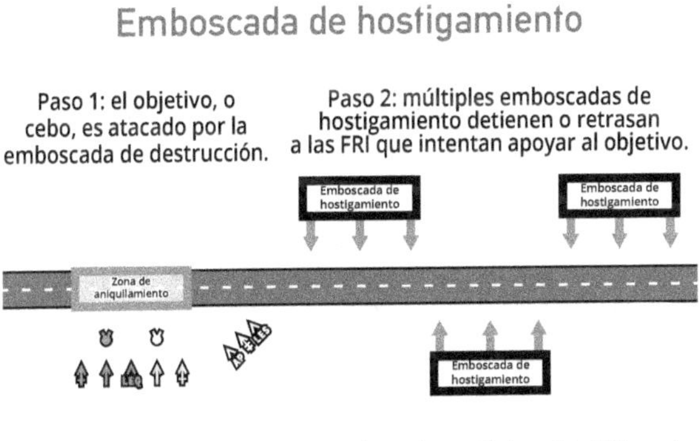

# Emboscada de hostigamiento

**Paso 1: el objetivo, o cebo, es atacado por la emboscada de destrucción.**

**Paso 2: múltiples emboscadas de hostigamiento detienen o retrasan a las FRI que intentan apoyar al objetivo.**

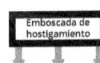
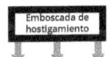

imagen 156: Una forma de contrarrestar una fuerza de reacción inmediata (FRI) enemiga es emplazar emboscadas de hostigamiento en la ruta que se predice que tomará la FRI. **Estas emboscadas no se comprometen completamente.** Su papel es retardar y degradar a la FRI enemiga, dando a la emboscada principal más tiempo para retirarse.

213

múltiples equipos o un elemento de retirada dedicado para permitir una retirada segura. Para facilitar la coordinación, un pequeño elemento de mando puede ser agregado junto a uno de los equipos.

## 24.f El líder de asalto es ineficaz en combate

Un líder de asalto puede ser ineficaz porque se ha convertido en una baja, o simplemente porque está tomando decisiones erróneas. El líder de la patrulla debe estar listo en cualquier momento para tomar el control de la línea de asalto. El asalto no se detiene porque el líder de asalto está incapacitado. Sustituir a un líder de asalto debido a un rendimiento deficiente es un último recurso. Un primer paso es controlar constantemente al líder de asalto, como dar órdenes específicas, por ejemplo, "¡Dirígete a la izquierda!".

## 24.g El líder de la patrulla es ineficaz en combate[1]

Si el líder de la patrulla se convierte en una baja, el asalto continúa normalmente. Debido a que el líder de la patrulla es responsable de ordenar "alto el fuego" e iniciar el asalto, **el líder de asalto debe estar al tanto de cuánto tiempo ha pasado desde el inicio**. Si no se ha llamado a un alto el fuego después de 60 segundos, es posible que el líder de la patrulla esté incapacitado.

Una vez que comienza el asalto y no hay líder de la patrulla, el líder del asalto se hace cargo de las responsabilidades del líder de la patrulla además de las suyas propias. El líder del asalto recibe y registra los informes BEM (incluido el equipo de ametralladora). El líder del asalto informa y dirige al equipo de PGE. El líder de asalto coordina al equipo de Ayuda y Evacuación y llama a la secuencia de retirada "¡Fuego a la carga!".

## 24.h La seguridad es ineficaz en combate

Una seguridad ineficaz es diferente de otras bajas porque **la seguridad estará entre el elemento principal y el enemigo**. Por lo tanto, disparar al enemigo implica el riesgo de fuego amigo contra la seguridad. La maniobra se convierte en la primera prioridad.

En una mitad del asalto, el líder de la patrulla y el equipo de ametralladora, se dividen para crear el elemento supresor y realizar fuego de supresión (como en romper el contacto). Se debe tener especial cuidado

---

1   Cita: Los cementerios están llenos de hombres indispensables. —General de Brigada y Comandante francés durante la Segunda Guerra Mundial, Charles de Gaulle

# La Seguridad es Atacada

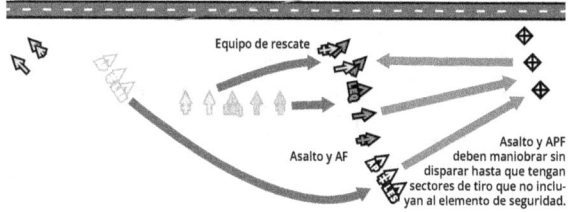

Equipo de rescate

Asalto y AF

Asalto y APF deben maniobrar sin disparar hasta que tengan sectores de tiro que no incluyan al elemento de seguridad.

Imagen 157: Un ejemplo de cómo reacciona un pelotón cuando la seguridad es atacada. **El pelotón no puede ayudar a la seguridad hasta que sepa dónde está.** Para ayudar a la seguridad, el pelotón se divide en un equipo de rescate y un equipo de flanqueo para recuperar a la seguridad y flanquear al enemigo. La extrema vulnerabilidad de esta situación destaca algunas cosas. La seguridad debe estar bien oculta y siempre alerta. La seguridad también debe seguir un PLASEG bien definido ¡y comunicar el peligro!

de no disparar a la posición que ocupaba la seguridad ni a donde podrían haberse retirado. El Elemento Supresor se posiciona en una posición para disparar y avanza al punto de liberación cuando sea necesario.

La otra mitad del asalto se convierte en el equipo de rescate y se separa hacia la posición de seguridad. Una vez que el equipo de rescate localiza a la seguridad, los evacua a un punto de liberación y grita: "¡Objetivo despejado!" (Ver Imagen 157, pág. 215).

La otra posición de seguridad es notificada para evacuar hacia el punto de liberación. Una vez que todos los soldados están contabilizados en el punto de liberación, la patrulla puede retirarse.

## 24.i Artefacto explosivo en la zona de aniquilamiento

Si se encuentra un artefacto explosivo activo dentro del área de la zona de aniquilamiento (por ejemplo, un AEI en la ruta, no relacionado con el enemigo, o una bomba con temporizador en el vehículo enemigo), el líder de la patrulla se retira inmediatamente del objetivo. La palabra clave común para una retirada inmediata es "¡Derrumbe!" Si se encuentra un explosivo, probablemente haya más explosivos que aún no se han encontrado. Si el líder de la patrulla determina que la amenaza vale la pena el riesgo (por ejemplo, granadas con pasadores, dentro del vehículo enemigo, que fueron conducidas hacia la zona de aniquilamiento), pueden continuar el asalto evitando completamente esa área dentro de la zona de aniquilamiento.

Fase 4

215

# Contenidos de la Fase 5

# Joe regresa a casa (Fase 5: Retirada a una base de patrulla)

*Por lo tanto, determiné primero utilizar el mayor número de tropas posible..., [para evitar] la posibilidad de descanso para reequiparse y producir suministros necesarios para llevar a cabo la resistencia.*
—6to Comandante General del Ejército de los EE. UU.,
Ulysses S. Grant

**Una base de patrulla es una especie de alto utilizado para tareas prolongadas** (de no más de 24 horas). Mientras que un alto corto es para tareas de 5 minutos como revisiones de mapas, y un alto prolongado es para tareas de 20 minutos como la distribución cruzada de municiones, una sola misión puede llevar días o más, lo que requiere una solución prolongada.

En algún momento durante una misión larga, los soldados deben reorganizarse, reabastecerse y dormir. Sin embargo, todas estas tareas hacen que una patrulla sea vulnerable a un ataque enemigo. Por lo tanto, si la patrulla no puede regresar a casa, establece una base de patrulla, que es la formación más segura que una patrulla puede adoptar.

La desventaja de una base de patrulla es que requiere mucho tiempo para ejecutarla. Debido a que su propósito está vinculado a reequipar a una patrulla, generalmente solo se utiliza después de una operación de algún tipo (como una emboscada).

## 25. Ocupación de la base de patrulla[1]

El primer paso para crear una base de patrulla es encontrar una buena ubicación. Debido a que **la patrulla es especialmente vulnerable cuando los soldados están durmiendo y planificando**, es muy importante elegir

---

[1] Permanecer en una ubicación estática y sin apoyo, en la naturaleza, después de emboscar a una fuerza enemiga es una receta para el desastre. Cualquier comandante que utilice una base de patrulla, en medio del bosque, para planificar misiones rápidas consecutivas ha hecho algo horriblemente mal. Las bases de patrulla se enseñan en la escuela militar por dos muy buenas razones: primero, como una forma de evaluar a los soldados en su momento de mayor cansancio; y segundo, para enseñar buenos hábitos y conceptos. Conceptos como las prioridades de trabajo, niveles apropiados de seguridad, mantenimiento en el campo para las armas y más.

una ubicación especialmente buena y segura. Durante todo el proceso de la base de patrulla, la patrulla no puede arruinar esa ubicación dejando rastros de su presencia.

Una patrulla suele utilizar una formación de pelotón para hacer una base de patrulla (Ver Formación de pelotón, pág. 176). De qué manera la patrulla adopta una formación de pelotón, depende de si la patrulla está completa o dividida en múltiples elementos. Cuando la patrulla es un solo elemento, puede utilizar todos los procedimientos de formación de pelotón descritos en la sección mencionada anteriormente. Sin embargo, si la patrulla está dividida en múltiples elementos, debe realizar un enlace antes de ocupar la base de patrulla y la formación de pelotón (Ver Enlace, pág. 220).

# 25.a Reconocimiento de una buena ubicación

Aunque la ubicación general se determina durante la planificación, una patrulla no puede ver zanjas y arbustos en un mapa. Por lo tanto, ya sea que una patrulla esté unida o dividida, el primer elemento de la patrulla que llega a la ubicación general planificada de la base de patrulla debe reconocer el área para evaluar las condiciones particulares del lugar.

Los criterios para la ubicación de un (PRO) son COELE (Ver Reconocimiento del líder del pelotón en el PRO, pág. 135). Pero una base de patrulla necesita ser más segura, así que los criterios necesitan un "NT" adicional para formar **COELENT,** ya que una base de patrulla se ocupa durante más tiempo y realiza más tareas.

C – Cubierto y abrigo (Ver Imagen 158, pág. 219).

O – Oculto y fuera de la vista, el sonido y el fuego de armas pequeñas (Si puedes disparar al objetivo, el objetivo puede dispararte).

E – Evita las líneas naturales de desplazamiento. Por ejemplo, no vayas donde la gente camina naturalmente, como senderos hacia cuerpos de agua o junto a lugares de caza.

L – Lo suficientemente grande para acomodar a todo el elemento.

E – Estratégica y fácilmente defendible durante un corto período. La patrulla debe poder defender el área mientras se organiza una retirada.

N – No lejos de una fuente de agua.

T – Terreno difícil y terrible que al enemigo no le importa.

**COELENT es un criterio continuo.** Incluso después de que se ocupa una base de patrulla, si los equipos de reconocimiento y vigilancia informan un peligro potencial cercano, el Líder de Pelotón debe considerar mover el elemento a la base de patrulla alternativa debido a la información actualizada.

Imagen 158: Paracaidistas del Ejército Americano del 2.º Bn., 503.ᵉʳ Regimiento de Infantería, 173.ª Brigada Aerotransportada, participan en el Ejercicio Rock Knight. Campo de tiro Pocek, Postonja, Eslovenia, 24 julio 2017. Elegir una ubicación buena, a cubierto y abrigo es invaluable al reconocer una base de patrulla. **Observa lo bien que está oculto el tercer soldado a la izquierda en comparación con los otros dos.**

## 25.b No dejar rastro

Una vez que una patrulla se mueve a una buena ubicación, es esencial no dejar rastros de que la patrulla estuvo allí. Las bases de patrulla solo existen en territorio enemigo y el enemigo puede obtener información incluso de las fuentes más mundanas. Un envoltorio de comida puede indicar la nacionalidad de la patrulla, una vaina de munición puede demostrar el armamento y los agujeros en el suelo pueden mostrar procedimientos operativos estándar.

A lo largo de las tareas de la base de patrulla y para las misiones en general, es importante llevarse toda la basura. Enterrarla no funciona bien ya que a veces los animales descubrirán los elementos. Si se cavan agujeros, deben llenarse y la vegetación debe dejarse lo más intacta posible[1]. Para minimizar la evidencia dejada si la base de patrulla es atacada, los soldados nunca deben tener más de un elemento fuera de su mochila a la vez, volviendo cada elemento a la mochila antes de sacar el siguiente.

---

[1] En la era de la vigilancia aérea y las miras ópticas de puntos rojos, si hay tiempo para cavar hoyos, entonces hay tiempo para moverse o descansar.

# 26. Enlace[1]

Antes de establecerse en una base de patrulla, cualquier unidad que esté dividida debe volver a consolidarse. Un enlace es el procedimiento necesario después de eso, por ejemplo, de una emboscada en el área de un pelotón. Dentro del enlace, hay tres ubicaciones: **el alto prolongado, el punto de señal y la base de patrulla.** Las tres ubicaciones se planifican de forma genérica en la ORDEN DE OPERACIONES (ORDOP)[2].

## 26.a Altos prolongados y punto de señal

El alto prolongado es un lugar para ocultar de manera segura la patrulla mientras los líderes realizan reconocimientos del punto de señal y la base de patrulla. Cada escuadra tiene una ubicación diferente para el alto prolongado; se eligen lugares seguros para posicionar una escuadra, a un punto característico del terreno de distancia del punto de señal.

Cada escuadra se dirige a su alto prolongado en un momento y lugar decididos durante la planificación, por ejemplo, después de la emboscada en 12UUA 8432 4079. En el alto prolongado, los líderes preparan un equipo de reconocimiento del líder. El equipo de reconocimiento del líder consta de tres equipos más pequeños de dos soldados cada uno: un equipo líder, un equipo V&O primario y un equipo V&O secundario (Ver Posiciones de vigilancia y observación (V&O), pág. 139). Debido al número de equipos y unidades divididos, tener un plan de comunicación PACE y 5 PUNTOS sólidos y completos es vital para el plan de enlace, y las verificaciones de comunicación son frecuentes (Ver Opciones de comunicación PACE, pág. 242). Desde el alto prolongado, el equipo de reconocimiento del líder parte hacia el punto de señal.

El **punto de señal** es donde los equipos de reconocimiento del líder de diferentes elementos se encuentran entre sí. Los sitios de señal son necesarios como un sitio intermedio entre altos prolongados y bases de patrulla por dos razones.

Primero, unir elementos es en esencia, algo peligroso, ya que la identificación inicial de amigo versus enemigo es difícil. Es decir, si se permite que grandes elementos amigos se acerquen a una base de patrulla, entonces también es posible que grandes elementos enemigos se acerquen a

---

1    El enlace se incluye para ilustrar que cada parte de una patrulla se puede completar en relativa seguridad sin comunicaciones por radio. Sin embargo, no está claro cuándo fue la última vez que se usó realmente este complicado procedimiento.

2    **Aplicando Conceptos:** La planificación para contingencias es importante. El plan de enlace debe cubrir: contacto con el enemigo antes, durante y después del enlace; duración del tiempo de espera en el lugar de reunión; acciones en caso de que algunos elementos no logren reunirse; y puntos de reunión alternativos y puntos de enlace.

Imagen 159: Una luz roja desechable o una luz química infrarroja son buenas señales. **El punto donde reunirse puede no coincidir con la señal**, por ejemplo, reunirse a 70 metros a 70 grados desde la señal.

una base de patrulla y sean confundidos con un elemento amigo que intenta enlazarse. Luego, el enemigo podría atacar desde una posición cercana.

En sentido contrario, si un elemento amigo se acerca accidentalmente a una base de patrulla enemiga y trata de enlazarse, será un blanco fácil. Por lo tanto, las unidades grandes deben tener ubicaciones separadas para la identificación inicial y cuándo y dónde eventualmente se unirán. **El enlace es útil porque proporciona un lugar alternativo para la identificación (es decir, el punto de señal).**

En segundo lugar, las bases de patrulla, por su naturaleza, deben estar bien ocultas para que el enemigo no pueda encontrarlas. Sin embargo, los puntos de reunión no deben estar en un área bien oculta, porque dos elementos que se unen tendrán problemas para encontrarse. Por lo tanto, los sitios de señal son una ubicación en un área relativamente visible con una señal obvia. Allí, algunos líderes de cada elemento pueden encontrarse y planificar movimientos adicionales para sus respectivos elementos.

En el punto de señal, el equipo de reconocimiento del líder lleva a cabo el procedimiento ALTAC (como en cada alto) y deja al Equipo V&O 1 en una ubicación lo más cubierta y oculta posible, pero aún con buena visión del punto de señal.

## 26.b Acciones de la primera escuadra para llegar al punto de señal

La primera escuadra en llegar a la ubicación de la cuadrícula (elegida durante la planificación) elige un punto de señal para colocar una señal predeterminada, como una cinta (Ver Imagen 159, pág. 221). El sitio idealmente tiene un mal ocultamiento, pero buen abrigo. De esta manera, la señal puede verse bien, pero cualquiera puede ponerse al abrigo del fuego enemigo. El equipo V&O 1 luego monitorea el punto de señal, esperando a que llegue la próxima escuadra. Los cuatro soldados restantes en el equipo de reconocimiento del líder continúan hacia la base de patrulla tentativa

Fase 5

221

("tentativa" porque también se eligió durante la planificación) (Ver Imagen 160, pág. 223).

En la base de patrulla tentativa, el equipo de reconocimiento del líder posiciona al equipo de V&O 2. Los dos soldados restantes realizan un reconocimiento del área, teniendo en cuenta el tamaño de una formación completa de pelotón y el tiempo que el pelotón estará allí. La distancia puede ser de 200 metros, 500 metros o incluso más. Una vez que el equipo líder haya confirmado una buena ubicación para la base de patrulla, regresan al alto prolongado para llevar a la escuadra (Ver Reconocimiento del líder de la formación de pelotón, pág. 171).

Cuando la escuadra llega a la base de patrulla e incorpora al equipo V&O 2, la escuadra ocupa las tres esquinas de la formación del pelotón donde eventualmente irán las ametralladoras M240 de las escuadras (Ver Imagen 128, pág. 178). Un ejemplo de las tres esquinas podría ser: una tiene la M240, otra tiene una ametralladora ligera (la segunda ametralladora ligera está en el equipo de V&O 1) y la otra tiene algunos fusileros extra (Ver Imagen 160, pág. 223). Poblar solo las esquinas crea la forma de la formación de pelotón eventual y facilita la incorporación de otras escuadras. Cuando llega una nueva escuadra, su M240 ocupa la posición de un punto del triángulo y sus fusileros ocupan su posición entre los puntos.

Una vez que el triángulo está configurado, la primera escuadra envía un equipo de encuentro (por ejemplo, el líder de escuadra, el líder del equipo alfa y un fusilero) para esperar la llegada de la segunda escuadra. El equipo de encuentro tiene lugar en una posición a cubierto y abrigo donde pueden ver el área circundante a la señal. Se acercan a la señal cuando identifican a otro equipo de encuentro o señal de otra escuadra.

**El equipo de encuentro es independiente del equipo de V&O 1 porque sirven para propósitos diferentes.** Los equipos de encuentro van físicamente a la señal para hablar, y no pueden permanecer ocultos. El equipo de V&O proporciona supervisión al encuentro. Si los equipos de encuentro se posicionaran con la V&O, un enemigo observador podría localizar la V&O cuando el equipo de encuentro saliera para ir al punto de señal, comprometiendo la posición y supervisión de la V&O.

Hay muchas variaciones para el enlace. Por ejemplo, en el método anterior, después de que la primera escuadra marca un punto de señal, el equipo de reconocimiento del líder continúa hacia la base de patrulla tentativa. En un método diferente, el equipo de reconocimiento del Líder puede volver al alto prolongado y tomar la base de patrulla por la fuerza, omitiendo el reconocimiento del líder de la base de patrulla. O, si la primera escuadra piensa que su alto prolongado sería un buen lugar para la base de patrulla, pueden convertir un alto prolongado en una base de patrulla.

# Enlace para la primera escuadra

| Paso 1 | Paso 2 | Paso 3 | Paso 4 | Paso 5 |
|---|---|---|---|---|
| Primero en llegar establecer un alto prolongado | Establece punto de señal y V&O 1 | Reconocimiento, formación pelotón y V&O 2 | Cambio de formación de escuadra a formación de pelotón | Encuentro, el equipo espera en punto de señal |

Sitio señalado tentativo

Formación de pelotón tentativa

Formación de pelotón tentativa

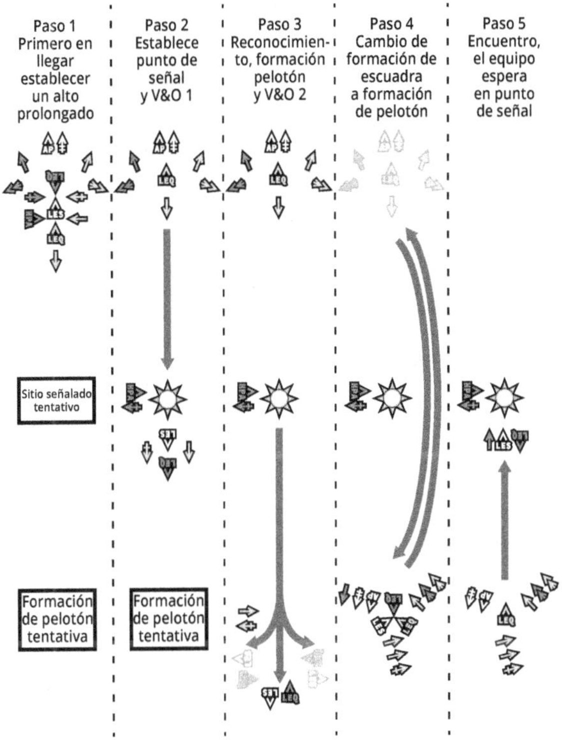

Imagen 160: El Enlace para la primera escuadra en llegar se puede dividir en **cinco pasos y tres ubicaciones.** La primera ubicación es el alto prolongado. La segunda ubicación es el punto de señal tentativo, donde la patrulla planea colocar la señal para encontrarse con otros elementos. La formación tentativa del pelotón es donde la patrulla planea establecer la formación del pelotón. Ambas ubicaciones tentativas son tentativas hasta que son exploradas por el equipo de reconocimiento del líder.

## 26.c Acciones de la segunda y tercera escuadra para llegar

Las siguientes escuadras son iguales que la primera escuadra, hasta que el equipo de reconocimiento del líder ve una marca ya en el punto de señal. El equipo de reconocimiento del líder se acerca a la marca y lleva a cabo el plan de comunicación PACE para el enlace con la primera escuadra en llegar. Colocar una marca adicional en el punto de señal es una buena idea, en caso de que el equipo de encuentro de la primera escuadra aún no haya regresado de la formación del pelotón. Entonces, cuando el equipo de encuentro regrese, pueden ir directamente a la señal.

Una vez establecida la comunicación entre el equipo de encuentro de la primera escuadra y el equipo de reconocimiento del líder de la siguiente escuadra, los líderes de ambas escuadras se acercan al punto de señal para hablar (Ver Recombinación de elementos (Señales de reconocimiento cercanas y lejanas), pág. 141). Durante la reunión, las posiciones de V&O de cada escuadra proporcionan supervisión en caso de un ataque enemigo. Los únicos temas que deben discutirse son: 1) que el punto de señal está seguro; y 2) que la primera escuadra ha comenzado una ubicación de base de patrulla y puede guiar a la segunda escuadra hacia ella.

En resumen, un líder de la primera escuadra, el equipo de reconocimiento del líder de la segunda escuadra y el equipo de V&O de la segunda escuadra regresan al alto prolongado de la segunda escuadra. El líder de la primera escuadra guía luego a la segunda escuadra hasta la ubicación de la base de patrulla. En este punto, los únicos soldados en el punto de señal son el equipo de V&O y el equipo de encuentro de la primera escuadra. Debido a que el equipo de encuentro pierde un miembro en cada reunión, está compuesto por un líder para cada elemento siguiente, más un soldado adicional para emparejar al último líder.

Cuando la segunda escuadra se acerca a la ubicación de la base de patrulla, el líder de la primera escuadra inicia señales de reconocimiento cercanas y lejanas. Cuando termina, la segunda escuadra está completamente integrada en la base de patrulla.

El enlace para la tercera (o última) escuadra es casi idéntico al enlace de la segunda escuadra. La única diferencia es que el punto de señal debe ser despejado y todas las señales recogidas. Con las tres escuadras en posición, la base de patrulla está completamente ocupada. El líder de pelotón puede quedarse en su lugar y convertir el sitio en una base de patrulla permanente (si la seguridad lo permite) o moverse a un nuevo lugar.

# Enlace para las siguientes escuadras

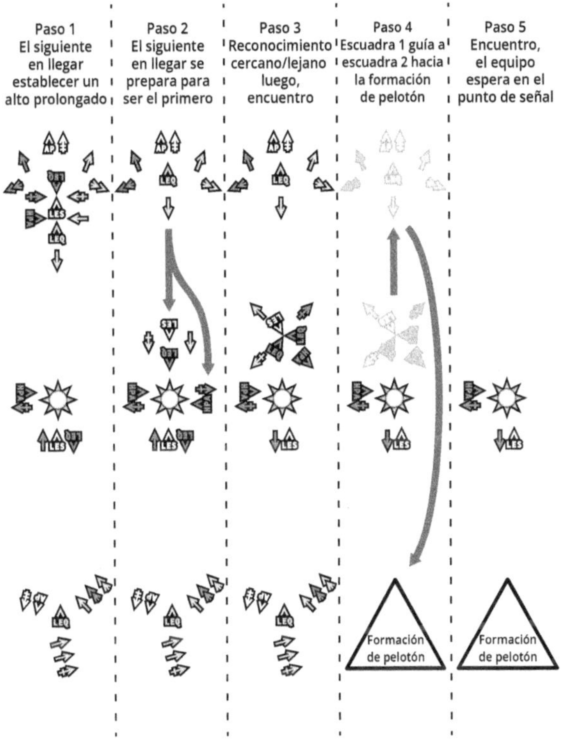

| Paso 1 | Paso 2 | Paso 3 | Paso 4 | Paso 5 |
|---|---|---|---|---|
| El siguiente en llegar establecer un alto prolongado | El siguiente en llegar se prepara para ser el primero | Reconocimiento cercano/lejano luego, encuentro | Escuadra 1 guía a escuadra 2 hacia la formación de pelotón | Encuentro, el equipo espera en el punto de señal |

Imagen 161: El Enlace para la segunda y tercera escuadra en llegar se divide en cinco pasos y tres ubicaciones, al igual que para el primer escuadra. **En lugar de reconocer ubicaciones tentativas, la segunda y tercera escuadra se centran en encontrarse con la primera escuadra** para ser guiadas hacia la formación del pelotón. Debido a limitaciones de espacio, la formación ampliada del pelotón se representa aquí como un triángulo.

# 27. Tareas de seguridad y prioridades de trabajo[1]

Después de la ocupación, aún hay mucho trabajo por hacer en una base de patrulla, y **algunos trabajos son más importantes que otros**. Por lo tanto, hay un orden estándar en el que las tareas deben llevarse a cabo, llamado "prioridades de trabajo"[2] Esta sección trata sobre la primera y más importante prioridad: la seguridad.

La seguridad es constante. Incluso después de que la seguridad de la base de patrulla esté "completa", debe ser monitoreada y revisada constantemente. La base de patrulla comienza con un 100 % de seguridad en la línea (lo que significa que todos los soldados, excepto los líderes, realizan seguridad). La seguridad solo puede caer por debajo del 100 % una vez que la base esté segura. La base está segura una vez que se han asignado, coordinado y registrado todos los sectores de tiro. La seguridad también incluye la comunicación en funcionamiento; no hablar significa no coordinar, lo que significa no tener seguridad. Cuando se completan todas las tareas de seguridad, el líder de la patrulla reporta, "base de patrulla ocupada" al escalón superior.

## 27.a Reconocimiento y vigilancia (R&V)

El equipo de R&V es un grupo de dos a cuatro soldados que salen de la base de patrulla y reconocen el área circundante en busca de peligros potenciales, por ejemplo, áreas de alto tráfico o avenidas de aproximación rápidas. Antes de su salida, cada equipo debe tener comunicación en funcionamiento y dar un 5 PUNTOS. Cada vez que alguien sale de la base de patrulla, la seguridad está al 100 %.

Los equipos de R&V salen lo suficientemente lejos como para detectar cualquier peligro para la base de patrulla, normalmente de 50 a 400 metros. También confirman cualquier fuente de agua encontrada en los mapas; el agua en los mapas a veces es acorde a la estación. Al regresar, el R&V informa al sargento de pelotón. Si hay peligro presente, el sargento de pelotón ajusta los sectores de tiro para concentrarse en esa área o incluso reubica la base de patrulla.

---

1    Cita: El tiempo lo es todo: cinco minutos marcan la diferencia entre la victoria y la derrota. —Vicealmirante británico, Horatio Nelson

2    Realidad: Hay muchas áreas grises. Por ejemplo, si un soldado tiene tanto frío que tiembla incontrolablemente, realmente no puede brindar seguridad. O, ¿qué pasa si hay cuatro horas disponibles, pero establecer una seguridad perfecta toma tres? En ese caso, ¿es más importante hacer más mantenimiento a cambio de tener menos seguridad?

Imagen 162: Paracaidistas de la 173.ª Brigada Aerotransportada, proporcionan seguridad perimetral. Zona de salto Juliet, Italia, 10 de abril de 2018. Una base de patrulla básica tiene la forma de una formación de pelotón (Ver Formación de pelotón, pág. 176). Esta imagen muestra una posición de punto fuerte, con el mando en segundo plano. Una base de patrulla dura mucho más que un alto prolongado, y los soldados están mucho más cansados. **¿Es la posición de tendido una buena posición para colocar a soldados cansados y silenciosos por la noche durante horas?** ¿Cuáles son las alternativas?

## 27.b Claymores

Una vez que todos los soldados regresan del R&V con información sobre el peligro potencial, se informa a los líderes de equipo sobre dónde colocar las Claymores. Las Claymores se colocan sobre la avenida de aproximación más probable del enemigo, que generalmente es en la dirección de cualquier carretera, ruta, calle y/o sendero. **Cada vez que alguien sale de la base de patrulla, la seguridad está al 100 %** (Ver Colocación de Claymores y pasos finales, pág. 168).

Una vez que las Claymores están listas, su distancia, ubicación, azimut y sectores de tiro deben indicarse en el plan dibujado del sector. La información debe ser conocida por la posición de la ALE, que recibe el detonador de la Claymore y se le informa sobre cuándo activarla.

## 27.c Tarjetas de tiro y croquis del sector

Una tarjeta de tiro es una hoja de papel específicamente formateada para registrar un sector de tiro. Se utilizan para coordinar diferentes armas, reemplazar rápidamente a tiradores heridos y recordar a los soldados su sector. Aunque el Ejército de los EE. UU. utiliza el formulario DA 5517, cualquier hoja de papel puede servir (Ver Imagen 163, pág. 228).

Fase 5

# Tarjeta de tiro

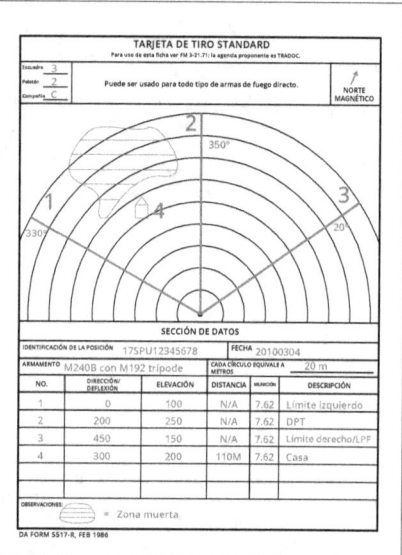

Imagen 163: Ejemplo de una tarjeta de tiro completa. Esta es la forma estándar del Ejército de los EE. UU., pero cualquier trozo de papel servirá.

Una tarjeta de tiro debe incluir como mínimo: la identidad de la posición (por ejemplo, a las 9 en punto); el azimut del límite izquierdo y del límite derecho; la dirección primaria de tiro (DPT); cualquier terreno identificable (por ejemplo, carreteras); y la zona muerta dentro del sector. El límite izquierdo y el límite derecho definen el sector de tiro para el arma. La DPT es la dirección hacia la cual apunta y dispara el arma de forma predeterminada. Las tarjetas de tiro se pueden dibujar para cualquier arma, pero deben escribirse para armas que siempre están siendo manipuladas, como las M240 en una base de patrulla, para permitir un reemplazo fácil del tirador.

Mientras se escriben las tarjetas de tiro, el líder de escuadra de cada escuadra compila un croquis de sector de su escuadra. Un croquis de sector es un documento o elemento único que contiene todos los sectores de tiro traslapados para un elemento. En el caso del líder de escuadra, se registran los sectores para la parte de la base de patrulla correspondiente a su escuadra. El croquis de sector también incluye la posición y el sector de tiro de cualquier Claymore. Cuando las tarjetas de tiro y los croquis de sector de la escuadra están completos, se llevan al sargento de pelotón para que pueda efectuar un croquis de sector de pelotón, que incluye todos los sectores de tiro para todas las armas, y puede verificar sectores de tiro traslapados de 360 grados.

## 27.d Plan de alerta

Un plan de alerta es la forma en que los soldados manejan y perciben a las amenazas. **Les indica a los soldados cuándo y cómo llamar a los líderes y abrir fuego.** Como mínimo, cuando un soldado tiene la sospecha de algún movimiento enemigo, alerta al otro soldado que comparte su posición sin perder de vista la amenaza.

Un ejemplo de plan de alerta simple es que un hombre en un punto fuerte notifique a los líderes de la sospecha de alguna amenaza. El sargento de pelotón confirma la seguridad de 360 grados. El líder de la patrulla se mueve a la posición donde se escuchó el ruido y toma una decisión sobre qué hacer. Si se les dispara, los soldados responden al fuego.

La patrulla también designa un momento para la "**alerta**". Por alguna razón, los enemigos a lo largo de la historia han tenido más probabilidades de atacar durante el amanecer y el atardecer. Por lo tanto, es procedimiento estándar tener seguridad al 100 % en un momento especificado; por ejemplo, una hora de alerta comenzando 30 minutos antes del amanecer y del atardecer. El Ejército de los Estados Unidos es más preciso y utiliza "comienzo del crepúsculo náutico matutino" y "fin del crepúsculo náutico vespertino"

## 27.e Plan de retirada

Un plan de retirada consta de cuatro ubicaciones. La primera ubicación es la base de patrulla actual. Las segunda y tercera ubicaciones son dos puntos de reunión, adonde la patrulla puede retirarse temporalmente. Tradicionalmente se llaman "negro" y "oro". La cuarta ubicación es la base de patrulla alternativa, hacia la cual la patrulla continúa retirándose desde un punto de reunión (Ver Imagen 1, pág. 3).

Los puntos de reunión negro y oro se utilizan para evitar el rastreo enemigo. Si los soldados se retiraran en línea recta desde la base de patrulla hasta la base de patrulla alternativa, el enemigo podría esperar y seguir el azimut de retirada para atacar nuevamente. Al usar negro u oro para cambiar de dirección a mitad de la retirada hacia la base de patrulla alternativa, el enemigo debe usar un rastreo más complicado que seguir en línea recta.

**Fase 5**

Hay dos puntos de reunión, pero cualquier retirada solo usará aquel que esté en dirección opuesta al ataque del enemigo. Por lo tanto, negro y oro deben estar en direcciones aproximadamente opuestas, para que la patrulla siempre tenga planificada una ruta de retirada, independientemente de la dirección del ataque enemigo. Los puntos de reunión están al menos a una característica importante del terreno de distancia de la base de patrulla.

La base de patrulla alternativa también está al menos a una característica importante del terreno de distancia tanto de los puntos de reunión como de la base de patrulla actual. Nuevamente, la base de patrulla, un punto de reunión y la base de patrulla alternativa no pueden formar una línea recta. Elegir una ubicación alternativa de la base de patrulla tiene los mismos requisitos que cualquier otra base de patrulla (Ver Reconocimiento de una buena ubicación, pág. 218).

**Para diseminar el plan de retirada, los soldados deben memorizar información redundante.** Cuanto más memoricen los soldados, más rápida y, por lo tanto, más segura será la retirada. Idealmente, los soldados conocen todas las ubicaciones en cuatro formatos:

▸ Cuadrículas de 8 dígitos y azimuts de movimiento.
▸ Características locales del terreno en un mapa.
▸ Señalando la dirección de cada punto de reunión.
▸ Moviendo el bisel de la brújula izq. (izquierda) hacia el azimut del punto de reunión oro; y moviendo el bisel dcha. (derecha) hacia el azimut del punto de reunión negro.

La redundancia garantiza una retirada más fluida cuando los soldados están fatigados y hambrientos en medio de la noche. Haz cada punto lo más simple posible de recordar al crear un plan de retirada. Por ejemplo, elige números de cuadrícula repetitivos o azimuts de números enteros siempre que sea posible. Aunque escribir esta información es útil, es muy fácil perder papeles en una retirada de emergencia. Si el enemigo encuentra el plan de retirada, pueden destruir toda la patrulla con artillería.

Ejecutar un plan de retirada es simple. Únicamente evacuar hacia el punto de reunión opuesto al contacto y mantener un contacto constante con los líderes. Si la base de patrulla es atacada, el líder de la patrulla determina si romper el contacto y evacuar, o atacar y luego evacuar.

# 28. Tareas de mantenimiento

Las tareas de mantenimiento en la base de patrulla son muy flexibles. Mientras que todas las tareas de seguridad deben completarse en orden, las tareas de mantenimiento deben equilibrarse entre sí. Un arma muy limpia y sin manchas no es útil en manos de un soldado que ha estado despierto durante 40 horas sin agua.

Imagen 164: El Cabo del Cuerpo de Marinos de los EE. UU., del 3.ᵉʳ Batallón 4.º Marinos, Fuerza de Tarea Koa Moana 17, limpia su arma. Isla Vava'u, Tonga, 26 de julio de 2017. **Posiblemente, esta arma estaba rota. De lo contrario, no hay razón para desmontar un arma en el campo y arriesgarse a soltar o perder piezas.**

Imagen 165: El Soldado del 823.ᵉʳ Escuadrón de Defensa de la Base, carga una ametralladora M240 durante un ejercicio de preparación para la misión. Base Aérea de Moody, Georgia, 23 de octubre de 2017. Una ametralladora sin municiones es peso muerto. **Una base de patrulla sin equipos de armas operativos está al 100 % de seguridad debido a lo vitales que son.**

## 28.a Mantenimiento de armas[1]

Durante la realización de una patrulla, las armas se ensucian y las armas sucias fallan. Todas las armas deben ser limpiadas, aplicar lubricante preservador y revisadas en busca de residuos internos. **Durante el día, un arma solo se desarma mínimamente; durante la noche, no se desarma en absoluto** (Ver Imagen 164, pág. 231). Comenzando con la M240, solo se puede limpiar una a la vez, porque hacer que todas las M240 no estén operativas al mismo tiempo reduce demasiado la seguridad. Cuando se retira una M240 de la línea, la patrulla mantiene el 100 % de la seguridad, y una ALE de la misma escuadra reemplaza temporalmente la posición de la M240. El líder de la escuadra de armas organiza la limpieza de todas las M240 e informa al sargento del pelotón cuando terminan.

Después de limpiar todas las M240, se limpian las ALE. Nuevamente, el pelotón debe mantener el 100 % de la seguridad, y solo una escuadra puede limpiar sus ALE en cualquier momento. Una vez que las ALE estén limpias, los soldados pueden empezar con sus fusiles. Se puede quitar un fusil por posición de la línea y limpiarlo.

---

1   Cita: Un equipo resbaladizo podría hacer que tu lanzagranadas M203 dispare cuando menos lo esperas. Eso te haría muy impopular en lo que queda de tu unidad. —El Mantenimiento Preventivo Mensual.

Imagen 166: Un Marino de la Co. A., 1.er Batallón, 7.º Regimiento de Marinos, realiza un reabastecimiento de agua. Bridgeport, California, 8 de septiembre de 2014. **Observa lo vulnerable que hace esta posición a este Soldado.** Los humanos a menudo viven cerca de fuentes de agua limpia. Utiliza pocos soldados durante el reabastecimiento de agua para evitar ser detectados. ¿Qué tan detallado debería ser un plan de reabastecimiento de agua en la planificación?

## 28.b Reposición de agua[1]

La reposición de agua la realiza un equipo de al menos dos soldados, siendo necesario más si la fuente de agua está lejos. La reposición comienza recogiendo las cantimploras de la patrulla en bolsas. Vacía cualquier cantimplora parcialmente llena e inclúyela. Asegúrate de que todas las cantimploras estén marcadas para que puedan devolverse a su propietario. Los soldados de reposición luego son contados fuera de la base y se mueven tácticamente hacia el agua.

Cuando están en el punto de reposición, al menos un soldado debe brindar seguridad por cada soldado que llena las cantimploras (Ver Imagen 166, pág. 232). Si se usan tabletas de yodo, el soldado que llena las cantimploras nunca coloca yodo en las cantimploras; eso lo hace el soldado que bebe el agua. Esto es para evitar un error en el que ambos soldados ponen yodo, creando una dosis doble. Al regresar a la base, se cuenta nuevamente a los soldados.

Imagen 167: Un marine de la Infantería de Marina, 1.ᵉʳ Pelotón, Compañía Lima, 3.ᵉʳ Batallón, 1.ᵉʳ Regimiento de Marinos, se acuesta para ventilar sus pies después de una patrulla. Instalaciones de Entrenamiento en Kahuku, 14 de septiembre de 2016. **Aunque las tareas de seguridad suelen tener prioridad sobre las tareas de mantenimiento, un soldado que no puede disparar ni moverse no es seguro.**

## 28.c Comida, higiene personal, equipamiento para el frío y descanso[1]

Una base de patrulla es una tarea grupal, por lo que **cualquier tiempo personal que tome un soldado es tiempo personal que otro soldado no puede tener**. Por lo tanto, se asigna una cantidad única de tiempo a cada soldado para realizar todas las tareas personales según lo consideren necesario. Si el soldado no logra cumplir alguna de las tareas, debe volver a brindar seguridad. Dicho esto, los líderes de equipo son responsables de asegurarse de que los soldados que no usen equipo para el clima frío no tiemblen tanto que no puedan sostener un arma en forma correcta, y de que los soldados coman lo suficiente para funcionar (Ver Imagen 167, pág. 233).

Los soldados deben permanecer en uniforme completo, incluidas las botas, en todo momento a menos que se indique lo contrario. Las mochilas están empacadas en todo momento, y las CLC (comidas listas para comer) solo tienen un artículo fuera de la bolsa en todo momento. Esto minimiza

Fase 5

---

1    Cita: El café sabe mejor si las letrinas se excavan corriente abajo de un campamento. —Desconocido

Imagen 168: Líderes de Pelotón y Escuadra de Infantería de Marina de los EE. UU. planean un esquema de maniobra. Centro de Entrenamiento de Guerra de Montaña del Cuerpo de Marinos, Bridgeport, California, 9 de septiembre de 2014. **Observa lo llenos y cercanos que están estos soldados en comparación con los Soldados a la derecha.**

Imagen 169: Infantes de Marina de los EE. UU. asignados a la Escuela de Infantería Oeste, utilizan un modelo de terreno durante el Curso Avanzado de Infantería. Área de Entrenamiento de Kahuku, Hawái, 20 de julio de 2016. **Un modelo de terreno es excelente para la emisión. Pero requiere más espacio, tiempo y planificación.**

el tiempo necesario para empacar y evacuar en caso de un contacto enemigo sorpresa.

## 28.d Planificación y emisión de una ORFRAG[1]

Una ORFRAG (Orden fragmentaria) es esencialmente un cambio de planes de un escalón superior después de recibir la misión original en la ORDOP (Orden de operaciones). Cuando se está en el campo, una base de patrulla proporciona el espacio y la seguridad necesaria para que una patrulla planifique y exponga una misión a partir de la ORFRAG del mando superior.

Planificar una misión requiere de la atención de todas las posiciones de liderazgo así como de cualquier asesor. Por lo tanto, durante la planificación y revisión de una ORFRAG, la base de patrulla requiere el 100 % de seguridad. La planificación de una ORFRAG es un proceso propio que se puede encontrar en el Manual del Ranger Americano, entre otras referencias.

La emisión de una ORFRAG es un proceso de cuatro emisiones. Para la primera emisión, todos los líderes excepto los líderes del equipo Bravo se acercan al centro. Los líderes del equipo Bravo supervisan y ayudan a sus escuadras, mientras que el líder del pelotón presenta su plan final a los demás líderes.

Las siguientes tres emisiones son las emisiones de las escuadras. Cada líder de escuadra llama a su escuadra al centro mientras las otras dos

Fase 5

---

1 Cita: Comencé la revolución con 82 hombres. Si tuviera que hacerlo de nuevo, lo haría con 10 o 15 y fé absoluta. No importa lo pequeño que seas si tienes fé y un plan de acción. —Primer Secretario del Comité Central del Partido Comunista de Cuba, Fidel Castro

escuadras cubren la línea ahora vacía. Debido a que hay tres emisiones y el tiempo puede ser escaso, cada emisión de escuadra tiene un límite de tiempo. La escuadra de armas puede recibir su propia, quinta emisión, pero probablemente se les expondrá simultáneamente con las escuadras.

# 29. Base de patrulla improvisada

A veces, la patrulla ha estado en movimiento durante 40 horas con varios kilos encima. Cada soldado está físicamente agotado, pero pasar dos horas ocupando una base de patrulla segura es impráctico porque la misión solo tiene dos horas de margen. En este caso, el líder de la patrulla debe considerar dejar descansar la patrulla en una formación de base de patrulla improvisada.

Para formar la base de patrulla improvisada, la patrulla se divide en dos filas, que quedan de espaldas una a la otra mirando hacia afuera. Un pelotón es lo suficientemente grande como para formar un triángulo, con todos los soldados mirando hacia afuera. Luego, los soldados se sientan y se quitan la mochila; se quedan dormidos en esa posición. La seguridad se maneja utilizando un horario de sueño.

**Al menos dos soldados deben estar despiertos en todo momento**, mirando en direcciones opuestas, mientras operan las ametralladoras. Además de la seguridad, la responsabilidad principal de cada soldado es asegurarse de que su compañero esté despierto. Si el quedarse dormido no es una preocupación, entonces la patrulla no está lo suficientemente agotada como para necesitar una base de patrulla rápida (Ver Imagen 170, pág. 235).

Fase 5

# Contenidos de los Anexos

# Anexos

*Siempre hay una cosa más que puedes hacer para aumentar tus posibilidades del éxito.*

—Gral. del Ejército de los EE. UU., Hal Moore

# 30. Ametralladora M240[1]

## 0.a Cadencia de fuego

La munición equivale a tiempo. Ajustar la cadencia de fuego es cómo los líderes equilibran la necesidad de munición más tarde, versus la necesidad de violencia de acción ahora.

**Cíclica** – 650 a 950 disparos por minuto continuamente; cambio de cañón cada 1 minuto. Cíclica es la velocidad a la que el arma es físicamente capaz de "ciclar" (cargar, bloquear, disparar, desbloquear, eyectar). La medición de la cadencia cíclica no considera las tareas del operador (recargar, apuntar, etc.).

**Rápida** – Ráfagas de 10 a 13 disparos separados por 2 a 3 segundos; cambio de cañón cada 2 minutos. La cadencia de fuego rápida está entre la cíclica y la sostenida.

**Sostenida** – Ráfagas de 6 a 9 disparos separados por 4 a 5 segundos; cambio de cañón cada 10 minutos. Sostenida es la velocidad a la que el arma puede disparar indefinidamente sin fallar; y por lo tanto, es la velocidad real a la que normalmente se dispararía el arma en combate. La sostenida tiene en cuenta las tareas del operador como recargar, apuntar, cambiar cañones, enfriar, etc.

## 30.a Ejercicios de disparo

Las ametralladoras son máquinas complicadas que no pueden operar durante más de unos minutos si se manejan incorrectamente. Las M240 tienen algunos ejercicios que el tirador y el aprovisionador deben realizar para un rendimiento óptimo.

**Cambio de cañón** – La fricción y el calor explosivo pueden literalmente derretir un cañón M240 solo con disparar. Por lo tanto, vienen con cañones de repuesto. Los cambios de cañón son preventivos y se realizan según la cadencia de fuego. El porta municiones o el

---

[1] Cita: El que dijo que la pluma es más poderosa que la espada obviamente nunca se encontró con armas automáticas. —General del Ejército estadounidense, Douglas MacArthur

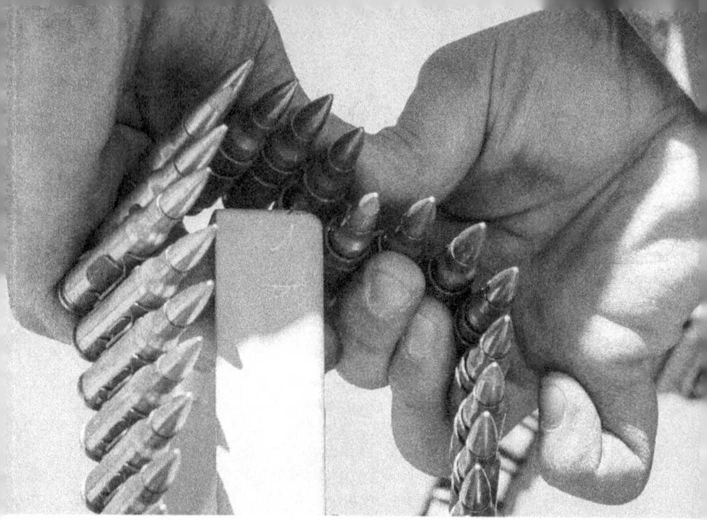

Imagen 171: Un soldado de la Guardia Nacional del Ejército de Arizona con la 856.ª Compañía de Policía Militar de Bellemont, Arizona, une dos cintas de municiones antes de cargarlas en una ametralladora M240B.

aprovisionador realiza cambios de cañón, ya que el tirador no puede alcanzarlos fácilmente.

**Enlace y desenlace de municiones** – "Enlazar" municiones significa combinar dos cintas en una. La munición generalmente se lleva en cintas múltiples, que deben enlazarse tanto antes como durante el combate. Hay tres formas efectivas de enlazar y desenlazar municiones. El primer método es empujar juntos un eslabón y una vaina usando ambos pulgares. Este es el método más rápido pero también el más difícil. El segundo método es usar alicates para empujar un eslabón y una vaina juntos. Este es el más lento pero físicamente el más fácil. Un término medio de rápido y fácil es sacar una sola vaina en el extremo del cebador de los eslabones, empujar los dos eslabones vacíos juntos y volver a insertar la vaina en el agujero que forman los eslabones.

**Armas que hablan** – Disparar una ametralladora continuamente es peligroso debido al sobrecalentamiento de los cañones y al agotamiento de los suministros de municiones. Pero no tener ninguna ametralladora disparando también es peligroso porque las ametralladoras matan enemigos. Por lo tanto, donde hay varias ametralladoras presentes, pueden alternar disparos: cuando una ametralladora deja de disparar, otra ametralladora escucha que se detuvo y comienza a disparar. Es

Marinos de las Fuerzas de Rotación del Mar Negro 18.1 de los EE. UU. ejecutan un ejercicio de "tirador muerto" durante el Ejercicio Platinum Lion 18 en el Área de Entrenamiento Novo Selo, Bulgaria, el 3 de agosto de 2018. El Aprovisionador aparta al tirador.

mucho más fácil coordinar ametralladoras con un líder designado; una tarea principal del líder del equipo de armas es "hacer que las armas hablen" o coordinar el disparo de las M240. Además, cuando una ametralladora no está disparando, es una oportunidad para cambiar los cañones o enlazar cintas.

## 30.b Procedimientos de falla

Cuando un arma falla, debe repararse lo antes posible. Un arma rota es un peso muerto y peor que no tener arma en absoluto. Por lo tanto, cada arma tiene un conjunto de procedimientos estándar que solucionarán la mayoría de los problemas muy rápidamente. Las instrucciones a continuación son los procedimientos para una M240, que resuelven varias situaciones.

**Ejercicio del tirador muerto** – Si un tirador muere, el aprovisionador debe estar preparado para asumir el control del arma. El aprovisionador debe apartar el cuerpo sin vida, detener el disparo del arma y rodar a la posición de tiro. Un tirador puede ser retirado agarrando el cuerpo y lanzándolo sobre uno mismo, o empujando al tirador lejos con fuerza pateando su cadera. Si hay un porta municiones, entonces el aprovisionador debe rodar el cuerpo, mientras que el porta municiones toma el arma (Ver Imagen 172, pág. 239).

**Acción inmediata** – Primero, intenta la acción inmediata. Luego, si eso no funciona, intenta la acción correctiva, que es un poco más complicada. La acción inmediata es esencialmente esto: tirar de la palanca de armar, ver expulsar una munición y continuar disparando. Más específicamente, la acción inmediata es "**TOEP**," que significa tira, observa, empuja y presiona:

**Tira** – y bloquea la palanca de armar hacia atrás mientras...

**Observa** – la cámara de expulsión para ver si se expulsa un casquillo, eslabón de correa o proyectil. (Si no se expulsa un proyectil o casquillo, asegúrate de que el perno permanezca hacia atrás para evitar la alimentación doble.)

**Empuja** – la palanca de armar hacia su posición delantera, apunta al objetivo; y...

**Presiona** – la cola del disparador. Si el arma no dispara, toma medidas correctivas.

**Acción correctiva** – Cuando ocurre un alto y la acción inmediata ha fallado, el tirador debe:

1) **Apuntar el arma en una dirección segura.**
2) Tirar de la palanca de armar hacia atrás, bloqueando el perno. Empujar la palanca de armar hacia adelante y tratar de poner el arma en SEGURO.
3) Si el arma está caliente, esperar cinco segundos.
4) Muévete a un lado del arma y abre la cubierta, verificar el cerrojo del alimentador, la bandeja de alimentación y la cubierta de la bandeja, y realiza el chequeo de seguridad de cuatro puntos. Recargar y continuar disparando.

**Fuego descontrolado** – El arma continúa disparando después de que el tirador suelta la cola del disparador. Esto suele deberse a que el tirador no tira y mantiene la cola del disparador completamente hacia atrás. Las siguientes son acciones inmediatas para un fuego descontrolado:

▸ El tirador mantiene el arma en el objetivo y dispara la munición restante;

▸ El aprovisionador desconecta la cinta de munición, de modo que no haya más munición para disparar.

**Operación lenta y disparo único** – Limpiar a fondo, lubricar, inspeccionar y reemplazar piezas desgastadas. Ajustar el regulador de gas para mantener la cadencia de fuego hasta que haya oportunidad de realizar un mantenimiento y desmontaje más detallados.

# 31. Arma antitanque AT4

Las armas antitanques son muy efectivas para destruir cualquier tipo de vehículo y son vitales para cualquier patrulla a pie. Sin embargo, también

Imagen 173: Un soldado del 1.ᵉʳ Batallón, 4.º Regimiento de Infantería, dispara un arma antitanque ligera M136E1 AT4-CS. Centro de Preparación Conjunta Multinacional del Ejército de los EE. UU., Hohenfels, Alemania, 29 de octubre de 2015. Esto podría ser una **posición de seguridad** durante una emboscada o al cruzar un área de peligro lineal.

pueden ser peligrosas y requieren práctica para operar. Esta sección muestra el procedimiento de disparo de un AT4. Antes de disparar, asegúrate de que el área detrás del AT4, es decir, el área de retroceso, esté despejada de personas. El área de retroceso es de 90 grados a 100 metros.

**Posición de cuna** – Retira el AT4 de su posición de transporte y acúnalo en tu brazo izquierdo mientras mantienes el arma apuntada hacia el objetivo.

**Retirar el pasador de seguridad de transporte** – Con tu mano derecha, tira y libera el pasador de seguridad de transporte. Este pasador es importante mantenerlo hasta el disparo; debes volver a insertarlo si no disparas el lanzador.

**Montar el AT4** – Despliega y sostén el tope del hombro con tu mano derecha. Coloca el lanzador en tu hombro derecho. Estabiliza el AT4 agarrando la correa donde se conecta, con tu mano izquierda.

**Abrir y ajustar las miras** – Con el AT4 en tu hombro derecho, abre las miras con tu mano derecha. Presiona hacia abajo y tira hacia atrás la cubierta de la mira delantera hasta que la mira delantera se levante. Luego, presiona hacia abajo y hacia adelante en la cubierta de la mira trasera hasta que la misma se levante. La mira trasera está entre 6 y 7 centímetros de tus ojos. Ajusta la mira trasera a la distancia correcta para el objetivo. Armar el lanzador – Verifica el área de retroceso antes de armar el lanzador. El área de retroceso es de 90 grados a 100 metros. Luego, despliega la palanca de armado con tu mano derecha. Coloca tu pulgar debajo de ella y coloca tus dedos delante del mecanismo de disparo. Empuja la palanca de armado hacia adelante, gírala hacia abajo hacia la derecha y déjala deslizarse hacia atrás.

**Disparar el lanzador** – Tira hacia atrás de la correa con tu mano izquierda para asegurar el tope del hombro firmemente contra tu hombro. Para evitar un fallo de encendido, usa el índice y los dedos medio de tu mano derecha para sostener hacia abajo y hacia la izquierda el seguro delantero mientras disparas.

# 32. Comunicaciones

La comunicación es vital para cualquier patrulla. Durante una patrulla, los soldados hablarán con sus líderes. Diferentes líderes hablarán entre ellos. La patrulla se comunicará con el mando superior. Cada momento, lugar, método y desencadenante de la comunicación debe ser planificado o tenido en cuenta incluso antes de que la patrulla comience.

## 32.a Reportes

Un "reporte" es un informe al mando superior de que algún evento preplanificado ha sido completado. Un reporte debe ser informado tan pronto como sea posible después del evento a través de una frase de código. El informante es un líder de equipo Bravo en una escuadra y el RO en un pelotón. Comunicar reportes es importante para que el mando superior coordine y asista a las tropas en el terreno. Algunos reportes clásicos[1] son:

| | |
|---|---|
| **Infiltración completa** | – Puntapié |
| **PRO establecido** | – Medio tiempo |
| **Emboscada ocupada** | – Área chica |
| **Misión completa** | – Gol |
| **En base de patrulla** | – Paraíso |

## 32.b Opciones de comunicación PACE

Los planes de comunicación redundantes PACE (primario, alternativo, contingencia, emergencia) son esenciales. Tener respaldos asegura que el éxito de la misión no dependa de una sola radio o un solo silbato. Debido al papel vital de la comunicación y a la variedad de opciones disponibles, el

---

[1] Estas palabras claves relacionadas con el fútbol se han utilizado tan a menudo en la guerra y en la escuela que nunca deberían usarse realmente en combate. ¡Actualiza siempre tus palabras clave!

Imagen 174: Un soldado del Grupo de Fuerzas Especiales 2-20 (Paracaidistas) demuestra el uso adecuado de una **"sierra circular"** (es decir, balanceando una luz química en una cuerda) durante un evento de entrenamiento con fuego real. Polígono de tiro de Camp Shelby, 21 de enero de 2019.

plan PACE total siempre termina siendo complicado. **Sin embargo, si los soldados no conocen el PACE, entonces no existe.**

Es importante utilizar tantas opciones de comunicación como sea posible simultáneamente. Las opciones de comunicación no se limitan a usar una después de otra. Por ejemplo, durante el inicio de una emboscada, las Claymores y las M240 disparan como dos indicadores separados y simultáneos para comenzar la emboscada.

## 32.c Ejemplos de métodos de comunicación

| Arrodillado/tendido | FM Radio | Cinta luminosa Arriba/abajo Izquierda/derecha | Palabra clave o número combinado | Correa de remolque | Luz química presente/Ausente |
|---|---|---|---|---|---|
| Señales de brazo y mano | Silbato | Teléfono satelital | Granada de humo | Claymore | Disparos |
| Mensajero | Voz | Panel VR17 Visible/oculto | Identificación visual | Teléfono | Flash infrarrojo Pa/impar |

## 32.d Ejemplo de plan PACE total

| Técnica | Información | Parte del día | Primario | Alterno | Contingencia | Emergencia |
|---|---|---|---|---|---|---|
| Cruce de área de peligro lineal | Seguridad en posición | Día | Radio FM | VS17 | Arrodillado/tendido | Señal brazo y mano |
| | | Noche | Radio FM | Cinta lumínica | Flash infrarrojo | Luz química |
| | Enemigo aproximándose | Día | Radio FM | VS17 | Arrodillado/tendido | Equipo de relevo |
| | | Noche | Radio FM | Cinta lumínica | Flash infrarrojo | Luz química |
| | Lado lejano despejado | Día | Radio FM | VS17 | Señal brazo y mano | Mensajero |
| | | Noche | Radio FM | Cinta lumínica | Flash infrarrojo | Luz Química |

| Técnica | Informa-ción | Parte del día | Primario | Alterno | Contin-gencia | Emer-gencia |
|---|---|---|---|---|---|---|
| Reaccio-nar al contacto | Trasladar fuegos | Dia | Voz del LE | Voz LEQ | Silbato | VS17 |
| | | Noche | Voz del LE | Voz LEQ | Luz química | Cinta lumínica |
| | Levantar | Dia | Voz del LE | Voz LEQ | Silbato | VS17 |
| | | Noche | Voz del LE | Voz LEQ | Luz química | Cinta lumínica |

| Técnica | Informa-ción | Parte del día | Primario | Alterno | Contin-gencia | Emer-gencia |
|---|---|---|---|---|---|---|
| Reconoci-miento cercano | Regreso fuerzas amigas | Dia | Radio FM | VS17 | Señal de brazo y mano | Voz |
| | | Noche | Radio FM | Santo y seña | Santo y seña numérico | Voz |

| Técnica | Informa-ción | Parte del día | Primario | Alterno | Contin-gencia | Emer-gencia |
|---|---|---|---|---|---|---|
| Embosca-da | Iniciador | Dia | Claymore | M240 | M4 del LES | M4 del AP |
| | | Noche | Claymore | M240 | M4 del LES | M4 del AP |
| | Alto el fuego | Dia | Voz del LE | Voz LEQ | Voz del AP | Mensa-jero |
| | | Noche | Voz del LE | Voz LEQ | Voz del AP | Mensa-jero |

# 33. Glosarios

## 33.a Acrónimos

| | |
|---|---|
| 9 Líneas | Solicitud de evacuación médica |
| AF | Apoyo por el fuego |
| ALE | Ametralladora ligera de escuadra |
| ALEA | Ametralladora ligera de escuadra Alfa |
| ALTAC | (Alto de acostumbramiento), detente, mira, escucha, huele |
| ALTAC | Comida, combustible, fuego, heces, tierra recién removida |
| APA | Área de peligro abierta |
| APL | Área de peligro lineal |
| AP | Aprovisionador |
| AQUILES | Adrenalina y sangre, quita las luces, informes BEM, líneas de ALE emplazadas, es hora de recargar. |
| ASA | Apoyo, seguridad, asalto |
| AT4 | Lanzacohetes antitanque |
| B | Brigada |
| BEM | Bajas, equipo, municiones |
| BN | Batallón |
| BOA | Base de operaciones avanzada |
| BP | Base de patrulla |
| BPA | Base de patrulla alterna |
| BVESSPRO | Búsqueda, velocidad, etiqueta, separación, silencio, protección |

| | |
|---|---|
| CAFE DES | Claridad: Sin zona muerta. Área de asalto y fuego: líneas claras de asalto y fuego. Fondo y cobertura: con abrigo del fuego enemigo. Espacio elevado y extenso: Permite el barrido de las ametralladoras. Distancia de cincuenta metros de ancho. Estructuras de 45 centímetros de ancho: como ser árboles para minas Claymore. Sin zona muerta |
| CC | Chaleco de combate |
| CFD | Con el fin de |
| CG | Cuartel general |
| CO | Compañía |
| COA-V | Comunicación, óptica, armas, vinculaciones |
| COELE | Cubierto y abrigo. Oculto y fuera de la vista, el sonido y el fuego de armas pequeñas. Evita las líneas naturales de desplazamiento. Lo suficientemente grande para acomodar a todo el elemento. Estratégica y fácilmente defendible durante un corto período. |
| COELENT COELE más | NT: No lejos de una fuente de agua. Terreno difícil y terrible que al enemigo no le importa. |
| D&E | Deriva y elevación |
| DAC | De acuerdo con |
| DIV | División |
| DPT | Dirección primaria de tiro |
| DV | Desembarco de vehículos |
| DVN | Dispositivo de visión nocturna |
| EA | Equipo de ametralladora |

| | |
|---|---|
| EAA | Equipo de apoyo avanzado |
| EAE | Eliminación de artefactos explosivos |
| EAF | Especialista en apoyo de fuego |
| EE | Equipo estándar |
| EL | Equipo líder |
| FI | Fuego indirecto |
| FN | Fuego naval |
| FOM | Formaciones y orden de movimiento |
| FRI | Fuerza de reacción inmediata |
| FSL | Fusilero |
| GAM | Grupo de apoyo a la maniobra |
| GOTOLTOD | Golpear, tirar, observar, liberar, tocar, disparar |
| HAE | Hombres, armas, equipo |
| HPA | Hombre punta Alfa |
| I | Infantería |
| IDP | Identificación positiva |
| IPC | Inspección previa al combate |
| LDA | Límite de avance |
| LES | Líder de escuadra |
| LESA | Líder de la escuadra de Armas |
| LESB | Líder de escuadra Bravo |
| LEQA | Líder de equipo Alfa |
| LLC | Limpiador lubricante conservante |
| LMBE | Líquidos, municiones, bajas, equipo |
| LP | Líder de pelotón |
| LPF | Línea de protección final |
| LPt | Líder de patrulla |
| M18 | Mina antipersonal Claymore |
| M192 | Trípode para M240 |
| M203 | Lanzagranadas |
| M240 | Ametralladora |
| M249 | Ametralladora ligera |
| M4 | Fusil de asalto |
| M40 | Probador de mina Claymore |
| M57 | Dispositivo de encendido |
| MED | Médico |

| | |
|---|---|
| METT-TC | Misión, enemigo, terreno/clima, tropas disponibles, tiempo, civiles (es decir, cualquier otra cosa que puedas pensar) |
| O/O | Objetivo de oportunidad |
| OA | Observador avanzado |
| OAF | Oficial de apoyo de fuego |
| OBJ | Objetivo |
| OM | Orden de movimiento |
| ORDAL | Orden de alerta |
| ORDOP | Orden de operaciones |
| ORFRAG | Orden fragmentaria |
| PACE | Primario, alterno, contingencia, emergencia |
| PAX | Pasajeros/personal |
| PBC | Persona bajo control |
| PC | Punto de control |
| PCT | Procedimientos de conducción de tropa |
| PDI | Punto de instrucción |
| PEQ-15 | Soporte láser para fusil |
| PGE | Prisionero de guerra enemigo |
| PIA | Punto de intercambio de ambulancias |
| PL | Punto de liberación |
| PLASEG a incluir | enfrentamiento, retirada, aborto, compromiso |
| PLT | Pelotón |
| PM. | Porta municiones |
| POE | Puesto de observación y escucha |
| PPO | Procedimiento permanente de operaciones |
| PR | Punto de reunión |
| PRB | Punto de recolección de bajas |
| PRI | Punto de reunión inicial |
| PREFO | Punto de referencia del objetivo |
| PRO | Punto de reunión en el objetivo |

| | |
|---|---|
| PROCUD | Propósito, recursos, observador, comunicaciones, ubicación, desencadenante |
| PRR | Punto de reunión en ruta |
| R&V | Reconocimiento y vigilancia |
| RDE | Reglas de enfrentamiento |
| REG | Regimiento |
| RICC | Requisitos de información crítica del comandante |
| RIFA | Requisitos de información de fuerzas amigas |
| RIP | Requisito de información prioritaria |
| RL | Reconocimiento del líder |
| RO | Radio operador |
| RPC | Revisión previa al combate |
| RPK | Ametralladora ligera soviética |
| RV | Recogida de vehículos |
| SAM | Sitio de apoyo a la misión |
| SDT | Sector de tiro |
| SEG | Seguridad |
| SGP | Sargento de pelotón |
| SLMT | Soporte liviano para montaje en tierra (es decir, M192) |
| SLP | Segundo líder de patrulla |

| | |
|---|---|
| SPACC | Sectores de tiro, prioridad de objetivos, carril de asalto, cadencia de fuego, camuflaje |
| TA-50 | Tabla de asignaciones 50 (Equipo proporcionado por el Ejército Estadounidense) |
| TALUTE | Tamaño, actividad, lugar, unidad/uniforme, tiempo, equipo |
| TCAC | Terminal de controladores de ataque conjuntos |
| TDA | Tirador derecho Alfa |
| TDB | Tirador derecho Bravo |
| TFG | Tapón de fogueo |
| TIA | Tirador izquierdo de Alfa |
| TIB | Tirador izquierdo de Bravo |
| TIR | Tirador |
| TMI | Técnicas de movimiento individual |
| TOEA | Tirar, observar, empujar, apretar |
| TTP | Tácticas, técnicas, procedimientos |
| V&O | Vigilancia y observación |
| VS17 | Tela neón |
| VTML | Vehículo táctico mediano ligero |
| ZAH | Zona de aterrizaje de helicópteros |

## 33.b Palabras[1]

| | |
|---|---|
| Abrigo | Protección contra los disparos de sistemas de armas específicos. |
| Alcance efectivo | La distancia a la cual un arma tiene un 50 % de probabilidad de impactar un objetivo. |
| Alimentado por cinta | Una ametralladora que utiliza una cinta de municiones. En contraste, un fusil M4 puede disparar en automático, pero utiliza un cargador. |
| Alto corto | Un alto temporal durante un movimiento de menos de cinco minutos. |
| Alto prolongado | Un alto temporal durante un movimiento que dura más de cinco minutos. |

---

1    Cita: El Pentágono anunció que su lucha contra ISIS se llamará Operación Resolución Inherente. Inventaron ese nombre usando la Operación Tesauro Aleatorio. —Humorista estadounidense, Jimmy Fallon

| | |
|---|---|
| Alto | Un alto temporal durante un movimiento. |
| Anzuelo | Un gran bucle que re-posiciona a una unidad hacia el flanco de quien la rastrea. Con la intención de preparar condiciones para emboscar a una unidad enemiga desde el flanco. |
| Apoyo de fuego | El apoyo a las fuerzas terrestres a través de artillería, morteros, fuego naval y apoyo aéreo cercano. |
| Área de peligro abierta | Cualquier ubicación donde una patrulla es vulnerable a la observación o al fuego enemigo desde el frente y los flancos, como un barranco o una gran área abierta. |
| Área de peligro lineal | Cualquier ubicación donde una patrulla es vulnerable a la observación o al fuego enemigo predominantemente desde los flancos, como un sendero, carretera o arroyo. |
| Área de peligro | Cualquier ubicación donde una patrulla es vulnerable a la observación o el fuego enemigo. |
| Arma de área | Un arma utilizada para atacar un objetivo de área. |
| Arma de punto | Un arma utilizada para atacar un objetivo puntual. |
| Asalto (Elemento) | La unidad que ocupa y asegura el objetivo y protege a los equipos especializados mientras completan sus acciones asignadas en el objetivo. |
| Asalto | Un ataque corto, violento, pero bien ordenado contra una ubicación. |
| Avenida de aproximación | Una ruta de una fuerza atacante que lleva a su objetivo o a un terreno clave. |
| Barranco | Una característica del terreno formada por dos crestas o espolones paralelos con terreno bajo entre ellos. |
| Base de apoyo por el fuego | Fuego sobre una fuerza o posición enemiga para reducir la capacidad del enemigo de interferir con los elementos amigos. |
| Cadena de mando | La sucesión de soldados al mando a través de la cual se transfiere el mando y la responsabilidad. |
| Campo de tiro | Ver sector de tiro. |
| Carga básica | La cantidad de municiones necesarias para satisfacer las necesidades de combate hasta el próximo reabastecimiento. Para la M240, el estándar es de 900 a 1.200 municiones. |
| Carril | Una ruta clara a través de un obstáculo. |
| Coms. | Abreviatura de "comunicaciones", e incluye: radios, mensajería, cifrado, etc. |
| Cubierto | Protección contra la observación o vigilancia. |
| Desmontados | Personas o soldados que no están en vehículos. |
| Desplazamiento por empuje | Una técnica para cruzar áreas de peligro lineales donde un soldado vigila hasta que otro Soldado lo toca (empuja) y ejecuta el cruce. |
| Elemento de apoyo | Una unidad que proporciona apoyo directo e indirecto de fuego a otro elemento. |

## Glosarios

| | |
|---|---|
| Elemento de seguridad | Una unidad que proporciona seguridad en áreas de peligro, aísla el objetivo, apoya la retirada, etc. |
| Elemento principal | La parte principal de un comando táctico o formación, excluyendo elementos segregados. |
| Elementos esenciales de información amiga | Parte de RICC; información que el comandante quiere ocultar al enemigo. |
| Emboscada cercana | Una emboscada en proximidad utilizada para destruir completamente a un enemigo. |
| Emboscada lejana | Una emboscada a distancia utilizada para dañar y hostigar a un enemigo con el fin de disuadir, frenar, infundir miedo y destruir al enemigo poco a poco. |
| Emboscada | Un ataque sorpresa desde una posición oculta contra un enemigo en movimiento o temporalmente detenido con el fin de destruirlos o capturarlos junto con su equipo. |
| Emplazamiento | La ubicación intencional y específica de soldados por orden en una formación. |
| Enlace | Un método predeterminado mediante el cual múltiples elementos pueden intercambiar de manera segura señales de reconocimiento y recombinarse. |
| Evacuación de heridos | Evacuación de pacientes de emergencia (bajas) de una zona de combate, excluyendo medevac. |
| Exfil | Exfiltración del territorio enemigo. |
| Explosión | Moverse a través de un área peligrosa en formación lineal, preparado para asaltar. |
| Fase | Una parte específica de una operación que es diferente de aquellas que la preceden o siguen. |
| Formación | Un grupo de dos o más soldados en proximidad entre sí con todos los movimientos coordinados al unísono. |
| Fuego directo | Fuego dirigido a un objetivo visible para el que apunta. |
| Fuego en enfilada | Fuegos que disparan contra enemigos alineados en línea recta con los fuegos. Opuesto a desenfilada. |
| Fuego indirecto | Apuntar y disparar un proyectil sin depender de una línea de visión directa entre el arma y el objetivo. |
| Fuego protector final | Una barrera de fuego preplanificada y disponible de forma inmediata, diseñada para proporcionar protección cercana a las posiciones amigas al obstaculizar el movimiento enemigo. |
| Fuego rasante | Fuego de ametralladora que "rasa" consistentemente el suelo al disparar. Por lo general, alrededor de un metro de altura para disparar contra motores y las caderas del enemigo. |
| Fuegos coordinados | Una sincronización de los campos de tiro de las armas para asegurar una cobertura completa e ideal de una zona de aniquilamiento. |
| Fuegos en desenfilada | Fuegos que disparan contra enemigos alineados perpendicularmente a los fuegos. Opuesto a la enfilada. |

| | |
|---|---|
| Fuerza de reacción inmediata | Una unidad en espera para proporcionar rápidamente refuerzos a un elemento atacado. |
| Grupo (de blancos) | Dos o más blancos a los que se desea disparar simultáneamente. |
| Grupo de apoyo a la maniobra | Un elemento que puede ser retirado de una parte de un perímetro de seguridad y ubicado en otro lugar manteniendo seguridad de 360 grados. |
| Infil. | Infiltración del territorio enemigo. |
| Iniciación | La señal dada que indica a una unidad más grande comenzar a atacar al unísono. |
| Izquierda pesada | La M240 está a la izquierda de la formación. |
| Lado débil | El lado de un camino o avenida de aproximación, desde la cual no se espera que venga el enemigo. |
| Lado fuerte | El lado de un camino desde el cual se espera que venga el enemigo. |
| Límite de avance | Una ubicación fácilmente identificada más allá de la cual los elementos atacantes no avanzarán. |
| Línea de protección final | Una línea seleccionada para implementar el fuego protector final. |
| Maniobra | El movimiento de fuerzas apoyadas por fuegos para lograr una posición de ventaja desde la cual destruir o amenazar con destruir al enemigo. |
| Medevac | Un vehículo estandarizado y designado para evacuar a los heridos del campo de batalla y brindarles atención con personal médico mientras están en ruta. |
| Metal con metal | Un trípode M192 solo permite que el M240 gire 25 grados a la izquierda y a la derecha desde el centro. Metal con metal es cuando la ametralladora gira 25 grados, golpea el trípode y físicamente no puede girar más. |
| Misión | La tarea principal asignada. Contiene quién, qué, cuándo, dónde y por qué, pero rara vez cómo. |
| Montados | Soldados que se desplazan en vehículos. |
| Objetivo (Área) | El área que incluye todas las acciones realizadas y posiciones ocupadas en una emboscada. |
| Objetivo de área | Objetivos que no presentan un punto específico que necesite ser apuntado por el atacante. Un grupo de personas es un objetivo de área. |
| Objetivo de oportunidad | Un objetivo identificado demasiado tarde para incluirlo en un objetivo deliberado que cumple con criterios específicos para lograr objetivos. |
| Objetivo puntual | Objetivos bien definidos y pequeños en tamaño. Una persona individual es un objetivo puntual. |
| Pata de perro | Un giro de 90 grados en cualquier dirección, y dar la vuelta, con la intención de preparar condiciones para emboscar a un explorador enemigo desde el flanco. |

## Glosarios

| | |
|---|---|
| Patrulla | Un grupo de soldados enviado para realizar una tarea. Por ejemplo, una patrulla puede ser una emboscada o un reconocimiento. |
| Pie de cuervo | Una formación donde los soldados en posición de tendido, entrelazan sus pies y apuntan en direcciones diferentes. |
| Prioridad de fuegos | La clasificación de objetivos disponibles para una sola arma. O la clasificación de diferentes armas (fuegos) para un solo objetivo. |
| Procedimiento táctico | Una acción colectiva ejecutada rápidamente sin aplicar un proceso de toma de decisiones deliberado. |
| Punto de control | Un punto predeterminado utilizado como medio para coordinar el movimiento amigo. |
| Punto de reunión del objetivo | Lugar de preparación para la ocupación del objetivo. |
| Punto de reunión en ruta | Puntos de reunión determinados a medida que la patrulla pasa por un área adecuada para un punto de reunión. |
| Punto de reunión inicial | Donde la patrulla puede reunirse si se separa antes de salir de líneas amigas o antes de llegar al primer punto de reunión en ruta. |
| Punto de reunión | Una ubicación a la cual desplazarse bajo condiciones preplanificadas. |
| Reconocimiento (Recon) | Una tarea para obtener información sobre las actividades o recursos. |
| Reconocimiento del líder | Un reconocimiento realizado por un subconjunto de un elemento, incluidos los líderes de escuadras y equipos, en preparación para acciones posteriores. |
| Requisitos de información crítica del comandante | Una lista integral de solicitudes de información crítica en el proceso de toma de decisiones que afecta el éxito de la misión. |
| Requisitos de información de fuerzas amigas | Parte de RICC; lo que el comandante necesita saber sobre sus propias fuerzas. |
| Requisitos de información prioritaria | Parte de los RICC; lo que el comandante necesita saber sobre el enemigo. |
| Requisitos de información | Elementos de información sobre el enemigo que deben recopilarse para el comandante. |
| Sector/campo de tiro | El área que un arma (o grupo de armas) puede cubrir efectivamente con fuego desde una posición dada. |
| Señales de reconocimiento | Señales predeterminadas que ambas unidades separadas conocen y que pueden intercambiarse para demostrar identidad. |
| Tarea | Una actividad claramente definida y medible. |
| Terreno clave | Cualquier área que, al ser tomada, retenida o controlada, brinde una ventaja marcada a cualquiera de los combatientes. |

| | |
|---|---|
| Vigilancia | Una unidad que toma una posición desde la cual puede observar posibles posiciones enemigas y proporcionar fuego de cobertura efectivo para unidades amigas. |
| Zona de aniquilamiento | El área por donde se predice que el enemigo se moverá y será atacado. |
| Zona de aterrizaje de helicópteros | Ver zona de aterrizaje. |
| Zona de aterrizaje | Una zona específica dentro de un área pre-designada utilizada para el aterrizaje de aeronaves. |
| Zona muerta | Una zona dentro del alcance efectivo máximo de un sistema de armas, que no puede ser cubierta por ese sistema. |

# 34. Créditos

Muchas gracias a los fotógrafos del gobierno que hicieron posible este libro. Todas las ilustraciones y diseños fueron realizados por el autor. Como descargo de responsabilidad, la aparición de información visual del Departamento de Defensa de los EE. UU. (DOD por sus siglas en inglés) no implica ni constituye un respaldo del mismo.

E. - Ejército
F.A. - Fuerza Aérea
F.N. - Fuerza Naval
C.M. - Cuerpo de Marines
G.N.E. - Guardia Nacional del Ejército
G.N.F.A. - Guardia Nacional de la Fuerza Aérea
G.N.F.N. - Guardia Nacional de La Fuerza Naval
G.N.E.A. - Guardia Nacional del Ejército del Aire
T.D.C. - Tabla de Contenido

Imagen de portada: SGT Henry Villarama del E. de los EE. UU.
Imagen de contraportada 1: SSG James Avery del E. de los EE. UU.
Imagen de contraportada 2: 1LT Ryan DeBooy del E. de los EE. UU.
Imagen de contraportada 3: 1LT Robert Barney de la G.N.E. de los EE. UU.
Imagen de contraportada 4: SPC John Lytle del E. de los EE. UU.
Imagen de la T.D.C. 1: Timothy Gray del E. de los EE. UU.
Imagen de la T.D.C. 2: SGT Ricky Gomez del C.M. de los EE. UU.
Imagen de la T.D.C. 3: SGT Arturo Guzman de la G.N.E de los EE. UU.
Imagen de la T.D.C. 4: LCPL Ryan Young del C.M. de los EE. UU.
T.D.C. de la introducción: SGT Ricky Gomez del C.M. de los EE. UU.
Imagen 1: Exposición de parques nacionales
T.D.C. de la fase 1: SSGT Corey Hook de la F.A. de los EE. UU.
Imagen 3: SPC Patrik Orcutt del E. de los EE. UU.
Imagen 4: SGT Joseph Truckley del E. de los EE. UU.
Imagen 5: MAJ Carson Petry del E. de los EE. UU.
Imagen 7: SSG Steven Colvin del E. de los EE. UU.
Imagen 8: SPC Shawn M. Cassatt del E. de los EE. UU.
Imagen 9: SSGT Christopher Hubenthal de la F.A. de los EE. UU.
Imagen 11: GS Heide Couch de la F.A. de los EE. UU.
Imagen 12: CPL Timothy Valero del E. de los EE. UU.
Imagen 13: 1LT Leland White de la G.N.E. de los EE. UU.
Imagen 18: SPC Steven Hitchcock del E. de los EE. UU.
Imagen 19: SSGT Westin Warburton de la F.A. de los EE. UU.
Imagen 20: SSGT Westin Warburton de la F.A. de los EE. UU.
Imagen 23: SGT Tony Simmons del C.M. de los EE. UU.
Imagen 25: VIS Paolo Bovo del E. de los EE. UU.
Imagen 26: VIS Markus Rauchenberger del E. de los EE. UU.
Imagen 27: CPL Timothy Valero del E. de los EE. UU.
Imagen 28: MAJ Robert Fellingham del E. de los EE. UU.
Imagen 34: CPT Hassett del C.M. de los EE. UU.
Imagen 35: CPL Daniel Negrete del C.M. de los EE. UU.
Imagen 37: SPC Ryan Lucas del E. de los EE. UU.
Imagen 38: MC2 Michael Lopez de la F.N. de los EE. UU.
Imagen 39: SGT Benjamin Northcutt del E. de los EE. UU.
Imagen 41: Scott T. Sturkol del E. de los EE. UU.
T.D.C. de la fase 2: SSGT Timothy Hamlin del E. de los EE. UU.
Imagen 42: Foto de cortesía de DIMOC
Imagen 43: MSGT Matt Hecht de la G.N.F.A. de los EE. UU.
Imagen 44: A1C Brennen Lege de la F.A. de los EE. UU.
Imagen 45: LCPL Zachary Beatty del C.M. de los EE. UU.
Imagen 46: LCPL Samuel C. Fletcher del C.M. de los EE. UU.
Imagen 47: CPL Aaron S. Patterson del C.M. de los EE. UU.
Imagen 50: SFC Whitney Houston del E. de los EE. UU.
Imagen 52: SPC Jose Rivera del E. de los EE. UU.
Imagen 53: LTC John Hall del E. de los EE. UU.
Imagen 54: VIS Elena Baladelli del E. de los EE. UU.
Imagen 56: SGT Daniel Cole del E. de los EE. UU.
Imagen 57: PFC Steven Young del E. de los EE. UU.
Imagen 62: SGT Paige Behringer del E. de los EE. UU.

Imagen 64: CPO Johnny Bivera de la F.N. de los EE. UU.
Imagen 66: SSG Corinna Baltos del E. de los EE. UU.
Imagen 68: SGT Kissta DiGregorio del E. de los EE. UU.
Imagen 69: CPL Alexander Mitchell del C.M. de los EE. UU.
Imagen 70: SSG Thomas Duval del E. de los EE. UU.
Imagen 71: SSG Ray Boyington del E. de los EE. UU.
Imagen 72: CPL David A. Perez del C.M. de los EE. UU.
Imagen 74: SSGT Corban D. Lundborg de la F.A. de los EE. UU.
Imagen 75: SPC Rolyn Kropf del E. de los EE. UU.
Imagen 76: CPL Danny Gonzalez del C.M. de los EE. UU.
Imagen 77: TSGT Michael Holzworth de la F.A. de los EE. UU.
Imagen 78: SSG Teddy Wade del E. de los EE. UU.
Imagen 79: SGT Anita VanderMolen del E. de los EE. UU.
Imagen 80: TSGT Russell E. Cooley IV de la F.A. de los EE. UU.
T.D.C. de la fase 3: CPL Cody Haas del C.M. de los EE. UU.
Imagen 82: SRA Ryan Conroy de la F.A. de los EE. UU.
Imagen 89: SGT Aaron Ellerman del E. de los EE. UU.
Imagen 91: SSG Samuel Northrup del E. de los EE. UU.
Imagen 93: LCPL Reine Whitaker del C.M. de los EE. UU.
Imagen 95: PAO Patrick A. Albright del E. de los EE. UU. (MCOE)
Imagen 96: SGT Allison M. DeVries del C.M. de los EE. UU.
Imagen 97: CPL Joshua W. Brown del C.M. de los EE. UU.
Imagen 98: PFC Liem Huynh del E. de los EE. UU.
Imagen 99: PFC Liem Huynh del E. de los EE. UU.
Imagen 102: SSGT Andrew Horgan de la G.N.F.A. de los EE. UU.
Imagen 103: SSGT Andrew Horgan de la G.N.F.A. de los EE. UU.
Imagen 105: CPL Bryan Nygaard del C.M. de los EE. UU.
Imagen 106: VIS Paolo Bovo del E. de los EE. UU.
Imagen 107: SGT Melissa Wenger del C.M. de los EE. UU.
Imagen 108: LCPL Ernesto Rojascorrea del C.M. de los EE. UU.
Imagen 110: VIS Paolo Bovo del E. de los EE. UU.
Imagen 112: PFC Payton Wilson del E. de los EE. UU.
Imagen 114: 1ST LT John McCombs del C.M. de los EE. UU.
Imagen 116: TSGT Sarah Mattison de la G.N.F.A. de los EE. UU.
Imagen 117: SGT William A. Tanner del E. de los EE. UU.
Imagen 118: CPL Emmanuel Ramos del C.M. de los EE. UU.
Imagen 120: SSG Tramel Garrett del E. de los EE. UU.
Imagen 121: SSG Pablo N. Piedra del E. de los EE. UU.
Imagen 131: VIS Paolo Bovo del E. de los EE. UU.
Imagen 132: CPL Victoria Ros del C.M. de los EE. UU.
Imagen 133: TSGT Rasheen Douglas de la F.A. de los EE. UU.
Imagen 135: SSG Scott Tynes del G.N.E. de los EE. UU.
Imagen 140: 1LT Laura Beth Beebe del E. de los EE. UU.
Imagen 141: SFC Joy Dulen del E. de los EE. UU.
Imagen 142: SPC Esmeralda Cervantes del E. de los EE. UU.
T.D.C. de la fase 4: SPC Steven Hitchcock del E. de los EE. UU.
Imagen 143: VIS Davide Dalla Massara del E. de los EE. UU.
Imagen 144: 1ST LT Johnny Henderson del C.M. de los EE. UU.
Imagen 146: VIS Davide Dalla Massara del E. de los EE. UU.
Imagen 147: SRA Zachary Wolf de la F.A. de los EE. UU.
Imagen 148: SGT Eric McDonough del G.N.E. de los EE. UU.
Imagen 149: SGT Benjamin Northcutt del E. de los EE. UU.
Imagen 151: VIS Davide Dalla Massara del E. de los EE. UU.
Imagen 152: VIS Graigg Faggionato del E. de los EE. UU.
Imagen 153: CPL William Hester del C.M. de los EE. UU.
Imagen 154: CPL Alejandro Pena del C.M. de los EE. UU.
Imagen 155: 1LT Benjamin Haulenbeek del E. de los EE. UU.
Imagen 158: CPL Christopher Mendoza del C.M. de los EE. UU.
Imagen 159: VIS Paolo Bovo del E. de los EE. UU.
Imagen 162: VIS Kelly L. Street y
LCPL Christine Phelps del C.M. de los EE. UU.
Imagen 162: LTC John Hall E. de los EE. UU.
Imagen 164: LCPL Juan C. Bustos C.M. de los EE. UU.
Imagen 165: SRA Janiqua P. Robinson F.A. de los EE. UU.
Imagen 166: SGT Emmanuel Ramos C.M. de los EE. UU.
Imagen 167: LCPL Jesus Sepulveda Torres C.M. de los EE. UU.
Imagen 168: SGT Emmanuel Ramos C.M. de los EE. UU.
Imagen 169: CPL Aaron S. Patterson C.M. de los EE. UU.
Imagen 170: SPC Austin Berner Anexo E. de los EE. UU.
T.D.C. de los anexos: SGT Joshua M. Jackson C.M. de los EE. UU.
Imagen 171: SSG Brian A. Barbour G.N.E. de los EE. UU.
Imagen 172: LCPL Angel D. Travis C.M. de los EE. UU.
Imagen 173: SGT Brian Chaney E. de los EE. UU.
Imagen 174: SSGT Christopher S. Muncy G.N.E.A. de los EE. UU.